# 国際地域学の展開

## 国際社会・地域・国家を総合的にとらえる

猪口 孝［監修］
山本吉宣・黒田俊郎［編著］

明石書店

# はしがき

　世界が複雑になった、変化が迅速になった、そしてその理解は前よりも困難になった、と感じられる方は増加しているのではなかろうか。国際政治の分野でも、冷戦時代（1945〜1989年）よりも後冷戦時代（1989〜2014年）はそうだという声が大きい。このことをよりよく理解するために、第二次世界大戦時代（1938〜1945年）にさかのぼって時代的変化を見よう。それがすべてであるとは思わないが、戦死者の数（年平均）で見よう。戦死者とは兵士・将校の死で、民間人の死は含まない。

時期ごとの戦死者数　（年平均）

| | |
|---|---|
| 第二次世界大戦時期（1938〜1945） | 500万人 |
| 冷戦時期（1945〜1989） | 10万人 |
| 後冷戦時期（1989〜2014） | 1万人 |

出所：Stockholm International Peace Research Institute, *SIPRI Yearbook 2013*, Oxford University Press, 2014.

　戦死者の数の減少と反比例してかどうか、世界政治の変化は複雑になった、迅速になった、理解が困難になったという人が増えている。国家と国家が戦争するのは少なくなっている代わりに、国境という仕切りが低くなっていることも重要な変化である。国際関係論でも国際政治学でもなく、国際地域学といっている理由がここにある。国内の政治の動きもしっかりと把握しよう。戦死者が激減する中で、非暴力的な人間間の相互作用は増加している。とりわけ金融や経済などの動きは複雑かつ大量かつ迅速で国境を平気でまたいでいる。国家の存在自体が軽くなっているといえるのかもしれない。にもかかわらず、国家はいざとなると、怖いところがある。アフリカのスワヒリ語では政府という言葉は突然の恐怖を与える存在ということを意味しているそうである。

本書は新潟県立大学の教員を軸に作られている。新潟県立大学は 2009 年に開設された若い大学である。2015 年には大学院国際地域学研究科を開設する準備を重ねている。学習に熱心な学生、教育に情熱を注ぐ教員が心を込めてこしらえた。国際地域学、国際政治学、国際関係論、国際ビジネス、国際法、国際協力などに関心を持たれる方に、新鮮な視点、深い洞察、さらに考えるきっかけを与えてくれる書物となることを確信している。

2015 年 2 月

猪口　孝

国際地域学の展開——国際社会・地域・国家を総合的にとらえる　　目次

はしがき●猪口 孝 ……………………………………………………… 3

序章　国際地域学の構造——国際社会、地域国際関係、各国研究
　　　　　　　　　　　●山本吉宣・黒田俊郎 ……………………… 11

　　はじめに　11
　　1．国際社会、地域国際関係、各国研究——3つのレベルの総合　13
　　2．ディシプリン——単一ディシプリンと交差ディシプリン　16
　　3．質的アプローチと量的アプローチ　18
　　4．政策インプリケーションと政策分析　20
　　5．選択のメニューとしての国際地域学　21
　　6．本書の構成　23

## I．国際社会の研究

第1章　グローバル・ガバナンス●山本吉宣 …………………………… 26
　　1．グローバル・ガバナンスの顕在化　26
　　2．問題の構造　28
　　3．グローバル・ガバナンスの態様——レジーム、三角空間、ネットワーク　35
　　4．グローバル・ガバナンスの効果と位置づけ　38
　　おわりに　40

第2章　戦争と平和●黒田俊郎 …………………………………………… 44
　　はじめに　44
　　1．その歴史的展望　46

2．リアリズムの観点からとらえる　49
   3．リベラリズムの観点からとらえる　51
  おわりに　55

## 第3章　国際的相互依存──国際経済学の視点から●若杉隆平 58

  はじめに　58
   1．「伝統的貿易理論」と統合経済　60
   2．不完全市場での貿易──新貿易理論　63
   3．地域の貿易量　67
   4．企業と貿易──新々貿易理論　70
  おわりに──実証研究　73

## 第4章　経済開発と援助●渡邉松男 77

  はじめに──国際地域学における開発と援助　77
   1．国際社会と開発・援助　78
   2．アジア地域の経済開発とその課題　85
  おわりに　88

## Ⅱ．地域国際関係

## 第5章　東アジア国際関係とアメリカ●滝田賢治 94

  はじめに　94
   1．第二次世界大戦と米ソ冷戦──新たな国際秩序の形成　95
   2．東アジアの2つの戦争──朝鮮戦争・ベトナム戦争とアメリカの対応　98
   3．東アジア国際秩序の変容──米ソ中「三角関係」とアメリカの対応　102
   4．冷戦終結とアメリカの東アジア政策　105

おわりに　108

## 第6章　地域統合と東アジア●菊池 努 ─ 109

はじめに　109
1. 東アジアの地域制度の歴史　110
2. 地域制度形成の背景　112
3.「2つのアジア」？──リベラルな秩序への同調、挑戦、迂回　117
おわりに──アジアにおける地域制度の展望　120

## 第7章　経済発展と東アジア●李 佳 ─ 122

はじめに　122
1.「東アジアの奇跡」およびその論争　123
2. 東アジアの経済成長の共通要因　126
3. 東アジアの生産ネットワーク　132
おわりに　134

## Ⅲ．各国研究

## 第8章　中国の政治と外交──力の追求と中国の夢●カポ・ゴ ─ 140

はじめに　140
1. 毛沢東の政治指導　142
2. 鄧小平の政治指導　145
3. 江沢民の政治指導　147
4. 胡錦濤の政治指導　149
5. 習近平の政治指導　152
おわりに　155

第9章　韓国の政治と外交——秩序構成の重層的リベラル相関
　　　　●浅羽祐樹 —————— 162

　はじめに　162
　1．大統領と議会の関係　163
　2．政治部門と非選出部門の関係　165
　3．韓米中／韓米日　168
　4．自由貿易レジームと国内政治　170
　おわりに　173

第10章　ロシアの政治と外交——屈辱の1990年代と大国主義の復活
　　　　●袴田茂樹 —————— 176

　はじめに　176
　1．ロシア連邦の成立と屈辱の1990年代　177
　2．1990年代の政治、社会、経済の混乱とウェーバー・ルネッサンス　179
　3．プーチン政権の成立と大国主義の台頭　182
　4．ウクライナ事件とロシアの東方シフト　185

第11章　日本の内政と外交——政権交代と対外政策過程の変化
　　　　●信田智人 —————— 191

　はじめに　191
　1．自民党政権下の政策過程　193
　2．1993年の政権交代後の政策決定　194
　3．民主党政権での対外政策過程　196
　4．第二次安倍政権における安全保障政策　200
　おわりに　203

## IV. 国際地域学の方法

### 第12章　実証研究論文の書き方――問いから仮説検定まで
　　　　　　　　　　　　　●藤井誠二 ──────── 208

　はじめに　208
　1．本章の位置づけ　208
　2．研究の進め方（前半）――問いから作業仮説まで　210
　3．研究の進め方（後半）――仮説検定　215
　おわりに　223

### 第13章　政治分析の方法論――事例、比較、計量的アプローチ
　　　　　　　　　　　　　●窪田悠一 ──────── 227

　はじめに　227
　1．国際地域学の方法を考える意味　228
　2．質的アプローチと計量的アプローチの対比　229
　3．政治現象と分析上の諸問題　232
　おわりに　235

### 第14章　コンストラクティビズム（構成主義）
　　　　　――ディスコース研究を中心に●上村　威 ──────── 239

　はじめに　239
　1．構成主義の特徴　239
　2．ディスコースとは、ディスコース研究とは　241
　3．国際関係論におけるディスコース研究――2つの分析レベル　242
　おわりに　247

あとがき●黒田俊郎 ……………………… 251

索　引　254

# 序章

## 国際地域学の構造
── 国際社会、地域国際関係、各国研究

山本吉宣・黒田俊郎

## はじめに

　本章は、国際地域学の構造を明らかにし、本書の意義づけと内容紹介を行おうとするものである。いくつかの大学で国際地域学という学部・大学院が設立されており、また設立されようとしている。では、国際地域学とは何であろうか。それは、国際関係論とか地域研究とはどう違うのであろうか。政治学とか経済学という確立した学問的ディシプリンとはどのような関係にあるのであろうか。また、国際地域学は質的な分析を主とするものなのであろうか。あるいは、その中で、量的、計量的な分析はどのように位置づけられるのであろうか。国際地域学を学んで、実社会に出てどのようなメリットがあるのであろうか。さらに、いま自分が持っている関心と国際地域学とはどのような関係があるのであろうか。このような設問に答え、国際地域学の内容を、とくに大学の3、4年生から大学院にかけての学生に紹介しようとするのが本書の目的である。

　本章は、6つの節から成り立つ。第1節では、われわれが考える国際地域学の基本的構造がどのようなものかが明らかにされる。そこでは、国際社会、地域国際関係、各国研究という3つの事象（レベル）を想定し、それらの現象を個々のレベルで考察するとともに、それらの間の相互作用（リンケージ）を考えることが国際地域学の基本にある、という構想が提示される。第2節では、既存のディシプリン（政治学とか経済学）から見た場合、国際地域学は、単一のディシプリンで取り扱うことも可能であるが、基本的には複数のディシプリンが交差する学際的なものであると議論される。

　第3節では、国際地域学の方法を質的なアプローチと量的なアプローチの

2つの観点から考察する。そして、質的アプローチと量的アプローチは、対立するもの、あるいは二者択一というものではなく、研究対象により、どちらかが選ばれたり、あるいは並存して応用される、ということが示される。国際地域学という多様な事象を対象とする分野では、このようなフレキシブルな考えが必要である。第4節では、国際地域学の一つの機能として、実社会との関係を考えるうえで、広い意味での政策分析を含むことが指摘される。国際地域学の中では、国際社会についても、地域国際関係についても、各国研究においても、問題を解決したり管理したりする枠組みや制度の分析が行われる。それは政府や、さらには企業の選択肢の評価検討であり、実社会へのインプットとなると考えられる。

第5節では、国際地域学は一つの体系であるが、研究をする者、また学生にとって、そのすべてを自家薬籠中のものとすることは不可能であるし、実際的ではないことが示される。国際地域学は、その全体像の中で、実際の研究や教育・訓練に関しては、選択のメニュー（menu for choice）を提供するものである。このような観点から、学生から見て、研究や教育を受けるにあたって、国際地域学の中から、対象や方法についていかなる選択をするか、またいかなる選択が可能であるかを、例をあげつつ検討する。そして、第6節においては、以上のことを念頭に置いて、本書がいかに構成されているかを紹介する。

このように本書では、国際地域学の構造を考察するのであるが、その考察は一定の前提なり制約を認識したうえで進められる。一つは、歴史を除外するわけではないが、研究や分析の対象の時間幅を、現代、現状に合わせていることである。2つには、国際社会は世界全体を対象にしているが、地域というときには主として東アジアを考えており、そのことから、対象とする国家を主として日本、中国、韓国、ロシアを考え、必要とされる場合には、アメリカや東南アジアをも取り上げる。3つには、現代の特徴はグローバリゼーション現象であり、経済を中心に、国ごと、地域ごとの差はありながらも、世界の国々、地域を強く結びつけるようになっており、そのことを前提にして、ディシプリンとしては、政治学や経済学を中心として考えているということである。したがって、本書で考える国際地域学は、国際地域学の一つの特殊形態であり、一般的には、歴史的に時代をさかのぼったり、東アジ

ア以外の地域を考えたり、また、他のディシプリンを中心的に考えることは当然に可能である。

## 1. 国際社会、地域国際関係、各国研究——3つのレベルの総合

　国際地域学における基本的な立場は、通常は別々に取り扱われたり、また単に並立的に取り扱われる国際関係論と地域研究（地域と各国研究）を一つの体系として考えようとするものである。国際関係論は多くの側面を持ち、その定義もさまざまであるが、ここでは一応、国家を単位として、国家からなる社会を考えるものとする。そして、それを国際社会と呼ぶとすれば、そこでは国際政治、国際経済等、さまざまな事象が見られる。さらに、国家間のさまざまな制度があり、国家の行動を規制しつつ、問題の管理や解決を図っている。さらに、国家以外の、国境を越えて活動する主体（非国家主体）には、非政府主体（NGO）、多国籍企業、地方自治体などさまざまなものがあり、それらは多様な活動をして、国家とともに国際社会を形成する。

　一般に地域研究と呼ばれるものは、一定の地域（たとえば、アジア、ヨーロッパ等）に焦点を当てて、その地域の歴史、政治、経済、文化などを分析するものと、ある特定の国に焦点を合わせて、個別の国の研究をするもの、という2つが入り交じっているのが特徴であろう。個別の国の研究は、もちろんそれらの国の対外関係を研究の射程に入れるが、通常は、主として国内の政治、経済、文化などを対象とするものである。このような地域研究は、いわば2つの異なるレベルをあわせ持っている。国際地域学は、このような地域研究を2つに分けて考え、一つを地域国際関係、いま一つを各国研究として設定する。地域国際関係は、当該地域における国家をはじめとする諸主体間の作り出す国際関係を想定する。たとえば、東アジアにおけるさまざまな国際制度、主要国間の政治・安全保障上の相互作用、あるいは力のバランスとその変化などである。もちろん、従来の地域研究における地域は、単なる地域国際関係に解消されない、当該地域固有の文化や共通点も存在しようが、それをも含んで地域国際関係と考えることにする。

　そうすると、国際地域学は、国際社会—地域国際関係—各国研究の3つの

要素（レベル）から成り立つものとなる。そして、国際社会―地域国際関係―各国研究という3つのレベルを、単にそれぞれを個別に取り扱うだけではなく、それらの間の相互関係をも関心の対象に置くことになる。これら3つのレベルの相互関係にはいくつかのものが考えられる。一つは、ある一つのレベルで考えられた分析枠組みなり事象についての仮説が、他のレベルに応用できる可能性である。たとえば、国際レベルにおいて、力の分布と国際政治の安定についての仮説（たとえば、二極のほうが多極より安定している）が、地域レベルで当てはまるのかどうか、あるいは、国際社会レベルで展開している国家・非国家主体（企業、NGO）の協働というグローバル・ガバナンスの形態が、地域レベルでの問題解決に実際にどのように実現され、また有効であるか、という問題の設定につながる。また逆に、地域レベルで見られた経済統合が安全保障上の安定につながるという理論は、単に他の地域にどこまで当てはまるかというだけではなく、国際社会レベルにどこまで有効かという分析視角を与える。

　さらに、国内レベルで有効に働いた仕組みが（たとえば、民主主義体制や議会制）、地域の国際関係や国際社会レベルでどこまで有効か、ということも一つの視点であろう。これは一般に、国際政治の国内アナロジーといわれるものである。たとえば、アセアン・ウェイということがよくいわれる。これは、国家間において、対話、主権の尊重（内政不干渉）、紛争の平和的解決、合意などを基にしたルールであるが、これはインドネシアなどの東南アジアのコミュニティによく見られるものであるという。アセアン・ウェイは、このようなコミュニティ・レベルの規範の国家間への応用であり、それは、アセアンという地域に応用されたものであるが、近年では、アセアンを超えて、アジア太平洋全域に拡大されようとしている。もちろんその成否は、これからの課題であるが。

　国際社会―地域国際関係―各国研究という3つのレベルのいま一つの関係は、実体的な関係である。このことを国家の観点から見てみよう。国家の対外政策を考えると、一方では、それは国内政治の反映であるという考え方がある。国内の不安定、不満を解消するために対外的な強硬政策をとるとか、あるいは、国内での政争の結果、穏健派が勝利し、いままでの強硬な政策が修正される、などがその例である。このような考え方あるいは現

象を、国内政治の対外投射（inside out）という。あるいは、覇権国が国際秩序なり地域秩序を作ろうとするとき、覇権国の価値規範をその秩序に投影しようとするのもその例であろう。これとは逆に、国際社会や地域国際関係という国際環境が国内の政治や経済に大きな影響を及ぼすこともある（これをoutside in という）。たとえば、国際社会や地域国際関係において、経済自由化やグローバリゼーションが進んだ場合、国家はその経済制度を変化させ、経済自由化に対処しなければならないであろう。また、地域国際関係における安全保障環境が悪化した場合には、当該国の安全保障体制は大きな影響を受けるかもしれない。もちろん、国際環境が国内政治・経済に与える影響は国によって異なり、またそれに対する政策も異なろう。たとえば、国際経済がグローバル化する中で、日本と韓国はそれに大きな影響を受けながらも、具体的な政策は異なろう。それは、国内の政治体制、政党のあり方、世論、経済構造などの差が大きいからであろう。比較政治学の一つの大きな課題である。

　以上では、国家に焦点を当てて、国際環境のあり方（国際社会、地域国際関係）と国家の内政や経済に関して、その相互作用を考えた。このような考え方は、国際社会と地域国際関係の間にもいえよう。地域国際関係は、国際社会の一部を切り取ったものである。地域国際関係は、国際社会のあり方に大きな影響を与えることがある。たとえば、中東のように絶え間ない対立のある地域では、国際社会で大きな影響力を持つ国を介して、その対立が国際政治に大きな影響を与える。あるいは、地域国際関係が EU（欧州連合）のように大いに制度化し、安定した場合には、それは国際社会の安定にプラスの影響を与えよう。さらに、EU において、国境を越えた環境規制、データ規制などが成立すれば、それは、国際社会全体の規則（グローバル・スタンダード）に大きな影響を与える。逆に、国際社会のあり方は、地域の国際関係に大きな影響を与える。たとえば、米ソの冷戦構造は、さまざまな地域に異なる影響を与えた。アジアは大きく分裂し、ヨーロッパでは、部分的にではあれ、地域統合を進展させる一要因になった。また、国際社会におけるグローバリゼーションの進展は、1990 年代に新しい地域主義といわれる大きな地域統合への動きを招来させた。

　このように地域国際関係は国際社会全体の動きと相互作用をするのである

が、先に見たように、地域国際関係は、その地域に属する国家の動きに大きな影響を受けると同時に、地域国際関係のあり方は、それらの国々に影響を与える。このように見ると、国際社会、地域国際関係、個別の国の3つのレベルは、それぞれに関して独自の動きをすると同時に、相互に影響を与え合っているのである。

　以上のような枠組みは、いわゆるレベル・オブ・アナリシスをベースとした議論である[1]。それは、国際地域学の構造を明らかにしてくれる。このような大まかな枠組みではなく、より具体的な研究対象の設定の仕方もあろう。たとえば、問題領域（イシュー・エリア）といわれるものがある。そこで問題となっているのは、安全保障、経済、環境などであり、経済といっても、金融、貿易、開発などさまざまな分野があるように、その問題領域はさらに細かく分けることができよう。そして、これらの問題領域は、国際社会──地域国際関係──個別国家という3つのレベルと交差する。たとえば、すでに触れたが、国際社会における貿易制度は、地域国際関係における貿易制度と密接な関係があり、またそれらは、各国の貿易に大きな影響を与える。また逆に、国家の貿易政策は、地域の制度、さらには世界の貿易制度に大きな影響を与える。もちろん、異なる問題領域は、相互に影響し合うことがある。たとえば、経済関係という問題領域は、政治・安全保障の領域と相互作用を持つことはよく見られることである。

　さらに、より具体的な、特定の関心対象があろう。たとえば、日中間の歴史問題であったり、韓国の世論と政治との関係などである。前者は、地域国際関係の一環であり、また国内政治と外交とが交差する分野である。後者は、各国研究の一端である。国際社会──地域国際関係──個別国家という枠組みは、これら特定の問題に一定の位置づけを与える。

　3つのレベル、問題領域、特定の関心対象は、後に述べる、研究や学習に関する選択のメニューとしての国際地域学にかかわるものである。

## 2．ディシプリン──単一ディシプリンと交差ディシプリン

　以上、国際地域学でどのような研究対象（それを実体的な対象と呼んでおく）

が存在するかを検討した。このような国際地域学の実体的な対象を分析しようとするとき、また教育を行おうとするとき、学問的なディシプリンとして、政治学、経済学、法学、歴史学などいくつかのものが考えられる。国際地域学という観点から考えると、研究全体、あるいは教育としては、濃淡はあろうが、これらのディシプリンはすべて必要である。たとえば、ある特定の国の研究をするとき、テーマにもよるが、きわめて多くのディシプリンがかかわってくる。また、国際社会の研究にしても、政治学、経済学、法学、歴史学等さまざまなディシプリンが必要とされることがある。

　しかし、すべてのディシプリンを網羅しようとすることは、およそ不可能である。これは、地域国際関係といってもすべての地域をカバーすることや、各国研究といっても世界の主要国をカバーすることは、およそ不可能で、実際的ではないことと同じである。したがって、ここでは、主として政治学を中心とする国際関係論と、限られた範囲であるが、経済学を考えることにしたい。なぜなら、グローバリゼーションの下での国際社会、地域国際関係、個別国家を考える場合、経済次元の理解は必要不可欠であると考えられるからである。ただ、以下で述べられる論理は、歴史学、法学、社会学など他のディシプリンにも適用可能である。

　一般にディシプリンと呼ばれているものには、実はさまざまな分野、いわばサブ・ディシプリンが包含されている。たとえば、国際地域学関連の政治学という視点をとってみても、国際政治学、比較政治学、国際政治経済学、国際制度・組織論などさまざまである。そして、さらに細かく見ると、国際政治学の中にも、安全保障論、平和学、政策決定論、外交論、国際政治思想など実に多くのものが含まれる。また、比較政治学にも、比較政治体制論、民主主義論、世論分析などが含まれる。したがって、第1節で述べた国際地域学の構造（国際社会―地域国際関係―各国研究）を与えられた場合でも、このような多様なサブ・ディシプリンを含む政治学で、すべてのレベルとレベル間の相互作用を研究（そして教育）することが可能であろう。これは、経済学についても、社会学についても、あるいは歴史学についてもいえるかもしれない。これを、単一ディシプリン・アプローチと呼ぼう。

　しかしながら、単一ディシプリン・アプローチでは、とらえきれない事象も多々存在する。たとえば、国際社会、あるいは地域の国際関係の中には経

済関係のものも多い。世界貿易機構とか、アジア太平洋経済協力会議などである。経済関係の国際制度を分析する場合には、経済学的な分析は必須であり、それと各国の政策、交渉等を重ね合わせて、有効な分析が可能になる。また、経済開発や経済発展も重要な政治的課題であるが、適切な経済学的な分析を欠かせない。このような場合、政治学と経済学の交差、協働が重要なものとなる。これを交差ディシプリン（インターディシプリン、学際的アプローチ）と呼ぶ。国際地域学の研究は、このような交差ディシプリンの視点が必要であり、教育もそのような観点から組み立てるべきであろう。

交差ディシプリンにおいては、それぞれのディシプリンは、それ自身が維持される。しかし、論者によっては、政治学や経済学などの既存のディシプリンを超え、それらを統括するような超ディシプリン（トランス・ディシプリン）を唱える者もある。たとえば、かつての一般システム論（general systems）がその例である。国際地域学も諸ディシプリンを統合し、それを超えた一般的な国際地域学というディシプリンを構成しようとする人がいるかもしれない。しかし、いまのところ、国際地域学では、せいぜい既存のディシプリンをベースとした交差ディシプリンであり、個別研究では、単一ディシプリンをとることが多いといえよう。

## 3. 質的アプローチと量的アプローチ

どのような実体的な対象を取り上げるにせよ、どのようなディシプリンをベースにしようとも、研究方法（アプローチ）としては、大まかにいって、質的なアプローチと量的なアプローチの2つが存在する。もちろん、これら2つのアプローチは、それぞれ多様な定義があり、一概に議論できるものではない。しかし、大まかにでも検討しておくことは、国際地域学を志す人に参考となろう。また、ここで議論することは、必ずしも国際地域学に限られることではなく、社会現象を対象とする研究すべてに当てはまるものである。

質的なアプローチは、さまざまな形で定義されようが、一つは、研究対象となる主体の内面にまで立ち入って了解を旨とする記述を行い、また、対

象となる主体間の間主観的な了解を明らかにしつつ事態を解釈し、さらに研究者と読者の間にも、研究対象に関する共通の見方をベースとし、例示による説得によって、相互了解を得ようとするものである。いわば、伝統的な人文学的な方法である。歴史的な展開を事実に基づいて記述し（dense description）、その解釈（interpretation）を共有しようとするものもそれに当たろう。それは、1回限りの事象を解釈し（これを ideographic なものという）、必ずしも一般的な法則を求めるものではなく、また必ずしも一般的な法則に基づく説明ではない。ある一定の事象を解釈するための概念の構成や概念間の関係を例示によって、現象の解釈に適用しようとするものである。たとえば、奴隷と主人、植民地と宗主国などの概念には一定の定性的な関係が成り立ち、片方の概念がなければ他方は成り立たない。

また、質的なアプローチといった場合、変量が、あるかないか、あるいは、男か女かなどの、定性的な、質的なものを基にして分析を進めるというものを含むことがある。これは、次に述べる量的なアプローチと連続面を持つものである。

量的なアプローチは、狭くはデータ（これにも、質的なデータ、順位データ、尺度データとさまざまある）に基づいて、とくに統計的な手法によって、変数間の関係を明らかにし、その限りでの因果関係を明らかにしようとするものである。もちろんそこには、当該の変数が表す概念や、概念間の関係を検討するという質的な分析が含まれることが通常である。また、量的なアプローチは、広くは科学的な実証主義（positivism）に基づく研究方法であり、それは客観性を重んじ、演繹的なモデル（axiom からさまざまな命題を導くもの）を作ったり、またデータに基づいて因果関係を体系的に明らかにしようとするものである。量的なアプローチは、当該の事象を体系的に説明し、またその証明は、あらかじめ決められた手続きに沿って行われる。そして、一般的な法則を明らかにしたり、一般的な法則を基にして、説明が行われる。いわば、自然科学的な方法論である。

質的なアプローチと量的なアプローチは、ときに対立的なものととらえられる。たとえば、1980年代末から90年代にかけて、（社会）構成主義（コンストラクティビズム：(social) constructivism）が台頭したが（本書第14章参照）、それは、行動論革命以後、アメリカにおいて方法論として主流であった論理

実証主義的な研究に対する代替案の提示という側面が強かった（逆行動論革命といえようか）。構成主義は、客観性、物質性に対して、非物質性、間主観性を重視するものである。しかし、質的アプローチと量的アプローチは、研究対象にもっとも合ったものが選択されたり、あるいは当該の研究者や学生の得意とするものが用いられたりする。

また、一つの研究や論文において、2つのアプローチが並存して用いられることも多々ある。たとえば、ある事象について、質的なアプローチから因果関係についての仮説を導き出し、それをデータに基づいて量的に、統計的に実証することは広く見られるものである。さらに、演繹的なモデル（合理的な選択モデル）を構成し、それに基づいて個別の対象を質的に分析していくという分析的ナラティブ（analytic narrative）[2]といわれる方法も存在する。

## 4．政策インプリケーションと政策分析

国際地域学といわず、社会現象を分析する場合、現実の問題についての何らかの含意（インプリケーション）を持つのが通常である。もちろん、そのことをどのくらい重視するか、またそのような含意をどのくらい明示するか（できるか）は研究対象や研究方法により、また研究者個人の考えによって異なるであろう。しかし、たとえば、国際政治学において安全保障問題を取り上げるときは、客観的な分析を行いつつも、戦争を回避したり、国際政治の安定の条件を探るなど、政策へのインプリケーションを得ることを暗に前提としているのが普通である。また、経済学は、一般に経済厚生の増大をいかに図るかを問題にしており、また経済発展論は、国家や地域の経済発展のありようを明らかにして、経済発展の方策を探ろうとするものである。

より一般に、国際地域学においても、国際社会、地域国際関係、そして各国の政治や経済に関して、具体的な問題の解決や管理にいかに対処するかを念頭に分析を進めることがあろう。たとえば、日中の安全保障関係の展開を明らかにしつつ、日本の対中政策を分析し、日本の持つ政策選択肢を比較検討し、最適の政策は何かを問う、という分析も可能であろう。また、日中韓

の環境協力を分析対象とし、望ましい枠組みや具体的な政策を明らかにすることも可能である。よりローカルに、新潟県の農業に関して、国際社会における農業事情、国際制度などを明らかにし、日本政府の農業政策を勘案しながら、可能な政策選択肢を考えることなどもあろう。このような政策分析にあたっては、質的な分析も必要であるが、量的な分析も必須な方法となるであろう。

　国際地域学は、政策分析に特化したり、あるいは問題解決のための社会工学（social engineering）に全面的にコミットするものではないが、そのような側面をも重視しようとするものである。

## 5. 選択のメニューとしての国際地域学

　以上、国際地域学の構造をいくつかの観点から述べてきた。この体系は、一人の研究者あるいは一人の学生から見ると壮大であり、基礎的な共通項はさておいて、全体をマスターすることは不可能であり、研究を行ううえで実際的なものでもない。国際地域学は、研究や教育についての、選択のメニュー（menu for choice）と考えるのが至当である。そして、選択の主体は研究者であり、学生である。ここで、学生（研究者でもよい）の立場に立って、国際地域学を選択のメニューと考えるとどのようなものとなるかを、若干の例を用いて考えてみよう。

　学生A君は、韓国の政治に関心を持っており、また韓国語ができるとしよう。国際地域学においては、当然に、韓国についての政治体制、選挙、世論などについて研究できる。そして同時に、政治学を中心とするディシプリンを学び、それを自己の研究に応用できる。さらに、韓国政治を分析するときの概念構成や歴史などの質的なアプローチを学ぶとともに、世論研究などを行うときに必須なデータ分析の手法なども学ぶことができる。国際地域学でさらに重要なことは、韓国が置かれている国際環境を学び、それが韓国の政治にどのような影響を与えるかを考察することが可能であるということである。たとえば、対中国との関係、対日本との関係、さらに東アジア情勢からいかに韓国を位置づけるかということも学ぶことができる。

学生B君は、東アジアの国際関係、それも日中韓の協力枠組みの構築に関心を持っているとしよう。この場合、日中韓の協力の枠組みは、経済、安全保障、学術交流等多くの側面を持っている。この点、東アジアの国際関係、地域統合論などを履修することが必須であろう。それに加えて、一方で、国際政治学や国際制度、さらに関心によっては国際経済関係の基本的知識を獲得し、他方では、日本、韓国、中国の政治外交の履修も必要であろう。そして、日中韓協力に関しても、経済、環境、経済などのいずれかに焦点を絞り、経済なら日中韓の自由貿易協定の可能性などに焦点を絞った研究をすることになる。

学生C君は、国際安全保障、それも内戦などの非伝統的安全保障に関心を持っている。C君は、国際政治の中でも平和とか戦争や内戦を取り扱う授業をとるとともに、グローバル・ガバナンス論、国際制度論をとり、基本的なバックグランドを得ることになる。そして、比較政治学の中から、内戦や政治的な安定などを分析する授業も受講することになる。さらにある地域に関心を持つならば、地域統合論などを履修することになろう。

学生D君は、政策分析に関心を持ち、将来社会に出て役に立てようと考えている。地域的な関心は、東アジアである。D君の関心が経済分野にあるとすると、経済関係の授業、たとえば経済発展論とか国際経済学をとり、また計量的な分析手法を受講することになる。国際ビジネスや多国籍企業論もD君の関心を満たすものであろう。さらに、経済のあり方や動きは政治的、国際的な文脈に規定されることが多く、分析の対象として取り上げる国（日本、韓国等）についても基本的な知識を得ることが必要である。このような要請に対して、国際地域学は十分なメニューを提供することになる。

以上のような選択のメニューがさまざまな形で用意されるのであるが、それらを覆うものとして、国際地域学全般についての基礎を学び、学問体系を理解したうえでの、選択となるのはもちろんである。国際地域学に関心を持つ諸君は、以上述べてきたような諸点を熟慮し、国際地域学の体系を考えることも必要である。しかし他方、気軽に自分の関心、興味あるところから始め、徐々に知識や研究能力を深めていく、ということも推奨できる取り組み方である。

## 6. 本書の構成

　以上が、われわれが考える国際地域学の構造であり、本書はこのような考えに基づいて編まれている。本書は、以下4つの部からなっている。
　第Ⅰ部は、国際社会全般にかかわる問題を理論と実際の2つの面から考察するものであり、「グローバル・ガバナンス」（山本吉宣）、「戦争と平和」（黒田俊郎）、「国際的相互依存——国際経済学の視点から」（若杉隆平）、「経済開発と援助」（渡邉松男）の4つの章から構成されている。「グローバル・ガバナンス」は、国家だけではなく、さまざまな非国家主体が織り成す国際社会を構想し、その中で多様な問題がどのように解決され、またマネージされているかを明らかにするものである。それは、地域にも、また国家の内部にも応用可能である。「戦争と平和」は、戦争についてのさまざまな考えを哲学レベルにまで深めて議論し、それに基づいて、平和のあり方を考えようとするものである。「国際的相互依存——国際経済学の視点から」は、国際貿易の基本的な考え方と現象を取り上げ、国際社会全体と地域経済の問題を検討しようとするものである。「経済開発と援助」は、国際社会全体における開発と援助の問題を取り上げ、さらに、他の地域と比較しつつ東アジアにおける開発と援助の諸問題を考察する。
　第Ⅱ部は、東アジアを焦点として、地域国際関係の検討にあてられる。この部は、「東アジア国際関係とアメリカ」（滝田賢治）、「地域統合と東アジア」（菊池努）、「経済発展と東アジア」（李佳）の3つの章から成り立つ。東アジア国際関係は、冷戦期、冷戦後、そして最近に至るまで大きな変容を遂げてきた。このような変容をアメリカの東アジア外交の展開という視点から考察するのが「東アジア国際関係とアメリカ」である。「地域統合と東アジア」は、地域統合という観点から、広く東アジア（東南アジア、北東アジア）の国際関係を取り扱い、そこで展開されるさまざまな国際制度を検討する。「経済発展と東アジア」は、東アジアの国々を経済発展という観点から分析し、比較する。
　第Ⅲ部は、各国研究であり、東アジア（とくに北東アジア）の主要国の内政と外交を考察する4つの章から成り立つ。それらは、「中国の政治と外交——

力の追求と中国の夢」（カポ・ゴ）、「韓国の政治と外交――秩序構成の重層的リベラル相関」（浅羽祐樹）、「ロシアの政治と外交――屈辱の 1990 年代と大国主義の復活」（袴田茂樹）、「日本の内政と外交――政権交代と対外政策過程の変化」（信田智人）である。それぞれの国に関して、内政と外交の基本的な特徴を明らかにする。いずれも、歴史的な経緯を踏まえながらも、現在の内政と外交を理解するのに必要な内容となっている。

　第Ⅳ部は、方法論を取り扱うものである。それは、3つの章から成り立ち、一つは「実証研究論文の書き方――問いから仮説検定まで」（藤井誠二）であり、研究をいかに進めるか、また論文をいかに書くかに焦点を当てて方法論の意味や種類を検討する。2つ目は「政治分析の方法論――事例、比較、計量的アプローチ」（窪田悠一）であり、計量的な方法の中身と応用を示すものである。3つには、「コンストラクティビズム（構成主義）――ディスコース研究を中心に」（上村威）である。この部は、全体として、方法論の特徴を明らかにし、応用例を入れつつ、国際地域学の分析にいかに貢献できるかを明らかにしている。

注

（1）レベル・オブ・アナリシスについては、たとえば、Kenneth Waltz, *Man, the State and War*, New York: Columbia University Press, 1959 ［渡邉昭夫・岡垣知子訳『人間・国家・戦争――国際政治の3つのイメージ』勁草書房、2013 年］。J. David Singer, "The Level-of-Analysis Problem in International Relations," *World Politics* 14: 1, Oct. 1961, 77-92. James Rosenau, ed., *Linkage Politics*, New York: Free Press, 1969.

（2）分析的ナラティブについては、Robert H. Bates, Avner Greif, Margaret Levi, Jean-Laurent Rosenthal, and Barry R. Weingast, *Analytic Narratives*, Princeton, NJ: Princeton University Press, 1998.

# Ⅰ. 国際社会の研究

第1章

# グローバル・ガバナンス

山本吉宣

## 1. グローバル・ガバナンスの顕在化

　グローバル・ガバナンスとは、国境を越えて広く世界に影響を与え、一国単位では取り扱えないグローバル・イシュー[1]を解決し、管理するための、多様なアクターの協力に基づく仕組みである。この概念は、比較的新しく、冷戦後の1990年代初頭から使われ始めた。グローバル・イシューには、経済問題（貿易、金融、投資など）、環境問題（地球温暖化、生物多様性など）、人道（化学兵器、クラスター爆弾、国際犯罪など）、さらに人間の安全保障（平和維持、疾病、難民、貧困／発展など）等の多くの問題領域が含まれる。これらの問題は、モノ、ヒト、カネ、情報の国境を越えた流れが増大するに従って引き起こされる傾向があり、グローバリゼーションが進めば進むほど、それを解決する仕組みへの需要が大きくなる。これが冷戦後、グローバル・ガバナンスが顕著になった一つの理由である。

　また、グローバル・ガバナンスは、共通の問題に対処し、国際公益と呼ばれるものを達成することを目的とし、そのためには軍事力などの強制的な手段ではなく、国家を含む多様な主体の協力をベースとするものである。それは、冷戦期に支配的であった、国家／国益、国家間対立、強制力を中心とする国際政治と対照をなすものであった。冷戦が終わったことは、このような伝統的な国際政治の様式が背後に退いたことを意味し、これが、グローバル・ガバナンスが冷戦後顕著に取り上げられることにになったいま一つの理由である。

　もちろん、グローバル・ガバナンスが対象とする問題は昔から存在し、国際社会もそれに対応しようとしてきた。難民問題や国際的な検疫制度は、つ

とに大きな問題であった（中山 2014; 永田 2010; 安田 2014）。また、国際連盟は、麻薬の問題などグローバル・イシューに取り組んだ（細谷 2013）。さらに、グローバル・ガバナンス的な考え方は、伝統的な国家中心、国益中心の国際政治のあり方を克服して、グローバルな問題を解決していこうとする思想として、大きな役割を果たしてきた。このようにグローバル・ガバナンスは歴史や哲学／思想の面から研究できる（遠藤 2008, 2010）。しかしそれは、いま現在存在する問題を解決したり管理するという、すぐれて現実的な、政策的な内容を持ったものでもある。本章は、この後者に着目してグローバル・ガバナンスを考察する。

　本章の構成と流れを示しておこう。次節（第2節）では、グローバル・ガバナンスで取り扱う問題の構造を考察する。この節では、グローバル・ガバナンスで取り扱う問題は多様であるが、それには、①物質的な利益を基にしたものと規範／道徳（とくに、人権、人道）を基にしたものがあること、②物質的な利益を基にしたものにも、対称的な構造を持つものと（利益が相互的、また参加者の能力が同じ）と非対称的な構造を持つものがあること、③規範／道徳に基づくものは、どちらからといえば、非対称的な構造を持つものが多いこと、などが示される。

　そして、このような取り扱う問題の構造の違いが、グローバル・ガバナンスに参加するアクターとそれが織り成すガバナンスの形態にどのような影響を与えるかを議論するのが第3節である。たとえば、物質的な利益を基にして対称的な構造を持つ問題の場合には、国家が大きな役割を占め、物質的であれ規範／道徳的であれ、非対称な問題構造の場合には、国家、NGO、企業などのさまざまなアクターが参加する、という傾向が見られる。そしてアクターの協調体制として、レジーム、公―私のパートナーシップ、ネットワーク、オーケストレーションなどが考察される。

　最後に（第4節）、グローバル・ガバナンスに関して、さまざまな問題領域、さまざまな形態のガバナンスに共通に見られる効果や正当性についての考察を行い、さらに、グローバル・ガバナンスが、地域ガバナンス、ナショナル・ガバナンス、ローカル・ガバナンスというタテの重層性、また、いまや、グローバル・ガバナンスは、さまざまな分野に成立し、並存し、相互作用をするというヨコの重層性の中で考えなければならないこと（レジーム複

合体とも呼ばれる）が指摘される。

## 2．問題の構造

**物質的な利益を基にした問題の構造**

　グローバル・ガバナンスにおける問題の構造に関しては、大きく分けて2つの類型がある。一つは、主として（物質的な）利益に基づいたものであり、いま一つは道徳や規範に基づくものである（ただし、この区分は、それほど明確なものではない——後述）。以下、まず、物質的な利益（経済的な利益、安全保障上の利益等）に基づく問題の構造を検討するのであるが、この視点は、国際政治学の中でいえば、合理的なアクターを想定し、国際的な制度やグローバル・ガバナンスの仕組みがどのように生成され、その内容がどのようなものになるのかを考えようとするものであり、新自由主義的制度論（ネオリベラルインスティテューショナリズム）の系譜に属するものである。

①対称的な問題の構造
　物質的な利益を基にした問題の構造には、対称的なものと非対称的なものがある。対称的なものとは、問題の発生源（他の国にマイナスの影響をもたらすもの——負の外部効果を持つもの）が広くさまざまな国で見られるものであり、またそれを解決する仕組みを作ることによって、その（物質的な）便益が広く及ぶという特徴を持つものである。この類型に属するものとしてはさらに2つのカテゴリーがあるとされる。
　一つは、共有地（コモンズ：commons）とか（国際）公共財といわれるものである。それは、社会のメンバーが自由に使え利益を得ることができるものであり、それを維持したり、創設（供給）することはすべてのメンバーに益する。たとえば、国際経済の安定、良い環境の維持などである。しかし、各人（国、企業、等）が自己の利益に沿って行動すると、望ましい状態を損なう。たとえば、$CO_2$をどんどん排出したり資源を消費すると、環境が悪化したり資源が枯渇する。そうすると、社会全体が損をすることになる。

このようなケースにおいては、その解決の一つの方法として、社会に所属するメンバーが協力し、排出規制や資源の使用についてルール（ここでは、一般的な規則だけではなく、具体的な排出規制量などについての裁量的な合意を含む）を作ることである。そして、このような必要性を認識し、解決のための枠組みを構想することは、必ずしも難しいことではない。しかし、そのような仕組みができても、他のメンバーが合意を守り、自分だけは約束を守らないと、自分は得することになる。そうすると、この種の仕組みでは、いかにルールや合意の順守を確かなものにするか、ということがカギになる。このような問題の構造を、集合行為の問題あるいは協働（collaboration）の問題という。

　いま一つのカテゴリーは、調整（coordination）と呼ばれるものである。これは、ある問題に関して、グローバルなルール（スタンダード）を確立していくことによって問題を解決・管理していこうとするものである。一般的にいえば、ある事象に関して、少なくとも2つの異なる（対立する）ルールがあり、グローバルにそのどちらを選択するか、ということである。たとえば、航空管制で何語を使うかということがある。そこでは、同じ言語（スタンダード）を使うことが必須である。では、どの言語にするか。英語でも日本語でもよい。ただ、英語にすれば、英語が得意の国には便利であり、日本人にとっては不利であろう。いわば、どちらのスタンダードをとるかによって、アクターの便益が異なり、スタンダードの選択をめぐって紛争が起きる。しかし、いったん共通のスタンダードが決まると、それから逸脱することはない。このような調整の問題は、さまざまな分野に見られる。たとえば、会計基準に関しても、世界基準が成立すれば、海外での資金調達が重要になっている現在、その基準に合わせることになる。

　もちろん、グローバル・ガバナンスの対象とする問題の構造は、以上の2つの類型の他にもさまざまなものがあろう。ただ、この2つにおいては、すべての国がその利益（不利益）を受けると認識されているという意味で、対称的である。また、各国は、ルールやスタンダードを実現し、守る能力を持つと仮定されているという意味でも対称的である。

②非対称的な問題構造

　これに対して、非対称的な問題の構造とは、当該の問題に関して、利益

表1　非対称の問題の類型

| | | | 他の国々 | |
| --- | --- | --- | --- | --- |
| | | | 問題解決のインセンティブ | |
| | | | あり | なし |
| 問題の発生国 | 問題解決のインセンティブ | あり（能力欠如） | A.<br>援助、能力強化のガバナンス | B.<br>争点化するが、国際社会は問題解決を放置 |
| | | なし | C.<br>上流—下流問題<br>争点化するが、問題の発生国は問題解決を放置 | D.<br>相互放置（争点化せず） |

出所：Mitchell（2005）などを基に筆者作成。

（不利益）が、国家によって異なっていたり、また問題解決やルールの順守の能力が異なっている場合である。たとえば、問題の発生がある国（国のグループでもよい）に偏っており、その問題に関して（マイナスの）影響を受ける国々が広く存在する、またその問題の解決に関して、発生した国の能力が欠如している（もちろん、この2つの要因は、別々に取り扱ってもよい）という構造を持つものである。表1には、問題の発生国とその影響を受ける他の国々の2つを想定し、それぞれが問題解決のインセンティブを持つか持たないかということで、4つの異なる問題構造を示してある。またそこでは、問題が発生した国が、問題解決のインセンティブは持つが、能力が欠如している場合も考えている。

　グローバル・ガバナンスが作られるには、表1のAでなくてはならない。すなわち、問題の発生源となった国も、その影響を受ける国も、ともに問題解決へのインセンティブを持たなければならない。このことは、上に述べた対称的な問題構造でも同じであるが、表1では、問題の発生が、特定の国に限られていることを想定している。たとえば、エボラ出血熱を考えると、もしそれがある国で蔓延すると、それは、他の国々にとって脅威であり、また当事国は当然エボラ出血熱を防ごうとするであろう。しかし、その国が開発途上国であり、エボラ出血熱に対処する能力に欠けているとしよう。そうすると、他の国々はエボラ出血熱の自国への拡散を防ごうとするとともに、当

該国にさまざまな形で援助を行うことになろう。また、越境する環境汚染にしても、当該国は自国で環境汚染を防止しようとするインセンティブを持ち、影響を受ける国も当然問題解決のインセンティブを持とう。もし環境汚染国が能力を持たない場合、他の国はさまざまな形で援助を行う。この類型には、疫病、麻薬、難民など多くの問題領域が存在しよう。グローバル・ガバナンスの多くの領域がこの類型に属するといえる。ここで明らかなことは、これら多くの問題は、国際公共財の供給であることである。すなわち、たとえば流行病のコントロールのためのグローバル・ガバナンスを考えても、流行病の防止や解決は、誰でも恩恵を受けるという意味で国際公共財である。また、前節で述べた対称的な構造を想定したグローバル・ガバナンスでも、非対称な要素を同時に持つことはよく見られることである。たとえば、自由貿易（これは、公共財的な側面が強い）を掲げ、そのためのルールのセットを基本とするGATT（関税及び貿易に関する一般協定）／WTO（世界貿易機関）も、その中に開発途上国に対する例外措置や支援の措置を備えている。また、前節で調整の問題の例として述べた航空管制（安全）のルールのセットを体現するICAO（国際民間航空機関）も、航空安全のためのインフラ整備などの援助のシステムを持っている。

　しかし、そうではないケースもある。それは、問題の発生国と他の国々のどちらかが問題解決のインセンティブを持たなかったり、あるいは両方ともがインセンティブを持たない場合である。

　その一つは、R・ミッチェル（Mitchell and Keiback 2001; Mitchell 2005）が「上流－下流」問題と呼んだものである（表1のC）。たとえば、汚染物質を排出する工場とその被害をこうむる住民との関係はこれに当たろう。前者（上流にある国、汚染物質の排出企業）は加害者、下流にある国は被害者である。極端な場合には、上流にいる人（国）は、いまのままの状態で（問題解決の仕組みがなくとも）、とくに問題を感じない。それに対して、下流にいる人は、大いに不利益を感じ、問題を解決しようとするだろう。放っておけば、何のシステムもできない。このような問題に対処するためには、いくつかの方法があろう。一つは、被害者と加害者の間に汚染の排出量等に関して、一定の合意を作り出すことである。しかし、上流にある国はこのような仕組みを作るインセンティブを持たない。したがって、下流にある国は、何らかの手段

を講じなければならない。これには、いくつかのものが考えられよう。一つには、下流の国が上流の国に、何らかのインセンティブを与え、上流の国の汚染物質の排出を低下させることである。たとえば、上流の国の汚染物質排出を低下させるために、下流の国がそのコストを分担するような仕組みを作ることである。2つには、他の分野をからめて、上流の国の汚染物質の排出制限を可能にする枠組みを作ることである（たとえば、経済協力との抱き合わせで汚染についての枠組みを作る等）。以上は、問題の構造をCからAに転換させることを意味する。

　上流－下流問題のいま一つの取り扱いは、上流の国の行動を阻止するために、下流の国が強制的な手段（より一般的にいえば、政治的なコストをかける手段）をとることである。たとえば、取水についてのルールができず、上流の国が水をあまりに使ってしまい、下流の国が困るとき、下流の国はときに戦争に訴えるかもしれない（水戦争）。あるいは、ある国から麻薬が流出し、その国が麻薬の流出を防ぐインセンティブも能力もないとき、他の国が武力介入するなどである。これに近いことは、ある国の国内において、人権、人道が侵され（規範的な問題についてはあとでまとめて詳しく述べる）、かつその国がそれを解決する意志も能力も持たない場合、他の国（国際社会）が武力を含めて、人道介入を行う、というのはこの例であると考えられる。これらのケースは、問題の構造（C）を抜け出せない（非強制的な協力のシステムを作ることができない）ということであり、また、下流の国（被害を受ける国）の力が十分に強いとき起きるものである。

　このような上流－下流問題とは逆に、問題が生じている国は問題を解決しようとするインセンティブを持っているのに、他の国々が問題解決のインセンティブを持たないケースがありえる（表1のB）。たとえば、貧困なり内戦に関して、当該の国がそれを解決しようとしているのに、他の国は関心を示さない、というケースである。すなわち、ある国の内戦や貧困が当該の国に限定され、他の国へのマイナス効果はないと認識されるときである。このような場合、どのようにして他の国がインセンティブを持つようにするかが問題となろう。この場合、当該の問題が、他の国々に物質的にネガティブな影響を与えることを示すとか、また国際社会が取り扱うべき問題であるという規範の確立が試みられ、類型BからAへの移行が図られる。

最後に、当事国も他の国もともに問題を解決するインセンティブ持たないケースもありえる（表1のD）。この場合、問題は国際的に争点化されず、政治的なアジェンダとして取り扱われることはない。グローバル・ガバナンスの歴史を見れば、政治的なアジェンダでなかった問題が争点化され、徐々にグローバル・ガバナンスの仕組みができてきたということはよく見られるものである。この争点化は、当該の問題が具体的な大きな被害を出すようになったり、被害のメカニズムが科学的に明らかになったりした場合に起きる（これは、対称的な問題構造でも同じ）。また、争点化は、当事国の中から起きたり（DからBへの変化）、また他の国々から起きることもあろう（DからCへの変化）。NGOなどの非国家主体から争点化が起きることもあろう。そして、最終的には、グローバル・ガバナンス（A）への移行が図られることになる。

## 規範的な領域におけるグローバル・ガバナンス

　以上、主として、物質的な利益の観点からグローバル・ガバナンスの類型を考えてきた。そして、これらは、功利的なガバナンスと呼んでよいものである。そこでは、どのような仕組みを作ればどのような結果となるかを予測してガバナンスが作られ、そのガバナンスからどのような成果が得られたかを基にその仕組みは評価される。たとえば、貿易がどのくらい増大したか、魚のストックがどのくらい安定したかなどである。ところで、ガバナンスの中には、物質的な利益とはいえない規範とか道徳をベースとしたガバナンスが存在する[2]。もちろん、これら2つは完全に区分されるものではない。前項で述べたガバナンスの生成においても、いくつかの問題は、物質的な利益と規範的な要素をあわせ持っていた。たとえば、難民は、規範・道徳的な問題であると同時に、近隣諸国にとっては安全保障上の問題でもある。
　しかし、規範とか道徳（主として、人道とか人権）が中心的な役割をするグローバル・ガバナンスも存在する。これらの問題領域では、そこでの目的（規範）が道徳的に正しいか、誤っているのか、また行動がその規範から見て適切なものであるのかどうか、ということによって判断され、それを達成する仕組みが作られる。このことは、規範的なグローバル・ガバナンスのい

くつかの領域において、不適切な行動は禁止される「禁止レジーム」と呼ばれるものが形成されていることによって示されよう（ここで、レジームとは、あとで述べるように、主としてルールのセットであり、グローバル・ガバナンスにおける主要な道具の一つである）。たとえば、毒ガス（化学兵器）、細菌兵器（生物兵器）、さらには、対人地雷、クラスター爆弾など、非人道的な兵器の生産・使用・移転は禁止されている。環境に関しても、功利的な観点からのガバナンス形成とともに（たとえば、天然資源の持続的利用）、環境保全規範（たとえば、クジラを獲ってはいけないという規範）が存在し、ときに物質的な利益をベースとする天然資源の持続的利用という目的と衝突する。

　規範領域のグローバル・ガバナンスには、いくつかの特徴が考えられる。一つには、この領域においては、人道とか人権が一つの軸になるとすると、国家も当然であるが、最終的には（国境を越えた）個人の状態が問題であり、そこに働きかけるためのガバナンスの枠組みが必要となる。2つには、以上のことと関連して、NGOの活動が、きわめて大きな役割を果たすことである。すなわち、NGOは、人道などの規範的な問題を国際的な争点として提示し、そのことによって、規範的なガバナンスを作ろうとする。規範的なガバナンスは、規範が国際的に共有され、規範的な相互依存（規範的な外部効果）ともいえるものが生じ、そこで、発生源なり問題そのものを解決するための仕組みが作られる。また、NGOは、具体的なグローバル・ガバナンスのあり方に影響を与え（たとえば、規範やルールの内容）[3]、ガバナンスの成立のために活動し、さらに、実際の実務的な仕事に取り組む、という多様な役割を果たす。前項の表1でいえば、規範的、道徳的なガバナンスは、Dの争点化されていない領域を争点化し、ガバナンスの体制を作ろうとし、そのためにNGOが規範企業家などとして活動することになる。さらに、規範的、道徳的なガバナンスは、多くの場合、非対称な構造になっている。そして、最終的な対象が個人であることから、問題解決はさまざまなレベルのアクターを包摂し、実施までを含めての活動が組まれることになる。

　3つには、規範的な分野のグローバル・ガバナンスは、すでに述べたように、禁止レジームのように厳格なものも存在するが、むしろ緩やかなものも多い。貧困、飢餓などさまざまな問題についてのものがあるが、それらは禁止レジームではない。むしろ、それらの事象を防止したり、解決したりする

行動を推奨するガバナンスである。そうすると、すでに述べたように、貧困等を解決するための、具体的な方策を実行するマルチ・アクターの体制が作られることになる。

　4つには、それと関連して、この分野での規制には、相互主義が効かないことが多いことがある。たとえば、人権の分野で、ある国が合意を破った場合、他の国が自国の人権についての合意内容を破ってそれに対抗する、ということは考えられない。それとは対照的に、貿易の分野で、ある国が合意に反して関税を引き上げた場合、他の国はそれに対抗して自分も関税を引き上げる、ということは大いに可能である。このことは、規範分野のグローバル・ガバナンスにおいては、強力な規制手段、制裁手段が欠けるものが多い一つの理由となっている。しかしながら、規範領域のグローバル・ガバナンスは、当該の仕組みの「外」から制裁を調達することがある。たとえば、非人道的な兵器の禁止を破った国に対して、国際の平和と安全を破ったとして、国連の軍事制裁が発動されることがある。あるいは、すでに述べたように、人道的介入や保護する責任は、人道規範を破った国に対して、その国がそれを是正する意志も能力もないとき、国連の軍事制裁が科され、それがガバナンスに内部化されえることを示している（これは、すでに述べたように、「上流―下流」問題の一種であると考えられる）[4]。

## 3．グローバル・ガバナンスの態様——レジーム、三角空間、ネットワーク

　グローバル・ガバナンスを考えるとき、そこでは、国際組織、国家、政府の中の組織、NGO、企業、地方自治体などさまざまなアクターが、さまざまな役割を持って登場する。これらのアクターは問題によって、また、グローバル・ガバナンスの展開の段階（創設段階、実行〈運営〉段階等）によってもさまざまな協力関係を紡ぎ出す。たとえば、問題の性格や構造は、どのようなアクターが登場するか、またアクターの間にどのような関係が作られるか、に影響を与えるであろう。国家が独占するような問題領域（武器や関税、マクロ経済政策）に関する協力は、国家がガバナンスの形成や運用に大きな役割を果たすであろう。それは、多くの場合、協働という構造を持ってい

る。たとえば、相互に関税を引き下げ、自由貿易体制を促進することは、一つの公共財の供給であり、問題の構造は、協働である。ただ、この場合でも、企業やNGOなどの非国家アクターは、アイディアを提供したり、圧力集団としての役割を果たす。また、調整の問題は、国家を単位として遺伝子組み換えの生産品についての基準設定など、国家が大きな役割を果たす。しかし、民間レベルの働きも大きいことがある。たとえば、航空安全についてのICAOや工業製品に関する基準を定めるISO（国際標準化機構）も基本的には民間である。これは、専門性が高い分野であることが一つの理由であろう。また、すでにふれたように、これとは対照的に、問題が非対称の構造を持つときや規範／道徳に基づいたガバナンスにおいては、国家だけではなく、その形成、実行において、国際組織、NGO、企業などの多様なアクターが参加することが多くなろう。このようなことを念頭に置いて、グローバル・ガバナンスを考えるとき、これらのアクターがどのような協力パターンをとるかを検討してみよう。

**レジーム**

　まず、国家に着目すると、レジームがある。国家の間で、ルールのセットを作り、グローバル・イシューを管理したり、解決しようとするものである。いわゆる公的なレジームである。ルールといっても、厳格なルールから、一定の枠組みを作り、あとは各国の裁量に基づいて問題解決の実をあげようとするもの（たとえば、政策協調）まで、さまざまである。公的なレジームは、国家の行動そのものを直接コントロールする（しなければならない）ときもあり（たとえば、関税、保有兵器）、国家が国内の企業などの行動を間接的にコントロールすることを前提にすることもある。このようなレジームは、当該の問題や政策について、国家間の協力を含めて、国家が十分な能力を持っていることが前提とされている。このような意味では、対称的な問題構造のとき見られるものである。

　しかし、公的なレジームが存在しなかったり、あるいは逆に政府から許容されたり委譲されて、NGOなり、企業が、政府の関与がない私的なレジームと呼ばれるものを形成することもある。たとえば、森林管理でNGOのレ

ジームが作られる。あるいは、インターネットのガバナンスをつかさどるICANN も私的なレジームである。また、企業の間で、環境に関する一定のルールを作ることがある。それは、私的レジームあるいは、私的なスタンダードと呼ばれるものである。

## 三角（三角形の）空間

　公的レジームや私的レジームは、アクターの構成ということでは、いわゆるユニ・セクトラルと呼ばれるものであり、公は公、私は私でレジームが形成される。これに対して、開発や環境問題に関して、「公―私パートナーシップ」（たとえば、杉浦 2015）という国家と企業・NGO の協力体制がとられることもある（これは、マルチ・セクトラル）。そこでは、ルールの設定だけではなく、問題解決の実際の活動、資金の調達、モニタリングなどの活動が展開される。国家、NGO、企業は、グローバル・ガバナンスにおいて、一つの（三角）空間を構成する。そして、問題に応じて、また機能に応じて、この三角形の空間で、これらのアクターは、さまざまな協力形態をとる。この三角形の空間は、先進国を含めて、国内の環境、労働などの分野でも作られるが、国境を超えて、開発とか人道という非対称構造を持つ問題にも適用される[5]。

## ネットワークとオーケストレーション

　さらに、これらのことは、グローバル・ガバナンスを、グローバルな問題に対処するために、その問題に関係が深く、影響力を持ち、知識や技術を持つ国際組織、国家（政府）、NGO、企業などから成り立つネットワークととらえる視点が成立することを示す。このネットワークは、当該の問題の認識と共有化、規範やルールの設定、実行という段階ごとに活動の内容や目的を変化させ、アクターの位置づけや役割が決まり、柔軟に問題の解決が図られる、というものである。このような個別のグローバル・イシューについてのネットワーク（グローバル問題解決ネットワーク = GSN: Global Solution Network ともいう）は、実態を反映するだけではなく、具体的な問題に早急にまた柔

軟に対処する仕組みとして優れていると論ぜられる。また、このように多くのプレーヤーが参加するマルチ・プレーヤーの場では、どのように全体を組み立て、問題の解決を図っていくか、という課題がある。これは、現在ではオーケストレーションと呼ばれる問題であり、比喩的にある指揮者（これを、組織企業家という）が、当該問題にかかわる複数のレジーム、国家、企業、NGOなどを問題解決のために整除するというものである。たとえば、国連などの国際組織が指揮者の機能を果たし、NGOなどを仲介者として、国家や企業の行動を規制の対象とし、目標（疾病の制御など）を達成していく、というものであり、最近ではいくつかの実証研究も行われている（Abbott, et al. 2014）。そして、多くのケースで、具体的に取り上げられる問題は、人道、開発、環境、保健など、非対称な構造を持つ、あるいはネットワークが国境を越えて直接対象国の国内問題や個人に働きかけようとするものである（たとえば、Abbott and Hale 2014）。

## 4．グローバル・ガバナンスの効果と位置づけ

### グローバル・ガバナンスの正当性と効果

　グローバル・ガバナンスは、内部（参加アクター）や外部（参加アクター以外の影響を受けるアクター）の支持を得なくてはならない。それは、広くは、正当性と呼ばれるものである。単純化していえば、正当性には、インプット（入力）正当性とアウトプット（出力）正当性と呼ばれるものがある。入力正当性とは、当該のガバナンスが掲げる規範、構成アクターの資質、専門性、権威、ガバナンス内の決定のあり方（説明責任）等からなる。出力正当性は、ガバナンスが目標とすることを達成したかどうか、ということにかかわるものである。入力正当性は、出力に影響し、ガバナンスの出力は、単に当該のガバナンス内のメンバーだけではなく、外部のアクターによって評価され、入力正当性の一つの要素となる[6]。
　グローバル・ガバナンスや国際レジームの効果（effectiveness）の研究は、グローバル・ガバナンス研究の大きな研究課題となっている。この研究分野

では、グローバル・ガバナンスの存在によって、当該の問題の認識や規範がどこまで共有化され、進化したか、またグローバル・ガバナンスにおけるルールや合意がどのくらい守られたか、といういくつかの次元が存在する。しかし、グローバル・ガバナンスの効果というとき、もっとも大切なのは、グローバル・ガバナンスが作られ、作動することによって、当該の問題の解決や管理がどのくらい進んだか、ということである。また効果の大小を決める要因は何であるのかということである。実証の問題として考えると、ある分野にいていくつかのグローバル・ガバナンスが作られたとすると、それらを比較することによって、どの試みが効果をあげたか、またその理由は何であるのかを明らかにするということである[7]。この問題を突き詰めていくと、もしグローバル・ガバナンスや国際レジームという仕組みがあった場合と比較して、それがなかったらとしたら、当該の問題はどのようになっていたか、ということになる。たとえば、GATT／WTOが存在しなかったら、貿易の自由化はどのくらい進んだであろうか、ということである。これは、反実仮想（counterfactuals）と呼ばれるものであり、実証的に分析するのはきわめて難しいものである。このことを念頭に置いて、より細かく、さまざまなグローバル・ガバナンスのあり方やそこでとられた手段の効果が、洗練された方法で実証的に研究されるに至っている[8]。

## ガバナンス（レジーム）複合体

　また、グローバル・ガバナンスの効果や位置づけを考える場合に重要なことは、グローバル・ガバナンスは、2つの意味で、重層的なものであるということである（これを、ガバナンス〈あるいは、レジーム〉複合体という）。一つは、グローバル・ガバナンスが、地域のガバナンス、ナショナルなガバナンス（さらに、ローカルなガバナンス――地方自治体を単位として国際的なネットワークが作られ、環境問題等に取り組んでいる）と重なり合い相互作用していることである（タテの重層性）。たとえば、貿易のガバナンスを考えてみても、世界全体のガバナンスがあり、その傘の下で、EU（欧州連合）やAPEC（アジア太平洋経済協力）などの地域のガバナンスがある。さらに、その下にはナショナル・ガバナンスがある。グローバル・ガバナンスは、その下位のガバナン

スに大きな影響を与えるが、他方で、それは地域またナショナルなガバナンスから大きな影響を受ける。たとえば、ナショナル・ガバナンスがうまくいけば、グローバル・ガバナンスへの負荷は大きくないと考えられる問題も多い。

いま一つは、グローバル・ガバナンスは、さまざまな分野に成立し、併存し、ときに相互作用していることである（ヨコの重層性）。たとえば、対人地雷についてのグローバル・ガバナンスは、クラスター爆弾のグローバル・ガバナンスの成立に大きな役割を果たした（足立2009）。しかしながら、異なる分野のグローバル・ガバナンスは、衝突することもある。たとえば、貿易分野のガバナンスと、環境分野のガバナンスとの間には、自由な貿易と環境保護とがときに対立する。

グローバル・ガバナンスの当該問題に対する効果だけではなく、他の問題領域、他のレベルのガバナンスとの関係は、今後のグローバル・ガバナンスのあり方を決めるものとなる。

## おわりに

グローバル・ガバナンスは、多様な問題を含み、多様なアクターを取り込むものである。そして、国家を中心とするもの、NGOを中心とするもの、国家、企業、NGOの三角空間を考えるもの、さらには、グローバル・イシューをめぐるネットワークを考えるものなどアプローチも多様である。加えるに、個別のイシューに関して、具体的なルール、規則、また効果などについて、細かい実証研究も行われている。このような中で、包括的な、抽象度の高い概念や理論と、具体的な実証研究の間での往復運動が行われている。グローバル・ガバナンスの研究にあたっては、実証研究は欠かせないものであり、いずれかの具体的なイシューを研究課題とし、そのうえで抽象的な概念や理論を考えることが必要である。また、具体的なイシューを研究課題とすることは、当該の課題の解決の手法や仕組みを考えることになる。さらに、国際社会—地域国際関係—各国研究という国際地域学の基本的な視点に立てば、グローバル・ガバナンス、地域ガバナンスそしてナショナル・ガ

バナンス、さらにはローカル・ガバナンスがどのように相互作用をしているかという観点からの分析も重要な課題であろう。

注
（1）グローバル・イシューはさまざまな形で定義されるが、一義的なものはない。たとえば、リシャールは、根源的にグローバルなイシューとして、世界のすべての国を巻き込むグローバルな集合行為の枠組みの外では解決できない問題と定義し、地球温暖化など20の問題をあげている（Rischard 2002）。ここでは、そのような議論を参考にしつつも、必ずしも世界のすべての国を巻き込むような問題に限ることはしない。
（2）功利的なレジームに対して、規範的なレジームやガバナンスが存在することを指摘したものとして、Mitchell（2005）、山本（2008）第4章。また、足立（2015）も参照。
（3）NGOがどのようにして問題を争点化するかについての最近の研究としては、たとえば、Carpenter（2014）。
（4）これは、あるレジームなりガバナンスが、制裁まで含んだ自己完結的（self-contained）なものかどうかという議論と重なる（たとえば、山本2010）。
（5）たとえば、Liese and Beisheim（2011）。
（6）たとえば、Porter, et al., eds.（2001）（とくに chap. 1）、Keohane（2006）。
（7）たとえば、「公―私パートナーシップ」の効果を比較検討したものとして、Liese and Beisheim（2011）。
（8）最新の研究の一つとして、Stokke（2012）。

**引用文献**
足立研幾（2009）『レジーム間相互作用とグローバル・ガヴァナンス』有信堂.
―――（2015）『国際政治と規範』有信堂.
遠藤乾編（2008）『グローバル・ガバナンスの最前線――現在と過去のあいだ』東信堂.
―――編（2010）『グローバル・ガバナンスの歴史と思想』有斐閣.
吉川元ほか編（2014）『グローバル・ガヴァナンス論』法律文化社.
杉浦功一（2015）「ガバナンスにおけるパートナーシップ――ナショナルとグローバル両レベルでの実践と理論」日本政治学会編『政治学におけるガバナンス論の現在』木鐸社, 156-184頁.
永田尚見（2010）『流行病の国際的コントロール』国際書院.
中山裕美（2014）『難民問題のグローバル・ガバナンス』東信堂.

細谷雄一編（2013）『グローバル・ガバナンスと日本』中央公論新社.
安田佳代（2014）『国際政治のなかの国際保険事業』ミネルヴァ書房.
山本吉宣（2008）『国際レジームとガバナンス』有斐閣.
─── (2010)「国際社会の制度化──レジーム論と国際立憲論の交差から」『国際法外交雑誌』109（3）：79-108.
Abbott, Kenneth and Thomas Hale (2014) "Orchestrating Global Solution Networks: A Guide for Organizational Entrepreneurs," Global Solution Networks, 2014.（http://www.bsg.ox.ac.uk/sites/blavatnik/files/documents/2014-05_Orchestrating_GlobalSolutionNetworks.pdf，2015年1月4日閲覧）
Abbott, Kenneth, et al. (2015) *International Organizations as Orchestrators*, Cambridge: Cambridge University Press.
Carpenter, Charli (2014) *"Lost" Causes: Agenda Vetting in Global Issue Networks and the Shaping of Human Security*, Ithaca, NY: Cornell University Press.
Keohane, Robert (2006) "Accountability in World Politics," *Scandinavia Political Studies*, 29 (2): 75-87.
Liese, Andrea and Marianne Beisheim (2011) "Transnational Public-Private Partnerships and the Provision of Collective Goods in Developing Countries," in Thomas Risse, ed., *Governance without a State?: Policies and Politics in Areas of Limited Statehood*, New York: Columbia University Press, chap. 5.
Mitchell, Ronald (2005) "The Influence of International Institutions: Institutional Design, Compliance, Effectiveness, and Endogeneity," February (mimeo).（http://www.princeton.edu/~hmilner/Conference_files/KEOHANE/mitchell.pdf，2014年10月6日閲覧）
Mitchell, Ronald and Patricia Keilbach (2001) "Situation Structure and Institutional Design: Reciprocity, Coercion, and Exchange," *International Organization*, 55 (4): 891-917.
Porter, Roger, et al., eds. (2001) *Efficiency, Equity, and Legitimacy: The Multilateral Trading System at the Millennium*, Washington, D.C.: Brookings.
Rischard, J. F. (2002) *High Noon: Twenty Global Problems, Twenty Years to Solve Them*, New York: Basic Books.［和田利子訳（2003）『問題はグローバル化ではないのだよ、愚か者──人類が直面する20の問題』草思社］
Stokke, Olav Schram (2012) *Disaggregating International Regimes: A New Approach to Evaluation and Comparison*, Cambridge, MA: The MIT Press.

**参考文献**

英文ではあるが、グローバル・ガバナンスに関して、全体的を包括するようなアンソロジーやハンドブックとして、次のようなものがある。

Bevir, Mark ed. (2011) *The Sage Handbook of Governance*, London: Sage.
Hale, Thomas and David Held, eds. (2011) *Handbook of Transnational Governance: Institutions and Innovations*, Cambridge: Polity.
Levi-Faur, David, ed. (2012) *The Oxford Handbook of Governance*, Oxford: Oxford University Press.
Sinclair, Timothy, ed. (2004) *Global Governance*, (Four Volumes), London: Routledge.

## 第2章

# 戦争と平和

黒田俊郎

## はじめに

　戦争と平和が国際関係史において最古かつもっとも根源的な問題群の一つであることは改めて論じるまでもない。第二次世界大戦後のフランスで戦争学（Polémologie）を創始したガストン・ブートゥールは、その著書の冒頭で戦争をして次のように語らしめている。

　　私は万物の母であり、世を動かし変える偉大な力である。私は世の最も強力な表現の手段である。歴史の審問官である私は、この世を秤にかけ、裁き、形づくる。私は神々と王たちの、主人たちと奴隷たちの創造主である。男は私のとりことなり、平和といえども私に魅せられつつ生きるものである。……暴力を解き放つことによって、数知れない命を操る私こそ、神から最も遠い存在である死の原因である。私は物事も、人間の情熱も思いどおりもてあそぶ。欠乏も過剰なまでの豊かさも、支配欲も臆病風や弱者の反乱も、勇気も恐怖心も、英雄的な心も小心も、希望も絶望も、寛容な精神も利己心も、計算も誤算も、犬儒主義も天使のような心も、法も力も、すべて私の目的に仕えさせる。私は屈服させたいと思うものにも、自由でありたいと思うものにも、剣を握らせる。……人類が存在して以来、また何世紀にもわたって、この地球上に絶えることなく、私は戦火の炎を燃え上がらせ、戦いの響きを轟かせてきた。私が姿を現さなかったときも、ところもない。……人類ともろもろのできごとに関するこれまでの私の経験からして、また私の収めてきた成功ぶりからしても、人類が私なしにすませたり、私のうらをかくことなどできるものではないと私は言いき

る。過去、現在と同じく将来にわたって、私はかれらの矛盾と問題の調停者であり、その運命の決裁者でありたいと思っている。平和といえども私の意図に従わせたく思う（ブートゥール，キャレール 1980: xi-xiii）。

戦争が私たちに語りかけるこのような言葉に直面して、私たちはどのように応答し、平和への道標を築いていくべきなのであろうか。現在、大別して2つのアプローチがあるように思われる。第一のアプローチは、冷戦終結から今世紀にかけて発生した武力紛争に着目し、そこに見られる戦争様式の変容を安全保障観の変貌と関連させながら論じるやり方である。一例をあげれば、英文で書かれた国際政治学の代表的教科書の一つでは、対称的戦争から非対称的戦争への移行として現代紛争における変化の諸相が論じられた後、国家安全保障から国際安全保障を経て人間の安全保障と保護する責任に至る安全保障観の変遷が跡づけられている（Balyis, Smith, and Owens 2014: chap. 14, 15, 29 and 31）。他方、第二のアプローチは、第一のアプローチと比較すると、より国際政治学の伝統に寄り添うもので、国際政治理論の主潮流、すなわちリアリズムとリベラリズムの観点から戦争と平和の問題への接近を試みるやり方であり、本章では、以下、この第二のアプローチに依拠して論を進めようと思う。

　むろんそれは、第一のアプローチの重要性を否定するものではない。第一のアプローチには、軍事における革命（RMA: Revolution in Military Affairs）、ポストモダンの戦争（Postmodern War）、ポスト・ウェストファリアな戦争（Post-Westphalian War）といった現代紛争の変容を物語る鍵概念が含まれており、それはウェストファリア条約（1648年）に象徴される近代ヨーロッパ出自の主権国家体制の根本的変容を示唆するものでもある。またこのアプローチの重要な一角をなす批判的安全保障研究が提起する安全保障アジェンダの深化（安全保障の担い手として国際機構やNGOなど国家以外の主体も考慮すること）と拡大（安全保障の対象を狭義の軍事的安全保障に加えて環境保全や国境管理など広義の社会経済分野にも広げること）にも一瞥以上の価値があるように思う（Peoples and Vaughan-Williams 2010: 4）。

　しかし以上の点に留意したうえでなお、ここでは第二のアプローチにこだわりたい。というのは、第一のアプローチの理論的重要性を正確に理解し評

価するためにも、その前提として、主権国家体制の枠内での戦争と平和をめぐる問題の歴史的変化を、国家間の不信と対立を強調するリアリズムと国家間の信頼と協力の可能性を論じるリベラリズムの双方の観点から考察する必要があると考えるからである。またその際に重要なことは、リアリズムとリベラリズムを対話不能な理論的対立物としてとらえるのではなく、国際政治の複雑な現実を理解するのに有益な分析上の相補的道具立てとみなすことである。本章では、以下、アメリカの国際政治学者スタンレー・ホフマンの議論を素材として、どのような歴史的展望の下でどのようにリアリズムとリベラリズムを組み合わせたら、主権国家体制の枠内で戦争と平和の問題に有意義に接近できるのかを紙幅の許す範囲内で検討することとしたい。

## 1. その歴史的展望

最初にホフマン自身の戦争経験を確認しておくことにしよう。1928 年の終わりにウィーンで生まれ、幼くしてフランスに移住しパリで教育を受け、戦後アメリカに渡った彼の回想録（ホフマン 2011: 1 章; Hoffmann 1993）を読むと、戦間期のヨーロッパに生を受けたことは、ホフマンの生涯にとって決定的な意味を持っていたことがわかる。1928 年夏、パリで不戦条約が調印される。しかし翌 29 年秋には世界恐慌が勃発し、33 年ヒトラーが政権を掌握する。40 年 6 月、パリが陥落したとき、ホフマンは 11 歳だった。ドイツに占領された国では「戦争とは占領であり、弾圧であり、搾取と絶滅」（ジャット 2008: 20）であった。しかし他方で、パリ陥落直後、シャルル・ド・ゴールが亡命先のロンドンから BBC 放送を通じて国内外のフランス人に対独抵抗運動を呼びかける歴史的な演説を行った。歴史は 11 歳の少年に〈現実は直視しなければならない。しかし希望を捨て去る必要はない〉ことを教えたのである。当時を回想してホフマンは次のように記している。「つまるところ、教えることも書くことも同じ目的を持っている。すなわち——家屋の屋根を吹き飛ばす竜巻のように——いつ何時個人的幸福を破壊しないとも限らない暴力的な世界を理解し、それを他の人びとにも理解してもらうことであり、さらにそうした気まぐれで恐ろしい環境に生きることに甘んじず、幻想

なき改善の可能性を見つけ出すために世界を理解していくことである」（ホフマン 2011: 21）。

　このような戦争経験と学問観を持つ国際政治学者ホフマンは、戦後、米ソが核兵器を有して厳しく対峙した冷戦下のアメリカで戦争と平和の歴史的展望を示した彼の代表的論考「響きと怒り──歴史の中で戦争と対峙する社会科学者」を上梓する（ホフマン 2011: 15章）[1]。この論文で彼が意図したことは、歴史の激動の中で人間的自由の可能性を追求するために、戦争と平和をめぐる人間の選択の自由の問題を考察することであった。すなわち国際的な出来事、とりわけ戦争において、人間に残された選択の幅はどの程度のものなのかを問うことであった。人間は戦争に対して影響力を行使することができるのか。それとも人間は、戦争にあっては自らが制御できない諸力に支配される単なる客体にすぎないのか。繰り返される戦争の中で、個人の自由を押し潰そうとする歴史の暴力に抗して、歴史による人間の価値の剥奪ではなく、人間の自由な意思と行動による歴史の創造ははたして可能なのだろうか。自由と必然性をめぐるこのような問いに答えること、それが「響きと怒り」の執筆意図であった。

　ホフマンは、同論考で戦争の意味と人間の自由について歴史社会学的な視点から多面的な考察を試み、その考察の結論として、人類はいまや戦争の意味も人間の自由もともに否定する全面核戦争の恐怖の下で生きており、全面核戦争の回避が人類共通の課題であることを確認する。尽きざる戦争の連鎖の中で苦悶する現代世界にあっては、戦争の廃絶という希望を堅持しつつも、当面の責務は、核のホロコーストを回避し、戦争によって解き放たれる暴力のレベルをできる限り低く抑え込むことである。すなわち「平和、少なくとも全面核戦争の回避こそが自由と歴史の存続のための前提条件であり、この条件なしには、人類は歴史に意味を与える機会それ自体を失うことになるであろう」（Hoffmann 1965b: 275）。しかし他方で、社会科学は核戦争を回避する最善の道を具体的に示唆してはくれないし、核戦争とは別の形態の戦争が存続し拡散していった場合、そのような世界で平和がどの程度確保されるかについても確定的なことは何も語ってはくれないのである。換言すれば、人類は、全面核戦争の無意味性を自覚しつつ、在来型の戦争の存続による戦争の意味の悲劇性と多義性を経験し続けながら、大規模戦争の回避こそ

が人類の道義的責務であるという確信がやがて広がっていくという生まれたての希望を頼りに歴史の中で戦争と対峙し続けていくしかないのである。ホフマンは、このように指摘したうえで、その論考を次のように結んでいる。

　政策の手段としての武力の使用を禁じている国際法は、明らかに事実のずっと先を歩んでいる。しかし大規模戦争の回避こそが人類の道義的責務であるという確信がもしも広がっていくとするならば、事実がゆっくりと（そして疑いなく長く曲がりくねった道筋をたどりながら）法が指し示す方向に進んでいくと希望することは馬鹿げたことではないのかもしれない。それはまた、哲学者たちがもっとも切迫した道義的責務であると語るところの方向でもある。その目的のために汗を流して働くことは確かに愚かなことではないだろう。政治は、歴史を通して紛争と協力が織り成す多義的な技法であり続けてきた。国内政治は、紛争より協力に重きを置いてきたし、人類が成し遂げた達成の多くが暴力を介して獲得されたことを暴力の批判者たちはあまりにもたやすく忘れてしまうが、それでもなお、得失のバランスが明らかに破局に傾いているとき、暴力を正当化したり神聖なものとみなすことは不可能になってきている。大規模な暴力がない世界が正義に満ちあふれた世界でないことは十分にありえることである。というのは、共通の歴史を有するが共通の大義を有しないライバルたちが権力の最高の保持者であり続ける限り、大規模な戦争が不在な世界でさえ、（訳者注：諸国家が価値観や行動規範を共有し、国家間関係に一定の社会性が形成されていくという意味で）社会の方向へ向かうその歩みにもかかわらず、世界は依然として紛争に苦悶し続けるであろうし、そこでの政治は、大半の国の国内政治とは大きく異なったものであるだろう。つまり大規模な戦争がない世界でも、おそらくは継続するであろう不正義と敵意の中で暮らすことになるということである。そのことに対する不安は確かにあるが、核兵器の拡散が継続し、それを止める確実な手立てがない状況で、そのような段階に至るのでさえ困難なことに思いをいたすとき、そしてさらに、もしも未来が遠くない過去と類似するならば、人類の滅亡はほぼ確実なものになるという絶望に囚われるとき、人類の滅亡を回避し、眼前の明白な危険を克服し、少なくとも大規模な戦争がない世界に到達するために、私たちが持つ自由を、それがいかなるものであれ活用すること

は、私たちの義務であり責任なのである（Hoffmann 1965b: 276）。

## 2．リアリズムの観点からとらえる

　ホフマンが戦争と平和の歴史的展望に関する彼の代表的論考を執筆したのは、上述したとおり、1950年代から60年代にかけての冷戦盛期のことだった。したがって人間に残された自由を行使し戦争の暴力レベルを最小化し、国家指導者に戦争を制御するのに必要な行動の自由を与えるために、彼が依拠したのは主にリアリズムの分析と処方箋、とりわけフランスの社会学者レイモン・アロンのそれであった。むろんホフマンの学問の流儀は「何かに抗して考える（"think against"）」であるので、一方で現実主義者として「啓発的かつ厳格で、シニカルではないが徹底して反ユートピア的な論考」を著したアロンに学びながら、他方でモラリストとして「われわれは不条理な世界の只中においてさえ正義と幸福を追求しなければなら」ないというアルベール・カミュの呼びかけを心に刻んでいた（ホフマン 2011: 10-11）。そしてホフマンは、自分の中にあるリアリスト（ルソーの誘惑）とアイディアリスト（カントへの憧憬）との併存をはっきりと自覚しながら、両者の緊張を維持することこそが世界にかかわる最良の方法であると確信してもいた。だからホフマンを単純にリアリストと呼ぶことはできないのだが、冷戦盛期のこの時期は、米ソの軍事的緊張が彼をしてリアリズムに近い立場に引き寄せていたといえるだろう。そこで本節では、以下、彼が依拠したアロンの国際政治分析を要約し、リアリズムの観点から戦争と平和の問題を論じることの意義を確認したいと思う[2]。

　アロンが提示する国際関係理論の特徴は、中央政府の不在、すなわち暴力の偏在性、利害の多元性、価値の相対性の下、自律的決定主体が複数存在し、かつその各々が武力行使の正当性と合法性を有する結果生じる恒常的な「戦争の危険（risque de guerre）」が、国家の外交・戦略行動にどのような影響を及ぼすかを分析することにあった。したがって国際関係の理論は、何よりもまず、国際政治を国内政治から峻別しなければならなかった。仮に権力政治を「複数の意思がぶつかり合い、指揮命令系統をめぐる対立が激越化す

る政治」(Hoffmann 1965a: 26) と定義するならば、そのような意味での権力政治を国内社会に見出すことは稀である。国内社会においては、暴力装置と官僚機構を独占した中央政府の存在により権力政治のいわば脱権力化が進行し、政治的意思の衝突は局限化、法制化され、指揮命令系統は制度的に一元化される。武力行使は、通常、政治過程からは排除されている。他方、国内政治とは対蹠的に、国際関係では、文字どおり、権力政治が全面的かつ無制約である。そこでは諸国家が「自らの手で自らの正義を築く権利を要求し、その正義のために闘うか否かを決めるのもまた唯一自らにのみ許された権利であることを主張する」(Aron 1962: 20) がゆえに、一見技術的で合意調達が可能な経済社会分野においてさえ、利害関係を有する諸国家の意思次第では問題は容易に政治闘争化する。個別的利害への配慮が優先され、合意よりも対立が色濃い、武装した諸国家が併存する国際関係の世界では、究極の強制力たる戦争の可能性が政治手段として諸国家に常に意識されているのである。

そしてこのような「戦争の危険から出発し、戦争手段の計算必要性を認めること」(Aron 1962: 28) を本質とした国家間関係の下では、「慎慮の道徳 (morale de la sagesse)」が国家指導者の実践規範として要請されることになる。すなわちアロンは、文字どおり、権力政治が全面的かつ無制約なものに激越化する傾向を示す国家間関係において、たやすく「ならず者の道徳 (morale du milieu sans foi ni loi)」に転化するマキャベリ主義的な「闘争の道徳 (morale du combat)」を超えて、さらには現実的な力の裏づけを欠くカント主義的な「法の道徳 (morale de la loi)」の誘惑にも打ち勝って「慎慮の道徳」の必要性を説いているが、この「慎慮の道徳」は、多くのリアリストが相互不信に満ちた国際政治の現実の中で唯一の平和への処方箋として強調する「深慮 (prudence)」、すなわち力の合理的かつ抑制的な使用のアロン版でもあるので、以下、アロンの論述を直接引用し、本節の結びとしたい。

　　闘争の道徳と法の道徳を乗り越えることができるのは、私が慎慮の道徳と呼ぶものだけである。慎慮の道徳は、個々の事例をその具体的な実情に即して考察することを試みるだけではなく、原則とその実現可能性をめぐる議論をともに無視することはせず、諸国家の力関係と諸国民の意思の双

方への目配りを忘れない。慎慮の道徳の判断は、複雑であるがゆえに絶えず論議を巻き起こし、道義の擁護を説く者もマキャベリ主義者もその結論に完全に満足することはない。天使を演じようとする者は結局は野獣を演じることになる。国際秩序の現状に対して不満を持つ国や革命を企てる国の力と拮抗する力によって支えられるときにのみ、国際秩序は維持可能であることを国家指導者は忘れてはならない。もしも力の計算を怠るならば、国家指導者は、その責務を放棄し、彼の職業と使命が要請する道義を失う。そのとき国家指導者は、単なる過誤だけではなく、道徳上の罪をも犯すことになるのである。なぜならば、彼の手にその命運が託されている人々の安全と理念とが危険に晒されるからである。利己心は決して美徳と呼ぶべきものではないが、何人によってもその生存を保障されていない諸国家は、利己的に行動することを余儀なくされている。しかし他方で、野獣となることを欲する者が天使を演ぜられるわけではむろんない。人間とはしょせん、肉食性、捕食性の獣なのだから、そのように振る舞えばよいとするシュペングラー流のリアリストは、人間性のもう一つの側面を無視している。国家間関係においてさえ、思想に敬意を表し、価値の実現を希求し、義務に配慮する側面があることは明白である。諸集団が相互に何も生み出さないような形で行動することは稀なのである。慎慮の道徳は、事実と価値の両面で最良の道義であり、戦略・外交行動の二律背反を解消するものではないが、個々の事例において、もっとも受け入れやすい妥協を見出そうと努力するのである[3]。（Aron 1962: 596，強調は原文）

## 3．リベラリズムの観点からとらえる

　キューバ・ミサイル危機（1962年）を分水嶺として米ソ冷戦が緊張緩和期に移行し、さらに東西両陣営内部でパワーの多元化（西側における日本・西独、東側における中国の台頭）が進行すると、ホフマンの議論の力点は、徐々にリアリズムからリベラリズムに変化していった。そしてとりわけ西側世界で主要先進国間の社会的・経済的相互依存の進展が明らかになってくると、ホフマンは自らの立場を「リベラル」と公言するようになった。1978年刊行

のアメリカ外交論『優越か世界秩序か』（Hoffmann 1978）には世界秩序論への関心が顕著であるし、1981 年刊行の『国境を超える義務』（ホフマン 1985）は、ホフマンのリベラリズム論を考える際には必要不可欠な国際倫理をめぐる先駆的な業績である。また 1984 年 11 月にコロンビア大学で行われた講演を基にして執筆された論考「リベラリズムと国際問題」（Hoffmann 1987）は、今日では国際政治学の教科書にリベラリズムの代表的な論考として言及されている（Balyis, Smith, and Owens 2014: 114）。そこで本節では、以下、この「リベラリズムと国際問題」の議論を中心にホフマンのリベラリズム論を概説し、その平和への射程を確認することにしよう[(4)]。

　ホフマンは、上述の『国境を超える義務』の冒頭で自らの立場を「リベラル」と明言し次のように述べている。「リベラルであるということは、必ずしも進歩を信奉していることを意味するのではなく、ただ単に、人間と社会が完成に近づきうる存在であること（これは限定的でもありえようし、可逆的でもありえよう）を信じ、特に、社会をより人間的かつ公正にし、市民の境遇をより良くしうる諸制度が合意の基礎の上に作られる可能性を信じている、ということだけを意味しているにすぎない」（ホフマン 1985: 10）。ホフマンは、リベラリズムをアイザィア・バーリンの流儀に従って、個人の自由（とりわけその精神的な自律性）に最大の関心を払う教義と理解し、その二側面の重要性を強調している。すなわち他者による強制や拘束からの自由（消極的自由）と統治プロセスに参加していく自由（積極的自由）である。国家は、何よりもまず個人の自由が他者（とりわけ強者、多くの場合は支配者や権力者）の行為によって恣意的に破壊されるのを防ぐために設立され、さらには構成員間に共通する問題に取り組むために民主的な自治の諸制度に基づき運営されなければならない（Hoffmann 1987: 395）。このようなリベラリズムの原則は国内政治（そこではリベラリズムは制度化可能である）と比較した場合、人類が複数の国家＝競合する政治単位に分かれて暮らしている国際関係ではきわめて適用することが難しいとホフマンは述べ、次のように論じている。

　　リベラリズムの本質は、自己抑制、節度、妥協、そして平和である。国家はその本来の活動範囲内に封じ込められなければならず、政府は法が定めるやり方でのみその権力を行使することができる。諸集団や諸個人は、

お互いの自由を侵犯したり抑制したりすることを避けなければならず、社会生活の構成要素たる紛争は、理性によって解決されなければならない。すなわち紛争は、暴力によってではなく、交渉の結果生み出される取り決めや構成員の自由意思に基づき設立される権威に依拠することによって解決されなければならないのである。他方、国際政治の本質は、以上述べたリベラリズムの本質とはまさに正反対なものである。それは、最善の場合でも不安定な平和にすぎず、そうでない場合は、戦争状態によって特徴づけられる。絶えず存在する戦争の危険によって、伝統的には、軍事力が国家の力を測定する指標とされ、抑制は、もしもそれが発生する場合にも、通常は抑止、すなわちより大きな武力に対する恐怖やそれとの衝突から生み出される。妥協が行われ、協力が進展することもむろんあるが、両者とも、関係当事者の利害関係が変化し力関係が変わるとき、崩壊してしまう。国内においては、リベラルな諸制度が諸個人間、諸集団間の力や富の著しい不平等を補い軽減する目的で、また国家という国内でもっとも強力で豊かな力が他のすべての者を押し潰すことを防ぐために設立されているが、世界政治では、そのような制度は存在しない。そこで全面的な劇を演ずるのは、まさにジャングルにおけるのと同様に、力と富の不平等と不公正であり、メロス島民との対話をめぐる逸話[5]にはリベラルな要素など微塵も存在しない。もしもリベラリズムの論理が強者に対抗する平均的な人間や弱者の論理であるならば、国際政治の論理は依然として強者の論理のままであり、国際問題は、力ある者たちの興亡と継承の物語なのである。(Hoffmann 1987: 396)

ホフマンは、同論考で国際場裡におけるアナーキーな混乱を収束できるとの信念の下、安定と調和を可能とする「人類の法的共同体」を構想したリベラルな思想家たちの企てが国際政治の過酷な現実によって挫折していく様子を詳細に論じた後、しかしそのことを認めながらなお、国際関係におけるリベラリズムの可能性を追求していく。

ホフマンは、リベラルな諸原則が国際政治の中では苦悶と苦闘を強いられてきたことを前提に、世界のリベラルたちが最初になすべき事柄として、各々の国家におけるリベラリズムの達成を何としてでも死守することをあ

げている。外交・安全保障政策との関連で述べれば、カントが示唆するとおり、情報公開に基づく政策決定過程の透明化と民主化を維持・強化することが平和への意思を対外的に公約し、「安全保障上のジレンマ」を緩和する点でリベラルな国家にとってはきわめて重要となり、さらに国内外の政治の複雑さとそれに由来する制約を無視して自国の繁栄と富強のみを追求することがあたかも大義であるかのように妄信・公言する政治家を国家指導者として選出することの愚かさを戒めている。

　他方、リベラルな諸国家は、機を見て敏なるやり方でリベラルな諸原則が適用される領域を世界の中で拡大していく努力をなすべきである。ホフマンによれば、全面核戦争の恐怖が核大国に「戦争への正義でもなく、戦争における正義でもなく、戦争に抗する正義という不文律」(Hoffmann 1987: 407) を課し、リベラリズムの最優先課題である平和＝人類の存続にとって有利な状況が生み出されている今、また経済的相互依存の深化に伴う国際システムの複雑性の増大が調整と妥協の技法であるリベラリズムにその活躍の場を提供し始めている今、リベラルな領域をグローバルに拡大していく機会をつかむことは、とりわけ大切なことである。むろんこのような政治面、経済面での順風はいつ逆風に変わるとも限らないので（ホフマンが見つめているのは1970年代後半から80年代前半にかけての世界である）、「国際関係という敵対的な環境の中にリベラルな価値と政治を最大限導入するためには」(Hoffmann 1987: 408)、意識的で慎重な「構造変容的なリベラルな戦略（transformist liberal strategy）」が必要であるとホフマンは論じている。

　そしてホフマンによれば、このリベラルな戦略にとって何よりも重要なことは、「国際的なシステムをグローバルなレジームに変えていく」(Hoffmann1987: 411, 強調は原文) ことであり、各種レジームの構築を通して次の五原則を世界政治の中で実践・強化していくことである。すなわち透明性 (transparence)、説明責任 (accountability)、応答責任 (responsibility)、団結 (solidarity)、非暴力 (nonviolence) である (Hoffmann 1987: 412-413)。

　透明性とは、上述したとおり、情報の公開性を高め自由な情報の流れを促進することであり、とりわけ人権分野（各国における人権侵害および達成状況のモニタリング）と安全保障分野（信頼醸成措置）が重要である。説明責任は、各国の指導者は本質的に人民から公務を委託された者にすぎないという事実

に由来する責任であり、指導者の恣意的な行動を制限し、うそや言い逃れに制裁を与える仕組みを考案することである（独裁者や権威主義的指導者が跋扈する世界の中でそれを実現することはむろんたやすいことではないが）。第三の応答責任が意味することは「侵略の犠牲者を各国が一致して擁護し、テロリズムに対抗する共同行動を企て（それはテロリストを財政的に支援したりかくまったりする国家に対する制裁を含む）、ジェノサイドには多国籍的な人道的介入を準備する」(Hoffmann 1987: 412) 強力な安全保障レジームをグローバルなレベルで構築することである。そして団結とは、国境線の向こう側にいる人々の苦境に思いを馳せることであり、政策的には配分的正義に叶った社会経済システムを模索し、絶対的貧困の問題に真剣に対処することである。そこでは国家ではなく、苦境にある人々へのサポートが最重要となる。最後に、第五の原則である非暴力は、国際政治を「戦争と革命の企てではなく、平和と妥協の実践」としてのリベラルな政治に変容させていくうえでとりわけ重要なものであり、諸国家は国益追求のための武力行使を差し控え、正当な武力行使は、国際社会が合意した共通目標にのみ限定されなければならないのである。

## おわりに

　以上、紙幅の都合で論述に若干厚みが欠けた点があることは否めないが、1980年代半ばまでのホフマンの議論を素材として、どのような歴史的展望の下でどのようにリアリズムとリベラリズムを組み合わせたら、主権国家体制の枠内で戦争と平和の問題を有意義に論じることができるのか、その一例を示せたと思う。そして私たちは、このような検討を経ることによって初めて、冷戦終結から今世紀にかけて発生した武力紛争を対象に、そこに見られる戦争様式の変化を安全保障観の変貌と関連させながら論じることができ、またそのことを通して、近代ヨーロッパ出自の主権国家体制の根本的変容を戦争と平和をめぐる現代的問題として考察することができるのである。

注
(1) 以下、この論文からの引用は原著論文（Hoffmann 1965b）からの拙訳を使用する。なお同論文を詳細に検討した論考としては、黒田（2011）を参照。
(2) 以下の論述は、アロンの国際関係分野における代表的著作『諸国民間の平和と戦争（*Paix et guerre entre les nations*）』に対するホフマンの書評論文（Hoffmann 1965a）による。なお同論文を詳細に検討した論考としては、黒田（2009）を参照。
(3) 『諸国民間の平和と戦争』巻頭に掲げられたモンテスキュー『法の精神』からの次の引用は、この文脈の中で読んでこそ、意義深いものとなろう。「万民法は当然に次の原理に基づく。諸国民は、平和にあってはできるだけ多くの善を、そして、戦争にあってはできるだけ少ない悪を、しかも自分たちの真の利益を損なうことなく、相互に行わねばならない」（モンテスキュー 1987: 15）。
(4) 同論文を詳細に検討した論考としては、黒田（2014）を参照。
(5) 古代ギリシャの歴史家ツキュディデスの『戦史』の中にあるエピソード。ペロポネソス戦争の際、大国アテネの使節が敵対する小国メロスの代表に対して降伏を迫ったときに述べたとされる言葉の一節がR・クラウリーの英訳 The strong do what they can and the weak must suffer they must（強者はその成し得ることを成し、弱者はその成さねばならぬことを甘受しなければならない）を介して現代国際政治学におけるリアリズムの原型として語られてきた。その真偽については、さしあたり土山（2004）第1章および中西・石田・田所（2013）第1章を参照。

**参考文献**

黒田俊郎（2009）「レイモン・アロンの跡を追って——初期ホフマンにおける『戦争と平和』」『思想』（岩波書店）1020: 196-218.
―――（2011）「響きと怒り——スタンレー・ホフマンの戦争論」『国際地域研究論集』（国際地域研究学会）2: 193-221.
―――（2014）「リベラリズムと国際政治——スタンレー・ホフマンの議論を手がかりに」『PRIME』（明治学院大学国際平和研究所）37: 35-47.
ジャット、トニー（2008）『ヨーロッパ戦後史（上巻）』森本醇訳、みすず書房.
土山實男（2004）『安全保障の国際政治学——焦りと傲り』有斐閣.
中西寛・石田淳・田所昌幸（2013）『国際政治学』有斐閣.
ブートゥール、ガストン、ルネ・キャレール（1980）『戦争の社会学——戦争と革命の二世紀（1740-1974）』高柳先男訳、中央大学出版部.
ホフマン、スタンレー（1985）『国境を超える義務——節度ある国際政治を求めて』寺澤一監修、最上敏樹訳、三省堂.（ただし邦訳書の著者名はスタンリー・ホフマンと表記されている）

———(2011)『スタンレー・ホフマン国際政治論集』中本義彦編訳,勁草書房.

モンテスキュー(1987)『法の精神(上巻)』野田良之ほか訳,岩波書店.

Aron, Raymond (1962) *Paix et guerre entre les nations*, Paris: Calmann-Lévy.

Baylis, John, Steve Smith and Patricia Owens (2014) *The Globalization of World Politics: An Introduction to International Relations*, 6th edition, New York: Oxford University Press.

Hoffmann, Stanley (1965a) "Minerva and Janus," in Hoffmann, *The State of War: Essays in the Theory and Practice of International Politics*, New York: Praeger, pp. 22-53.

——— (1965b) "The Sound and the Fury: The Social Scientist versus War in History," in Hoffmann, *The State of War: Essays in the Theory and Practice of International Politics*, New York: Praeger, pp. 254-276.

——— (1978) *Primacy or World Order: American Foreign Policy Since the Cold War*, New York: McGraw-Hill.

——— (1987) "Liberalism and International Affairs," in Hoffmann, *Janus and Minerva: Essays in the Theory and Practice of International Politics*, Boulder, CO: Westview Press, pp. 394-417.

——— (1993) "To be or Not to be French," in Linda B. Miller, and Michael Joseph Smith eds., *Ideas & Ideals in Honor of Stanley Hoffmann*, Boulder, CO: Westview Press, pp. 19-46.

Peoples, Columba and Nick Vaughan-Williams (2010) *Critical Security Studies: An Introduction*, London: Routledge.

第3章

# 国際的相互依存
## ——国際経済学の視点から

若杉隆平

## はじめに

　国・地域の相互依存関係は経済学における中心的な課題の一つである。世界各国・各地域の経済活動は貿易、投資、金融を通じて相互にからみ合っており、近年の企業の生産活動の多国籍化は国・地域の関係をいっそう緊密なものにしている。2008年に起きたリーマン・ショックが瞬く間に世界各国に波及したことは世界中の国・地域がいかに深く関係づけられているかを示すことになった。また、それぞれの国は経済規模、人口、教育水準、技術水準などにおいて異なるが、差異があることこそが国際取引を生む原因となる。各国・地域の経済的取引がどのような要因によって生まれるのか、また、どのような利得や損失を生むのかを知ることは、国際関係を理解するうえできわめて重要である。

　たとえば、2つの国に2種類の産業があり、いずれの産業も一方の国が他の国よりも効率よく生産する技術を有しているケースを想定してみよう。一方の国が他国に対して「絶対優位」にあるケースである。しかし、2産業の相対的な生産効率性を比較してみると必ずそれぞれの国には相対的に効率よく生産する（「比較優位」のある）産業がある。両国の間で生産のために必要とされる資源（たとえば、労働、資本、土地など）が移動できないときには、それぞれの国が比較優位を有する産業に資源を投入し、生み出す財・サービスを交易することによって、持っている資源を無駄なく利用することが可能となる[1]。さらに生産技術の効率性の違いに代えて、それぞれの国・地域にある生産要素量の相対量（たとえば資本量と労働量の相対比率）に差異があることを取り入れることによって、この理論はさらに発展し、「伝統的貿易理

論」といわれる理論体系を形成することになった[2]。

　経済はさまざまな環境に対応して不断に変化するため、それを解明する理論も進化することが求められる。生産規模が大きくなるに従い生産の効率性が高まる（規模経済性がある）産業が出現することによって、規模が国際貿易の源泉となることを説明する理論体系が生まれ、それは先進国間での貿易の拡大を説明する「新貿易理論」と称されるものとなった[3]。国・地域の間に生産技術や生産要素量の違いがなくても経済規模に差異があるとき、規模の大きな国ではその規模ゆえに生産の効率性が高くなるが、それだけでなく規模に比例する以上に生産効率性の差異は拡大することが知られるようになった。もちろんそれぞれの国・地域の間には距離があるため、取引には輸送費を伴う。また、言語や社会・経済制度も異なるため、それに対応するにはコストを伴う。特定の国・地域に生産が集中することによる規模経済性の利益と距離が生み出すコストとの間で生ずる綱引きは、集中と分散との間での均衡を生むことになった。現実に世界の産業は一極に集中しているわけではなく、北米、ヨーロッパ、東アジアに分散し、その地域内で産業集積を形成している。

　それまで財・産業単位で取り上げられてきた国際取引を企業単位の情報によって把握することにより、研究は大きく進展することになった。企業をつぶさに観察することにより、企業は一律に国際取引を担っているわけではなく、大部分の企業は国内取引にとどまっていることが明らかにされてきた。企業は均質的（homothetic）でなく、生産性において異なる（heterogeneous）存在であることを前提にすると、企業間の生産性の違いが貿易への関与の違いを生み出す原因となることが明らかにされてきた。単純化すれば「国内取引に比べて国際取引には追加的費用がかかるため、それをまかなうだけの収益力のある企業が国際取引を行うことになるが、その収益力の源泉となる生産性は企業によって異なるため、生産性の高い企業から順々に国際取引に関与する」というものである。この考え方は、貿易だけでなく、直接投資、アウトソーシングにも反映され、「新々貿易理論」と称される新たな体系が構築されることになった。

　ところで国・地域間には法・規制・制度に違いがある。これらは国・地域間の取引の阻害要因ともなるため、もしこれらが共通化されれば、それまで

それぞれが閉鎖経済となっていた国・地域があたかも世界一国に統合されたかのような経済の姿に近づき、国際取引はより発展する[4]。このためにWTO（世界貿易機関）を通じたルールの国際的共通化、地域経済統合による地域間での共通化の試みが続けられている。統合化によってどのような利益が生まれるか、あるいは損失が生ずるか、統合化はどのような方法によって進められるか、といった政策上の重要な課題も存在している。

Ricardo (1817) が『経済学および課税の原理（*On the Principles of Political Economy, and Taxation*）』で述べた比較生産費説以降、最近の新々貿易理論に至るまで、国・地域の相互依存関係を解き明かす理論、実証の研究蓄積は膨大にのぼる。その叡智を借りることは国・地域の相互依存関係を経済学の視点から理解するうえで大きな助けとなるであろう。本章では、これまで蓄積されてきた研究成果を簡潔に紹介する。

## 1.「伝統的貿易理論」と統合経済

### 貿易均衡

国と国とが異なることが国際貿易の源泉であるが、この違いについて生産技術の差異に注目したのが Ricardo (1817) の比較生産費である。これに対して生産技術は同一であるが生産要素の賦存状況が国と国とで異なること（たとえば、資本と労働の相対的豊富さが異なること）に注目したのがヘクシャーとオリーンである。

簡潔に説明するために世界が2国から成り立つと仮定しよう。ただし、2国であるからといって特定の2国を想定する必要はない。ある国（A国）以外のすべての地域を一つの国（B国）と考えると2国モデルは世界全体を表すからである。A国とB国の市場は競争的であり、生産技術や消費者の選好は両国で同じとするが、生産に投入される資本と労働の2種類の生産要素の相対的な賦存量だけは両国間で異なるものと仮定しよう。のちに議論する両国の規模が異なることは、ここでは問題にしない。具体的にはA国では資本が相対的に豊富であり、B国では労働が相対的に豊富であるとしよう。

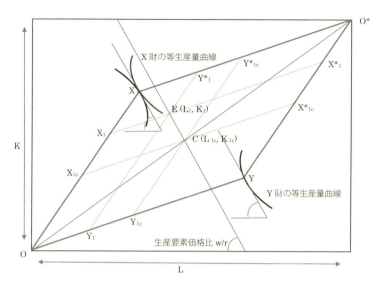

**図1　貿易均衡と統合経済**

さしあたり国・地域の間での距離、輸送費用、制度の違いは考慮しない。両国で生産・消費される財・サービスは2種類であり、一方の財は相対的に資本を集約的に投入する財（X財）、他方の財は労働を集約的に多く投入する財（Y財）である。ヘクシャー＝オリーンは、こうした想定の下ではA国はX財に、B国はY財に比較優位を有し、それに沿って貿易が行われることを明らかにした。この貿易均衡を図1で要約しよう。

図1のボックスの横軸（L）は労働量、縦軸（K）は資本量を示している。それぞれの国が保有する生産要素量を見ると、Oを原点とするA国が保有する労働、資本はE点（$L_1$, $K_1$）で表され、$O^*$を原点とするB国が保有する労働は$L-L_1$、資本は$K-K_1$で表される。これらの生産要素は移動しないと仮定される。2国の経済が均衡するとき、それぞれの国は保有するすべての生産要素を効率的に使用するものと考えよう。図1は、両国間における2財（X財，Y財）の生産・消費・輸出・輸入・要素価格比（労働賃金率／資本レンタル）の均衡を示したものである。生産要素価格均等化定理から、貿易が均衡するとき、両国の生産要素価格比が均等化することが知られている。図1では、両国に共通する生産要素価格比はw/rで示される。

各財（X, Y）の生産技術はそれぞれ両国で共通であり、X財、Y財のそれぞれの等生産量曲線を共有する。効率的生産はそれぞれの財に関する等生産量曲線の傾きと生産要素価格比とが等しい点で行われる。この結果、両国で生産されるX財とY財の合計量は、生産要素（K, L）を生産要素価格比 w/r の下で効率的に使用することによって生み出される OX と OY（O*を原点とするB国から見ればO*YとO*X）で表される。X点、Y点ではX財の等生産量曲線とY財の等生産量曲線が傾き w/r で生産要素価格比に接していることに注意していただきたい。

　均衡するときの生産技術（生産要素の投入比率）はOX、OYの傾きによって与えられるので、A国における生産要素の保有量をE（$L_1, K_1$）で表すとき、A国でのX財、Y財の生産量はそれぞれ$OX_1$と$OY_1$となり、B国での生産量はそれぞれ$OX^*_1$（$=OX-OX_1$）と$OY^*_1$（$=OY-OY_1$）となる。

## 貿易と生産要素

　それぞれの国にとっての貿易量（輸出、輸入）は自国の生産量と消費量の差である。両国の消費者の選好が同一であることを仮定すると、両国で消費される労働と資本の相対比率は等しくなる。すなわち両国の消費点はOO*を結ぶ対角線上のどこかにある。さらに、それぞれの国の消費は所与とされる労働と資本が生み出す付加価値額と一致するため、貿易によって交換され、最終的に消費される財に含まれる労働と資本の量は生産要素の賦存点E（$L_1$, $K_1$）を通って資本と労働の価格比率 w/r を傾きとする直線上のどこかの点で示される。この２つの条件を満たす消費は図１のC点（$L_{1c}, K_{1c}$）で表される。

　財の貿易を見ると、A国で消費されるX財の量は$OX_{1c}$、Y財の量は$OY_{1c}$によって表される。生産されるX財は$OX_1$、Y財は$OY_1$であるから、A国はX財 $X_{1c}X_1$ をB国に輸出し、Y財 $Y_1Y_{1c}$ をB国から輸入することがわかる。このことを生産要素の移動に還元することができる。A国からB国への $X_{1c}X_1$ のX財の輸出とB国からA国への $Y_1Y_{1c}$ のY財の輸入を生産要素量に還元すると、A国の当初の生産要素賦存量がE（$L_1, K_1$）であったが、消費された生産要素量ではC（$L_{1c}, K_{1c}$）であることがわかる。すなわち財の貿易の結果、資本はA国からB国へ $K_1-K_{1c}$ だけ輸出され、労働がB

国からA国に$L_{1c} - L_1$だけ輸入されたことになる。生産要素は国際間で移動しないにもかかわらず、財に含まれた生産要素が貿易によって他国に移動することになった。自由な貿易が行われることは、あたかも2国が生産要素を共有する一国に統合したのと同等の効果をもたらすことになる。

ただし、こうした貿易均衡はいくつかの条件を満たす場合にしか実現しないことに留意しておかなければならない。両国では生産技術、消費のパターンにおいて差異はなく、市場は競争的であり、貿易費用がかからない世界はそう簡単には見られないかもしれない。さらに当初の生産要素賦存状況を示すE点が平行四辺形$OXO^*Y$で示される生産要素価格均等化領域内に位置することが満たされなければならない。両国の生産要素の賦存状況があまりに大きくかけ離れている場合（E点が平行四辺形$OXO^*Y$で示される生産要素価格均等化領域から外れる場合）には上記のことは成立しない。生産要素の賦存状況に差異はあるとしても、その差異があまりに大き過ぎると財の貿易では生産要素の移動を代替することができない。その場合には、両国間では資本や労働そのものが国際間を移動することになる。貿易と直接投資が共存する理由はいくつかあるが、ここでの例もその一つである。

## 2. 不完全市場での貿易──新貿易理論

### 独占的競争と貿易

これまでは国と国とに生産技術や生産要素の賦存状況に違いがあることを国際貿易を生み出す原因としてきたが、現実の貿易を見るとそうとばかりはいえない。世界の貿易量を見ると、先進国間では、先進国と途上国との間ほどには生産技術の水準や生産要素の賦存状況の差異ないにもかかわらず、貿易量の多くを占めている。「伝統的貿易理論」だけではこうした現実を必ずしもうまく説明できない。先進国間では、生産要素の投入比率が類似する（同一産業に分類される）工業製品グループ内でブランドによって差別される財（差別化財）が相互に輸出入されている。自動車やエレクトロニクスでは独自のブランドを持つ製品が相互に競争しながら、貿易規模を拡大してい

る。このような同一産業分類に属する財の輸出入は「産業内貿易」と呼ばれる。差別化財の生産に規模経済性があれば財を生産する企業はその財を独占的に供給することができるが、その一方、財と財の間に不完全ながら代替性が見られるならば、財は競争状態にある。こうした差別化財の競争は「独占的競争」と称されるが、こうした経済を想定すると現代の国際貿易をより深く理解することができる[5]。

　差別化財を生産する企業はその財を独占的に供給するので、利潤が最大となる（限界費用＝限界収入となる）ように財の生産量を決定する。その一方で、その財の供給から企業が得る利潤がプラスであるならば、他の企業がその市場への参入を試みるであろう。ただし、すでに市場に供給されている財と同じものを供給することでは参入できない。参入は、代替性を持つ新たなブランドの財を供給することによって可能となる。こうした新規参入は既存企業から顧客の一部を奪うため、既存企業の需要は一部減少し、利潤は低下し、それまで正であった利潤は消滅する。企業の参入が自由であるならば、得られる利潤がゼロとなるまで代替財を供給する企業の市場への参入は続くことになる。市場価格が財生産の平均費用と等しくなると利潤はゼロとなり、新規の参入は止まる。

　こうした条件の下でいったん市場規模（需要の規模）が与えられると、企業の数（財の種類数）、供給される財の数量、価格が内生的に決定されることが導き出される。何らかの外生的要因により市場規模が拡大すれば、それぞれの財に関する需要が増加するので、企業にとっては生産量を増加し規模経済性を実現する余地が生まれる。また、潜在的な競争企業にとっては市場に参入する余地が生まれる。この結果、差別化財の種類は増加し、生産費用と価格が低下する。

　市場規模が与えられるとき、差別化財の種類、各財の数量と価格が内生的に決まるメカニズムをもう少し詳しく述べておきたい[6]。極力単純化するために生産要素は労働のみとする。$i$ 財を $x_i$ 量だけ生産するときの費用関数は以下で表される。

(1)　　$l_i = \alpha + \beta x_i$

ここで $l_i$ は $i$ 財の生産への投入労働量、$\alpha$ は固定費用、$\beta$ は可変費用である。賃金を $w$ とすると、生産の総費用は $wl$ で表される。

$c_i$ を対称的（symmetric）な消費者個人が消費する $i$ 財の消費量とすると、財市場の需給均衡は以下で示される。

(2) $\quad x_i = c_i L$

ここで $L$ は労働者数であるが、労働者は消費者でもある。
労働市場で完全雇用が実現されるならば、

(3) $\quad \sum_{i=1}^{N} l_i = L$

次に、消費者の需要の価格弾力性 $\varepsilon$ を用いると、差別化財の生産の利潤最大化条件（限界費用＝限界収入）から、以下の式（PP 関数と称する）が導かれる。

(4) $\quad \dfrac{p}{w} = \left[ \dfrac{\varepsilon(c_i)}{\varepsilon(c_i)-1} \right] \beta$

需要の価格弾力性 $\varepsilon(c_i)$ が消費量 $c_i$ に関する減少関数（各財の需要量が大きくなると需要の価格弾力性が低下する）と仮定すると、式 (4) の価格は消費量 $c_i$ に関する増加関数であることが導かれるので、PP は右上がりとなる。

また、参入自由の条件（利潤がゼロ）$wl=px$ から、以下の関係（ZZ 関数と称する）が導かれる。

(5) $\quad \dfrac{p}{w} = \dfrac{\alpha}{x_i} + \beta = \dfrac{\alpha}{L} \cdot \dfrac{1}{c_i} + \beta$

消費量 $c_i$ の増加は価格 $p/w$ の低下に対応することから、ZZ 関数は右下がりとなる。

さらに単純化するために、各財の生産・消費が対称的（symmetric）である（$x_i=x, c_i=c$）と仮定すると、図 2 で示されるように (4) の PP と (5) の ZZ は点 E で交わる。この結果、財の消費量 $\tilde{c}$ と価格 $p/w$ が決定される。すな

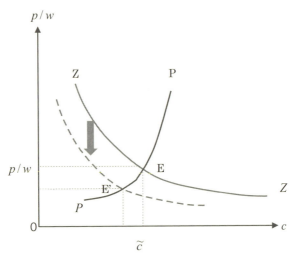

**図2 差別化された財の貿易均衡**

わち、式(4)と(5)から市場が均衡する場合の $\tilde{c}$ が得られれば、$\tilde{x} = \tilde{c}L$ より、$\tilde{x}$ が得られ、$\tilde{l} = \alpha + \beta\tilde{x}$ と $\tilde{n} \cdot \tilde{l} = L$ から差別化財の種類数 $\tilde{n}$ も決定される。

ところで、外生的要因によって市場規模が拡大することは経済規模(L)が増加することで表すことができる。これは図2のZZ関数の下方シフトによって表される。規模の拡大した経済において生ずる新たな均衡E'点では、価格 $p/w$ の下落、個人の消費量 $c$ の減少、各財の生産量 $x$ の増加、財の種類 $n$ の増加が見られる。消費者は、財の種類の増加と価格の下落により、規模が拡大する前に比べて高い効用を得ることができる。

## 差別化財の貿易利益

これまでの議論を国際貿易に適用すると新しい発見が得られる。ここで2国(A国とB国)が自由貿易を始めることによって、閉鎖経済から開放経済に移行することを想定しよう。閉鎖経済下ではA国にはmの企業、B国にはnの企業があって、それぞれ差別化財を独占的に供給していたとしよう。開放経済となれば、市場規模はA+Bに拡大し、mの企業はB国市場に、nの企業はA国市場にそれぞれ参入する機会を得る。すでに見たように、市

場規模の拡大は企業の生産する差別化財の生産量の増加と価格の低下をもたらす。ただし開放経済下での新たな均衡ではm+n種類の財が供給されるわけではない。各財の価格が低下し、生産量が増加すれば、それぞれの国において生産されていた財の種類数が減少するからである。開放経済下で市場に供給される差別化財の数はmまたはnのいずれよりも多くなるが、m+nよりも小さくなるはずである。

貿易が消費者を豊かにすることは伝統的貿易理論においても強調されてきたことであるが、差別化された財における独占的競争においても、開放経済に移行することによって消費者は閉鎖経済下で手に入れていた財の種類よりも多くの種類の財をより低い価格で手に入れることができ、消費者の利益は増進する。

## 3. 地域の貿易量

### 重力方程式

国と国との貿易額の大きさには多くの関心が寄せられてきた。貿易額を決定する要因を実証分析によって明らかにしようとするとき、しばしば用いられるのが重力方程式である。重力方程式はニュートンの万有引力の法則（2個の物体の間に生ずる引力は、2個の物体の質量に比例し、距離の2乗に反比例すること）を2国間の貿易に当てはめたものである。重力方程式が貿易量をうまく説明してきたことは以前からも知られているが、差別化された財の貿易理論は重力方程式に理論上の基礎を与えることになった[7]。

ここで、i国で生産されるk財の生産額を$y_k^i$、i国のGDPと世界全体のGDPをそれぞれ以下のように記述しよう。

$$Y^i = \sum_{k=1}^{N} y_k^i \qquad Y^W = \sum_{i=1}^{C} Y^i$$

ここでNは財の数、Cは国の数を示す。世界全体のGDPに対するi国のシェアを$s^i = Y^i/Y^W$で表し、それぞれの国が対称的（symmetric）であるこ

とを想定すると、i国からj国に輸出される財kの輸出額は以下で記述される。

(6) $X_k^{ij} = s^j y_k^i$

i国からj国への総輸出額 $X^{ij}$ は以下のように、j国からi国への総輸出額と等しくなる。

(7) $X^{ij} = \sum_k X_k^{ij} = s^j \sum_k y_k^i = s^j Y^i = \dfrac{Y^i Y^j}{Y^W} = s^i s^j Y^W = s^i Y^j = X^{ji}$

したがってi国とj国の2国間の貿易額 $T^{ij}$ は以下で示される。

(8) $T^{ij} = X^{ij} + X^{ji} = 2\dfrac{Y^i Y^j}{Y^W}$

式(8)から、2国間の貿易量はそれぞれの国の規模に比例することがわかるが、これはあたかも、万有引力の法則における2つの物体の質量を2国のGDP（$Y^i, Y^j$）に置き換えたものとして表現されている。

**距離や言語・制度の違い**

国や地域間では、輸送費用、関税をはじめとする貿易障壁による費用、制度の違いによって生ずる費用など追加的な貿易費用（$Z^{ij}$）を伴う。それらの費用は2国間の関係の違いによって異なるため、その違いが貿易量に与える影響を重力方程式(8)に加えることによって、その影響を以下のように推計することが可能となる。

(9) $\ln T^{ij} = c_0 + \alpha_1 \ln Y^i + \alpha_2 \ln Y^j + \delta \ln[\text{Distance}_{ij}] + \gamma \ln Z_{ij}$

距離だけでなく、2国間の関係を規定する諸要因はたくさんある。関税や制度の違い、言語の差異、国境を接するか否かの差異、歴史的なつながりを有しているか否かの差異などを式(9)に加えることにより、現実の2国間

貿易量を実証的に分析する試みは数多くなされている。

**地域内貿易**

　国際貿易は各国間で均等に行われているわけではなく、密接な国々と疎な国々とがある。現実に貿易は北米貿易圏、EU（欧州連合）、東アジアの貿易圏などの地域に集中している。こうした地域内での貿易額は重力方程式を拡張することによって説明することができる。世界の一部を構成する地域Aはi国とj国の2国から成り立っているとしよう。式(8)から、両国間の貿易は次のように示される。

$$(10) \quad X^{ij} = s^i s^j Y^W = X^{ji}$$

ここで、$X^{ij}$はi国からj国への輸出額、$Y^W$は世界のGDPである。さらに、地域AのGDPを$Y^A$ $(=Y^i+Y^j)$とし、それぞれの国の地域におけるシェアを$s^{iA}=Y^i/Y^A$、地域の世界におけるシェアを$s^A=Y^A/Y^W$とすると、地域にける2国間の貿易量は以下のように導かれる。

$$(11) \quad (X^{ij}+X^{ji})/Y^A = 2s^i s^j Y^W / Y^A$$
$$= 2s^{iA} s^{jA} s^A$$
$$= s^A[1-(s^{iA})^2-(s^{jA})^2]$$

地域内の各国の規模が同程度であるならば、地域内での国の経済規模に関する偏りの度合を表す指標である$[1-(s^{iA})^2-(s^{jA})^2]$はもっとも高い値を示すので、GDPに対する貿易額の比率が大きくなり、経済規模の偏りが大きいときにはその逆の現象が起こる。このことを用いると、次の式(12)のように，地域内での相互存関係を実証的に分析するモデルに応用することができる。

$$(12) \quad \ln\frac{(X^{ij}+X^{ji})}{(Y^i+Y^j)} = \alpha + \beta \ln(s^i+s^j) + \gamma \ln[1-(s^{iA})^2-(s^{jA})^2] + \varepsilon_{ij}$$

## 4. 企業と貿易──新々貿易理論

**生産性と貿易**

　国際貿易に関するこれまでの説明では、貿易の担い手である企業はすべて対称的である（symmetric）ことを想定してきたが、現実には同一産業に属する企業であってもさまざまな面で異質（heterogeneous）である。近年の国際貿易に関する研究は、企業間での異質性、とりわけ生産性における異質性に注目して、貿易が企業の生産性の違いによって決定されることを明らかにしている。以下では、近年発展が見られた「新々貿易理論」のエッセンスを紹介しておきたい[8]。

　差別化された財を生産する企業が生産する財を海外に輸出するには、海外市場に関する情報を入手したり、輸出のための流通ネットワークを整備したりしなければならない。こうした費用は輸出に際して追加的に必要とされる固定的な費用となる。企業が輸出を行うか否かを判断するに際して基準となるのは、収入から費用を差し引いた利潤が負とならないことである。それぞれの企業は財の生産を行うための固有の生産技術を有しているが、その技術は企業自らが研究開発投資を行うことによって手に入れるか、あるいは他企業から技術を購入することによって手に入れる。その方法はさまざまであるとしても、一定の費用を支払ったうえで技術を入手するものと考えよう。企業が保有する技術、すなわち生産性には企業間で違いがあることは容易に想定される。高い技術を有する企業は生産性が高く、多くの利潤を企業にもたらすであろう。ある国（D）で生産する企業の利潤 $\pi_D$ と生産性 $\theta$ の関係はMelitz (2003) によって次の (13) 式によって表される。

$$(13) \quad \pi_D(\theta) = A_D \left(\frac{1}{w}\right)^{\varepsilon-1} h(\theta) - f_D$$

　ここで $A_D$ は供給先市場の規模や物価水準に関するパラメータ、$w$ は賃金水準、$f_D$ は国内生産に伴う固定費用を表す。これらのパラメータの値を各企業に共通であると仮定しよう。また、生産性指標 $h(\theta)$ は生産性 $\theta$ に関する

単調な増加関数で記述されると考える。

　生産性以外のパラメータを一定とし、生産性と利潤に関する関係だけに注目すると、企業の利潤 $\pi_D$ と生産性指標 $h(\theta)$ の関係は図3で表すことができる。企業の利潤 $\pi_D$ がゼロとなるときの生産性指標 $h(\theta)$ が国内市場に参入するか否かを決定する分岐点となり、横軸で表される生産性指標がこの分岐点の生産性の値よりも高いときには企業は市場に参入し、低いときには参入を断念する。

　この関係を企業が輸出するケースに適用すると、企業の輸出による利潤は(14)式によって表される。

$$(14) \quad \pi_X(\theta) = A_X \left( \frac{1}{w \cdot \tau} \right)^{\varepsilon-1} h(\theta) - f_X$$

　(13)式と同様に、$A_X$ は供給先市場の規模と物価水準に関するパラメータ、$w$ は賃金水準を表す。輸出に伴う固定費用 $f_X$ は国内供給に要する固定費用を上回る（$f_X > f_D$）。さらに、輸出には輸送費や関税などの貿易に要する追加的な可変費用を伴うので、これを $\tau$ によって記述しよう。ここでは $\tau > 1$ である。

　単純化のために輸出先市場に関するパラメータ $A_X$ は国内市場と等しい（$A_D = A_X$）とすると、図3に示すように、輸出企業の利潤と生産性指標の関係は、国内市場に供給する場合よりも下方にシフトし、傾きは緩やかな直線で表示される。輸出するか否かの分岐点は、企業の利潤 $\pi_X$ がゼロとなるときの生産性指標 $h_X(\theta)$ で表される。2つの式(13)と(14)からは、生産性指標が $h_D(\theta)$ 以下の企業は市場には参入できず、$h_D(\theta)$ から $h_X(\theta)$ までの企業は国内市場だけに供給し、$h_X(\theta)$ を上回る企業は国内市場と輸出をともに行うことが示される。

　企業の生産性が貿易を説明するとき、いくつかの興味深い含意が得られる。開放経済下で生産性の高い企業が国際市場に参入することは、市場での労働需要を高め、賃金水準を高め、その結果、生産性の低い企業は市場からの退出を余儀なくされる。生産性の高さは貿易を通じて資源の効率的な配分を実現する。また図3は、貿易自由化が進むことが企業の輸出を促すことを示す。貿易自由化の結果、貿易費用 $\tau$ が低下すれば、(14)式で表される輸

第3章　国際的相互依存

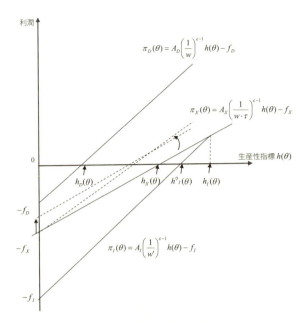

図3　企業の生産性と貿易

出企業の利潤 $\pi_X$ の傾きは以前よりも急になる。その結果、固定費用 $f_X$ が不変であっても、輸出の生産性分岐点 $h_X(\theta)$ は低くなる。あるいは、政策などの外生的な要因によって貿易に必要な情報の提供や流通インフラの整備が行われるとすると、輸出に要する固定費用は低下すると予想される。これによっても輸出の生産性分岐点 $h_X(\theta)$ は低下する。輸出に関する生産性の分岐点が低下することにより、企業にとっては輸出への参入のハードルが低くなり、以前よりも生産性の低い企業でも国際市場に参入することができるようになる。

**直接投資とオフショアリング**

現代の企業は、輸出だけでなく直接投資による投資先国での財・サービスの現地生産、生産費用の低い国からの部品調達や生産工程の委託等（アウトソーシング）を行っている。こうした国際化によって、企業は賃金をはじめ

とする可変的費用を $w$ から $w^1$ $(w>w^1)$ に引き下げることにより高い利潤を実現することが可能となるかもしれない。ただし、同時に輸出に要したとき以上の高い固定費用 $f_I$ を伴うであろう。そうした企業の利潤は以下のように表すことができる。

$$(15) \quad \pi_I(\theta) = A_I \left(\frac{1}{w'}\right)^{\varepsilon-1} h(\theta) - f_I$$

この関係も図3において示すことができる。生産性が分岐点 $h^0{}_I(\theta)$ を超えると直接投資・オフショアリング（海外調達）等の国際化によって得られる利潤は正となるが、実際に企業が直接投資やオフショアリングを選ぶとは限らない。なぜならば、国際化する場合には輸出、直接投資、オフショアリングなどのさまざまな選択肢があり、この中からどの選択肢を選ぶことがもっとも高い利潤をもたらすかによって国際化の戦略を決定するからである。直接投資やオフショアリングによる利潤が輸出による利潤を上回る場合に企業はそれらを選択するが、その分岐点は $h_I(\theta)$ である。生産性が $h^0{}_I(\theta)$ から $h_I(\theta)$ の範囲にある企業は、依然として輸出を選択し、$h_I(\theta)$ を超える生産性の企業が輸出から直接投資・オフショアリングへスイッチすると考えられる。

このような企業の生産性と貿易に関する新たな理論は数多くの実証研究によって確認されている[9]。近年、企業レベルの統計データが利用可能となったことが、この分野の研究の発展に大きく貢献している。

## おわりに──実証研究

この章では、国・地域間の貿易を理解するうえで基礎となる理論的フレームワークを伝統的貿易理論、不完全競争下での差別化された財を取り扱う新貿易理論、最近の企業と貿易に関する新々貿易理論について簡潔に紹介してきた。紙幅の制約から概略を述べるにとどまっており、厳密性を犠牲にしたことは否めない。この分野の理解をさらに深めるためには、これまでの研究蓄積に深く立ち入ることをお勧めしたい。

最後に、ほとんど触れなかった実証研究について一言言及しておきたい。国際経済に関する実証研究では比較優位に関する「レオンチェフ・パラドックス」[10]を想起する読者もいるかもしれないが、国際経済の分野では、実証分析が理論の検証や新たな発見において大きな貢献をしてきた例はたくさん見られる。

　伝統的な貿易理論では貿易と生産要素量、要素価格に関する実証分析、新貿易理論では産業内貿易、戦略的な貿易政策、貿易と経済成長に関する実証分析、新々貿易理論では企業の生産性と国際化、アウトソーシングに関する実証分析など多くの研究蓄積がある[11]。とくに近年、国・地域・財別の統計データに加えて、企業レベルデータの利用が可能となっていることが研究に大きな弾みをつけ、国際経済に関する実証研究は加速度的に進展するようになった。日本ではまだ利用できないが、欧米では企業レベルで財別、仕向地別のデータが利用可能となっている国も見られる。個票データの利用可能範囲が急速に拡大するにつれて実証分析はさらに進展しており、理論研究とともに車の両輪となってこの分野での研究を牽引している。

注
（1）Ricardo（1817）の比較生産費として知られる。
（2）ヘクシャーとオリーンにより構築された理論体系をサミュエルソンが発展させたことからHOS理論と称されることがある。伝統的経済理論をもとに貿易と要素量の変化、要素価格の変化、経済成長を取り上げた研究は非常に多く、スタンダードな教科書では必ずといってよいほどその解説を取り上げている。たとえばBhagwati, Panagariya, and Srinivasan（1998）、若杉（2009）を参照。
（3）クルーグマンはこの理論体系を構築するうえで大きな貢献をし、ノーベル経済学賞を受賞した。
（4）Krugman and Helpman（1985）はこうした状態をintegrated equilibrium（統合均衡）として、財と生産要素の国境を越える移動を分析している。
（5）この理論体系はクルーグマンにより「新貿易理論」と称されている。
（6）ここでの差別化された財の独占的競争モデルはDixit and Stiglitz（1977）による。
（7）産業内貿易に関する理論と実証分析についてはHelpman（1987）、Greenaway and Milner（1986）をあげたい。
（8）企業の生産性の異質性を基礎とした新しい国際貿易理論はMelitz（2003）、

Helpman, Melitz, and Yeaple (2004) をはじめ多くの研究者によって発展してきた。New new trade theory (新々貿易理論) の命名はリチャード・ボルドウィンによるといわれている。
(9) Bernard and Jensen (1999) は輸出企業の生産性に関する実証分析の先駆的業績である。Helpman (2006) は理論研究、Bernard, Jensen, Redding, and Schott (2007) は実証研究を幅広く紹介している。ヨーロッパ企業の概観を理解するに関しては、Mayer and Ottaviano (2007) が参考になる。また、日本企業に関する実証研究も少なくない。たとえば、Tomiura (2007)、Wakasugi (2014) を参照。
(10) Leontief (1953) は、アメリカの貿易を要素移動によって分析すると、資本豊富国であるにもかかわらず、輸入財での資本／労働比率は輸出財の資本／労働比率の1.3倍に達することを証明した。これはヘクシャー＝オリーン理論が予想する内容と逆の現象であることを指摘したことから「逆説」と呼ばれている。その後、新たな検証による反証も示されている。
(11) Feenstra (2004) は、代表的な実証分析の成果を理論研究とともに紹介している。

**参考文献**

若杉隆平 (2009) 『国際経済学』岩波書店.

Bernard, A. B., and J. B. Jensen (1999) "Exceptional Exporter Performance: Cause, Effect, or Both?" *Journal of International Economics* 47 (1): 1-25.

Bernard, A. B., J. B. Jensen, S. J. Redding, and P. K. Schott (2007) "Firms in International Trade," *Journal of Economic Perspectives* 21 (3): 105-130.

Bhagwati, J. N., A. Panagariya, and T. N. Srinivasan (1998) *Lectures on International Trade*, Cambridge, MA: The MIT Press, pp. 9-47.

Dixit, A. K. and J. E. Stiglitz (1977) "Monopolistic Competition and Optimum Product Diversity ," *The American Economic Review* 67 (3): 297-308.

Feenstra, R. C. (2004) *Advanced International Trade: Theory and Evidence*, Princeton, NJ: Princeton University Press.

Greenaway, D. and C. Milner (1986) *The Economics of Intra-Industry Trade*, New York: Blackwell.

Helpman, E. (1987) "Imperfect Competition and International Trade: Evidence from Fourteen Industrial Countries," *Journal of the Japanese and International Economies* 1 (1): 62-81.

———— (2006) "Trade, FDI, and the Organization of Firms," *Journal of Economic Literature* 44 (3): 589-630.

Helpman, E., M. J. Melitz, and S. R. Yeaple (2004) "Export versus FDI with Heterogeneous Firms," *American Economic Review* 94 (1): 300-316.

Krugman, P. and E. Helpman (1985) *Market Structure and Foreign Trade: Increasing Return, Imperfect Competition*, Cambridge, MA: The MIT Press.

Leontief, W. W. (1953) "Domestic Production and Foreign Trade: The American Capital Position Re-examined," *Proceedings of the American Philosophical Society* 97: 332-49. Reprinted in Richard Caves and Harry G. Johnson, eds. (1968) *Readings in International Economics*, Irwin, IL: Homewood.

Mayer, T. and G. I. P. Ottaviano (2007) *The Happy Few: The Internationalisation of European Firms*, Bruegel Blueprint Series, Brussels: Bruegel.

Melitz, M. J. (2003) "The Impact of Trade on Intra-industry Reallocations and Aggregate Industry Productivity," *Econometrica* 71 (6): 1695-1725.

Ricardo, D. (1817) *On the Principles of Political Economy and Taxation*, 2nd edition, London: John Murray.［羽鳥卓也・吉沢芳樹訳『経済学および課税の原理（上巻）』（1987）岩波文庫］

Tomiura, E. (2007) "Foreign Outsourcing, Exporting, and FDI: A Productivity Comparison at the Firm Level," *Journal of International Economics* 72 (1): 113-127.

Wakasugi, R. ed. (2014) *Internationalization of Japanese Firms: Evidence from Firm-level Data*, Tokyo: Springer.

第4章

# 経済開発と援助

渡邉松男

## はじめに——国際地域学における開発と援助

　国際開発学は問題解決志向が強い学問であり、きわめて学際的な特徴を持つ。そもそもこの学問の発展はイギリス帝国の植民地経営研究にその礎を見出すことができる[1]。以来、途上国の現場の要請に対し有効な政策処方箋を提示することが開発学に求められているのである。これに応えるために開発学を構成する領域には、政治、経済だけでなく人類学、社会学、あるいは環境や保健・医学、工学、農学など自然科学分野までもが含まれる。こうした開発学の下での言説やアプローチは不可避的に多様である。そのため各学問が高いレベルで融合するというよりは、むしろ個々の開発課題に対して関連する分野の研究者と実務家が協働することで開発学が展開してきた。

　現代において、とくに1990年代以降、開発学が主要な研究対象とし、また国際社会の実務で共有されている途上国開発の課題は「貧困削減」である。この貧困削減は単に経済成長による所得や消費などの社会状況の改善を企図するだけではない。むしろこのような物質的貧困を克服することを通じ、自由や人間としての尊厳などを阻害するいわば精神的貧困を生み出す構造の変革を射程としている（木村・大坪・伊東2009）[2]。国際社会がその達成に向けて取り組んでいる「ミレニアム開発目標（MDGs）」は、この考えを具現化したものである[3]。

　国際社会は途上国の開発を支援するために、さまざまな国際開発課題を設定し、その実現のために第二次大戦後から今日に至るまで援助を供与してきた。1949年米大統領トルーマンは、就任演説においてアメリカの外交政策の柱の一つとして低開発地域への技術協力を提示した。この「ポイント・

フォー提案」はマーシャル・プランとともに開発援助の原点として考えられている。これには「地球共同体的な発想」(西垣・下村・辻 2009) という評価と、共産化の防止とアメリカの輸出拡大および原料輸入確保という狙いを指摘する分析（古森 2002）が存在する。だがいずれにせよ覇権国であったアメリカの主導で開発援助の枠組みが形成されていったことは間違いない。

　本章ではこのような認識を踏まえ、次節「国際社会と開発・援助」で先進国、とくに覇権国が途上国の開発と援助を含む国際社会の取り組みにいかに影響を及ぼしてきたか概観する。そのうえで第 2 節「アジア地域の経済開発とその課題」では、1980 年代後半以降急速な経済発展を遂げた東南アジア諸国連合（ASEAN）先行国（たとえばタイ、マレーシア、フィリピン）を念頭に、アジアとアフリカ両地域の経済パフォーマンスを比較し、両者の開発経験を地域としての共通性という観点から考察する。そのうえで今日的な問題の一例として ASEAN の「中所得国の罠」を取り上げ、今後の国際地域学のアプローチにおける課題を検討する。

## 1. 国際社会と開発・援助

### 20 世紀の国際開発課題と援助の変遷

　開発と援助の具体的課題と目標がレジームとして国際社会で初めて共有されたのは、ケネディ大統領の 1961 年の国連総会における提案を受けて採択された「国連開発の 10 年（Decade of Development）」であろう。外部資金の大量投入で途上国の工業化を促し、経済成長（5％目標）を達成しようとするものである[4]。東西冷戦の下、先進国と途上国の経済格差が拡大する中で、当時相次ぎ独立した途上国の支持を獲得することが、東西両陣営にとって政治的に不可欠であった。

　だが 1960 年代末には国連開発の 10 年に対する批判が先進国の間で高まった（たとえば ILO 1972）（下村・辻・稲田・深川 2009）。確かに 5％成長は達成したものの、その成果は必ずしも社会全体に行き渡らず、貧困層の状況はかえって悪化したというのである。アメリカでは議会の主導で「対外援助法」

表1　国際開発課題と援助

|  | 1960s | 1970s | 1980s | 1990s | 1990末～（2000s） |
|---|---|---|---|---|---|
| レジーム・課題 | 国連開発の10年 | BHN | 構造調整 | 人間開発<br>持続的開発 | 貧困削減 |
| 戦略・アプローチ | トリックルダウン<br>工業化 | 成長の再分配<br>コミュニティ開発 | 市場主義<br>ワシントン・コンセンサス | ガバナンス | PRSP、MDGs |
| 重点分野 | インフラ | 教育・保健・水 | マクロバランス<br>自由化、民営化 | 行政・人権・民主化 | 社会分野、平和構築<br>貧困削減に資する成長<br>地球規模の課題 |
| 援助の焦点・特徴 | 資金・外貨ギャップ |  | コンディショナリティ | 援助疲れ | 援助効果<br>中国台頭 |
| 国際政治経済 | 東西対立<br>南北問題認識 | 石油危機<br>ニクソン・ショック<br>カーター政権 | レーガン・サッチャー政権<br>プラザ合意 | 冷戦終結<br>グローバル化加速<br>新地域主義<br>WTO設立 | 9.11／テロとの闘い<br>資源価格高騰<br>WTO停滞<br>リーマン・ショック |
| 途上国地域 | アフリカ諸国独立 | NIEO要求<br>ロメ協定<br>米高金利政策<br>（～82） | 累積債務<br>ASEAN急成長 | 地域統合<br>国内紛争<br>アジア通貨危機 | BRICs台頭<br>感染症拡大 |

出所：筆者作成。

が1973年に改正され、社会部門（食糧、人口計画、保健衛生、教育など）と農業部門がアメリカの援助の優先分野とされた。また世界銀行（以下、世銀）ではマクナマラ総裁（元米国務長官）が「ベーシック・ヒューマン・ニーズ（BHN）」（人間として最低限必要な食糧や基本的な社会サービス）の提供を重視する方向に転換した。

他方で1970年代は、途上国側からの要求も国際開発および経済課題として尊重された時代でもあった。1973年の石油危機による原油価格の高騰を端緒として、資源を保有する途上国の交渉力が高まった。アルゼンチンの経済学者プレビッシュは、一次産品を輸出する途上国の交易条件が先進工業国に対して悪化しているとして、先進国に有利な国際経済ルールの変更を主張した[5]。これに基づき2度の石油危機を通じて高まった「資源ナショナリズム」と「主権平等」原理を柱として、1974年に国連総会で「新国際経済秩序（New International Economic Order）」が採択された。

ところが1980年代になると石油危機によって非産油国途上国の国際収支が悪化し、先進国金融機関からの（ドル建て）債務が積み上がった。これが1970年代末からの先進国の景気停滞とインフレ（スタグフレーション）およびアメリカの高金利政策の影響を受け、メキシコをはじめとして多くの途上国

が深刻な債務危機に陥った。こうしてこの時代は債務危機の克服が途上国だけでなく債権を抱える先進国にとっても重要な課題となった。

　これに対し世銀やIMF（国際通貨基金）は、国際収支の悪化の一因を途上国の経済政策と制度の欠陥に求め、「構造調整・安定化策」を実施した。途上国政府の不適切なマクロ経済政策による非効率な資源配分などから経済の競争力が低下し、これが財政赤字の増大、国際収支の悪化、インフレーションの激化につながったというのである（World Bank 2001）。途上国の国際収支の均衡を維持するため、世銀はIMFの緊急資金支援と連動し「構造調整融資」を1980年に開始した。当初は一時的な資金提供と位置づけられていたが、その後、社会・経済構造・各部門の改革を支援するための重要な開発手段へと概念が変化していった。この資金援助の条件として、財政緊縮や金融引き締め、規制緩和、国営企業の民営化、貿易自由化などの改革プログラムを実施することが融資先政府に課された（いわゆる「コンディショナリティ」）。これによって世銀（先進国がその理事を占め意思決定を掌握する）は、従来の個別インフラ開発プロジェクトへの融資から、相手国政府のマクロ経済政策に直接介入することとなった。

　こうした「ワシントン・コンセンサス」（Williamson 1990）[6]と呼ばれる市場メカニズムに依拠した一連の政策は、当時の米英の保守政権の経済思想の影響もあるだろう。アメリカではレーガン政権（1981～1989年）、イギリスではサッチャー政権（1979～1990年）が、いずれも自由主義的経済政策を実施していた。減税による景気刺激、金融引き締め（利上げ）によるインフレ抑制に加え、イギリスにおいては規制緩和、公共サービスの民営化など、いわゆる「小さな政府」を標榜した。こうした自由主義的な政権は、日本（中曽根政権：1982～1987年）、オーストラリア（ホークおよびキーティング政権：1983～1996年）、ニュージーランド（ロンギ政権：1984～1989年）など1980年代の先進国でも多く誕生した。

　1990年代に入ると開発・援助レジームはまたもや転換した。その主因は冷戦の終結である。東西両陣営にとって途上国の戦略的重要性は決定的に低下した。先進国ドナーにとっては、途上国の腐敗した政権や効果が期待できないプロジェクトに対し支援を供与することから解放された。これに加えて東欧諸国の市場経済化への資金を振り向ける必要から、各ドナーはODA（政

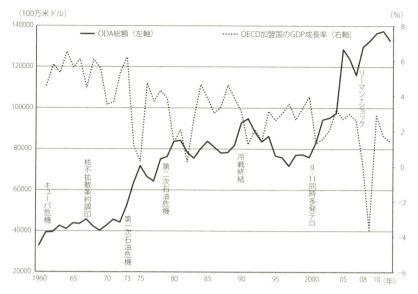

出所：International Development Statistics (OECD), World Development Indicator (World Bank).
注　：ODA 総額は 2012 年米ドル価格。

図1　ODA 総額の推移：1960〜2012

府開発援助）予算を大幅に削減した（「援助疲れ」：図1）[7]。このような状況下で拠出金や予算の削減に直面する国際機関やドナーの援助機関は、新たな開発課題を打ち立てる必要性に迫られた。世銀は『世界開発報告』1990 年版（World Bank 1990）にて貧困をテーマとした[8]。UNDP（国連開発計画）は同年に「人間開発」の概念を提示した（注2参照）。

一方、アフリカ諸国をはじめとする途上国側は、援助など外部資金の流入が減少するなかで、加速するグローバル化によって世界大の競争に自国の脆弱な民間部門が巻き込まれるという危機感を抱いた。折しも GATT（関税及び貿易に関する一般協定）の多角的貿易交渉ウルグアイ・ラウンドは、農業分野の交渉難航により停滞していた。これを受け欧州では EU（欧州連合）が 1992 年、西半球では NAFTA（北米自由貿易協定）が 1994 年に発足するなど世界各地に地域主義が広まった。アフリカ大陸内の各地域においても、所得水準の近い（すなわち競争力が等しく低いレベルにある）近隣諸国との間で市場を囲い込む地域統合スキームを結成あるいは既存のそれを再興する動きが広

第4章　経済開発と援助　　81

まった（渡邉 2014）。

　1990 年代以降の特徴として、途上国の政治分野への介入が拡大したことがあげられる。80 年代も構造調整融資の条件として経済政策への介入は存在した。だが世銀には、借入国の政治的な状況を融資基準としてはならないとする「非政治的考慮の規定」（世界銀行協定第 4 条 10 項）があることから、政治プロセスへの介入は行われなかった（下村 1998; Summer and Tribe 2008）。しかし 80 年代の構造調整策は期待された成果が多くの国で（少なくとも短期間には）得られなかった。また政策パッケージを構成する財政赤字縮小策の一環として社会分野の予算が削減されたのだが、これが貧困層を直撃すると NGO などからの批判に晒された。

　世銀はこの反省に立って、経済諸改革が機能するためには「良い統治（グッド・ガバナンス）」が不可欠であると打ち出した（World Bank 1994）。グッド・ガバナンスには、民主化、政府の権力行使（説明責任、透明性など）、法の支配、行政部門の能力、汚職・腐敗の抑制、軍事支出の抑制などが含まれる（下村 2006: 37-38）。世銀はガバナンス支援の定義解釈を行政機能の向上など技術的な側面に特化することで「非政治的考慮の規定」への抵触を回避しつつ、実質的に途上国の政治制度への介入の途を開いた。また主要ドナーである米政府にとっても、冷戦時代の援助の効果に対する批判が議会を中心に高まる中で、援助予算を確保するためにもアメリカの基本理念にかかわる民主主義の世界大の浸透といった課題は理解を得られやすい。かくしてドナー側の政治的要請と技術的な分析に立脚し、ガバナンスが 1990 年代以降の主要開発課題の一つとなった。

　なお MDGs に代表される 1990 年代末から現在に至る貧困削減レジームでは、社会分野の改善が主要目標に設定された。貧困削減を主流化したのは世銀と国連であるが、その背後で主要な役割を果たしたのがイギリスである。1997 年の選挙に勝利した労働党政権は、イギリスの ODA 政策を、保守党時代の政治的・経済的利益の追求から転換し貧困削減に集中させた（Morrissey 2002; DFID 2000）。これには 18 年ぶりに政権交代した労働党の理想主義的な意図が反映されていないとはいえない。だがより現実的な理由として以下の 3 点が指摘される。第一に、イギリスの主な援助供与先は旧植民地のサブサハラ・アフリカなどの最貧国である。そこでの最重要課題は（すでに一定

の経済発展を遂げたアジアとは異なり）依然としてBHNの供給を含む社会部門であった。第二に、そうした援助は英国籍を持つ旧植民地系有権者への選挙対策としても有効であった。第三に、英政府は結果重視の予算配分システム（PSA: Public Service Agreement）を採用していた。PSAにおいて貧困削減の目標を掲げる英国際開発省にとって、目標達成（とさらなる予算獲得）のためにはイギリスの優先分野に国際的な資源を動員する必要があった。これらを背景にイギリスは世銀等の国際機関や貧困問題に関心を持つ北欧諸国に働きかけるなど、国際開発における国際世論を貧困削減に誘導した。

　これまで見てきたように、第二次大戦後の国際開発と援助のレジームは、国際政治経済情勢を反映しながらほぼ10年ごとに変化してきた。その焦点は、多くの場合マクロの経済分野と社会分野（ミクロ）の間を「モグラ叩き」のごとく往復するものであった。この変遷は途上国の開発の現場の要請を踏まえたものというよりは、むしろ主要ドナーの国内および国際政治的な状況を反映したものであった。

## ドナーの援助パターンと国益

　図1のとおり過去50年間で世界の援助総額は実質値で4倍以上増加した。だがこの間一貫して増加したわけではなく、幾度かの減少期とそれに続く急増期が存在する。そのパターンを見ると国際社会、とくに西側先進国ドナーの途上国開発へのコミットメント（ODA予算額を代理変数とする）は、ドナー自身の経済分野を含む安全保障上の危機の発生後に高まることがわかる。そしてこれらはドナー経済の景気（経済成長率）とは相関が見られない。

　援助が増加傾向を示した1960年代初頭は東西冷戦下でキューバ危機が発生している（ただしこの間のOECD加盟国の経済成長は4～6％の高い水準であるのに比べ、援助の伸びは低調である）。1973・79年の石油危機、2001年の9・11同時多発テロとそれに続くいわゆる「テロとの闘い」宣言以降は援助額が大幅に増えている。他方で1980年代の途上国では、債務危機やサブサハラ・アフリカ経済の停滞が起こっていた。だがこの時期のOECD諸国の経済成長は4％前後で推移し堅調であったにもかかわらず、（構造調整が本格化する同年代末まで）援助額は目立った増加を示すことなく増減を繰り返すのみであっ

表2　各ドナーの主要 ODA 供与国：2011/12

| フランス | 日本 | イギリス | アメリカ |
|---|---|---|---|
| 象牙海岸 | ベトナム | インド | アフガニスタン |
| モロッコ | インド | エチオピア | コンゴ民共 |
| コンゴ民共 | インドネシア | アフガニスタン | パキスタン |
| ブラジル | アフガニスタン | バングラデシュ | イラク |
| 中国 | 中国 | ナイジェリア | ケニア |
| チュニジア | コンゴ民共 | パキスタン | 南スーダン |
| メキシコ | パキスタン | コンゴ民共 | エチオピア |
| セネガル | フィリピン | タンザニア | タンザニア |
| ベトナム | スリランカ | モザンビーク | 南アフリカ |
| エジプト | イラク | ケニア | ハイチ |
| カメルーン | バングラデシュ | マラウイ | ヨルダン |
| トルコ | タイ | ウガンダ | 西岸ガザ |
| コロンビア | トルコ | ジンバブエ | モザンビーク |
| 南アフリカ | マレーシア | ソマリア | ナイジェリア |
| アルジェリア | ケニア | ガーナ | コロンビア |

出所：OECD, International Development Statistics.

表3　アメリカの ODA 供与国の変遷

| 1960 | 1970 | 1980 | 1990 | 2000 | 2005 | 2008 | 2012 |
|---|---|---|---|---|---|---|---|
| インド | インド | エジプト | エジプト | エジプト | イラク | アフガニスタン | アフガニスタン |
| 韓国 | ベトナム | イスラエル | イスラエル | インドネシア | スーダン | スーダン | ケニア |
| パキスタン | パキスタン | トルコ | フィリピン | ヨルダン | エチオピア | エチオピア | 南スーダン |
| ベトナム | インドネシア | バングラデシュ | エルサルバドル | コロンビア | エチオピア | コロンビア | エチオピア |
| エジプト | 韓国 | インドネシア | ホンジュラス | ボスニア・ヘルツェゴビナ | コロンビア | パレスチナ | パキスタン |
| 台湾 | ブラジル | 北マリアナ諸島 | バングラデシュ | インド | エジプト | エジプト | イラク |
| トルコ | コロンビア | インド | パキスタン | ペルー | ヨルダン | ケニア | タンザニア |
| ヨルダン | トルコ | ニカラグア | スーダン | バングラデシュ | パキスタン | グルジア | ヨルダン |
| モロッコ | ラオス | ソマリア | ジャマイカ | ボリビア | ウガンダ | ヨルダン | 南アフリカ |
| チュニジア | 北マリアナ諸島 | スーダン | ニカラグア | エチオピア | セルビア | 南アフリカ | モザンビーク |

出所：OECD, International Development Statistics.

た。さらに冷戦終結後は再び3％以上の成長が継続したが援助額は1991〜97年の間で25％減少し、かつ援助の規模よりも効率性や効果に関心が払われるようになった。

　主要ドナーの援助供与先を見ると、国ごとに特徴的な傾向が観察される（表2）。フランスは西アフリカおよび仏語国、イギリスは東アフリカおよび南アジア、英語圏が多い。これらはいずれも旧植民地など歴史的な関係を持つ国が多く、またドナーにとっての安全保障上の課題や自国文化の浸透（フランス）が援助に反映されている[9]。日本の供与先は他国に比べ東および東

南アジア諸国が比較的目立つものの、それらのいくつかは中所得国に移行しODA対象から卒業しつつある。またアフガニスタン、コンゴ民主共和国、イラクなど国際社会の平和構築努力の要請に沿った援助も観察される。

アメリカの援助実施機関USAID（国際開発庁）はその政策文書（USAID 2002）で、同国の援助は外交政策の主要なツールの一つであり、その目的は国益を実現することにあると明確に述べている。その供与先は、各時代の対外政策の重要度を反映し他国に比べ変化が大きい（表3）。冷戦期はインド、韓国、パキスタンが多く、1990年代末から2000年代初頭には西バルカン諸国（アメリカの斡旋による旧ユーゴスラビア内戦の終結）、そして近年ではアフガニスタン、イラクが上位を占める。また2008年には南オセチアに侵攻したグルジアに対するODAが急増した。ただしエジプト、イスラエルは一貫してアメリカの主要援助供与先である。

## 2. アジア地域の経済開発とその課題

### 対照的な地域レベルの発展経路

2000年代に入り、貧困削減・MDGsとともに、温暖化や生物多様性などの環境問題、感染症、紛争と平和構築など、一国だけでは対応できない地球規模の問題が開発と援助の課題に含まれるようになった。これらの課題は全世界の途上国地域で共有されるものである。他方で典型的にはサブサハラ・アフリカ対東アジアのように、地域によってこれまでの貧困削減や経済成長パフォーマンスにばらつきが生じている。そのため各地域がそれぞれ直面する開発課題の焦点も多様になった。

MDGsに関しては、東・東南アジアでは多くの個別目標が2015年までに達成される見込みである（UN 2014）。これに対しサブサハラ・アフリカではほとんどの目標の達成が絶望的である。これは両地域の所得レベルと貧困状況からも説明ができる（図2）。多くのアフリカ諸国が独立した1960年代はアフリカの所得レベルはアジアの約3倍であった。だがアフリカ経済は過去半世紀の間実質的に停滞し、90年代前半にアジアに抜かれ現在では3分の1

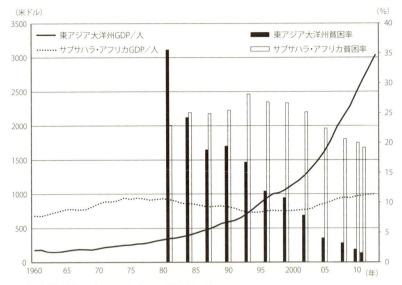

出所：World Development Indicator (World Bank).
注 ：両地域とも先進国を含まない。
　　GDP／人は2012年価格（左軸）、貧困率は1.25米ドル／日以下で暮らす人の割合（右軸）。

図2　アジアとアフリカの所得レベルと貧困率

に満たない。貧困率も1980年代前半のアジアは一日当たり1.25ドル以下で暮らす人の割合はアフリカよりも多かったが、経済成長とともに着実に減少している。だがアフリカの貧困率は90年代にむしろ上昇し、その後は減少傾向ではあるものの依然として人口の20％程度が貧困層である。

　なぜこれほどの差が生じたのか。「東アジアの奇跡」（World Bank 1993）と称されたアジア諸国の開発の成功要因はこれまで多くの研究がなされてきた。そこでは主に、①国家的課題としての開発推進、②持続可能な成長の前提条件、③開発協力の貢献が指摘されてきた。具体的には安定した政治・社会・経済状況を保持しつつ、権威主義的開発体制に基づいた政治的リーダーシップとそれを支えるウェーバー型官僚制の高い行政能力に加え、制度構築、ODAなどによる経済インフラの整備、人材育成といった諸要因が、経済成長と貧困削減に寄与してきた。さらにアジアで特徴的なのは、高成長を達成する過程において所得分配の著しい不平等化が発生しなかったことである。国民の大多数が経済成長プロセスに参加し、発展に取り残される階層の

存在は他の地域に比べきわめて少ないレベルにある[10]。これらの点でパトロン・クライアント関係に基づく新家産国家群で占められたアフリカとは決定的に異なる（渡邉 2003; Watanabe and Hanatani 2012）[11] [12]。

## 中所得国の罠

とはいえアジア諸国が今後いっそうの経済開発を進めるうえで一つの問題が顕在化している。先述のとおり ASEAN 諸国の多くはすでに中所得国および中進国になっている[13]。だがこれらの国々の成長は近年鈍化し、いわゆる「中所得国の罠」に陥っているとの分析がある。この罠とは、多くの途上国が経済発展によって一人当たり GDP が中所得国の水準にひとたび達すると、従来の（低所得国としての）発展パターンや成長戦略を転換できず、成長率が低下あるいは長期低迷する状態のことをいう（Gill and Kharas 2007; 内閣府 2013）。

これに対し、すでに高所得国・地域となった日本、韓国、シンガポール、香港、台湾は、一人当たり GDP が 5000 米ドル程度の時代には 6% 超の成長率を達成した。その後所得レベルが上がるにつれて成長率は鈍化するものの安定的に推移し、1 万ドルの大台を日本は 1960 年代、香港、シンガポールは 70 年代、韓国は 80 年代に突破した（内閣府 2013）。だが ASEAN 諸国（たとえばタイ、マレーシア、フィリピン）では、所得レベル自体は向上しているものの、5000 ドル付近で先進国並みの成長率（2% 前後）に減速している[14]。また現在の中国についても生産性の上昇が見られず罠に陥っているとの研究も存在する（たとえば Agenor, Canuto, and Jelenic 2012）。

ASEAN 諸国は、これまで海外直接投資（FDI）の増大など生産要素（資本および労働）の蓄積を基盤に輸出主導型の工業化政策を推し進め経済成長を果たしてきた。だが資本の限界生産性が低下し、追加的な蓄積の効果が減退している。この結果、輸出品目が一次産品や労働集約的なものにとどまり、先進国が経験した多様化・高度化が実現できない。中所得国の罠の原因としてこのようなことが考えられている（Gill and Kharas 2007; Felipe 2012）。

これら研究では中所得の罠から抜け出すためには以下の 4 点を処方箋として提示している。第一に産業や輸出の多様化・高度化を実現すること。換言

すれば投資効率や労働生産性を向上させることが求められる。第二に、とくに FDI 流入に依存する構造を脱し国内での技術革新を推進すること。第三に、人材育成システムをより高度化し、かつ新しい価値創造分野へ転換していくことで、経済構造の高度化を実現すること[15]。だがこうした課題は、たとえば Krugman（1994）をはじめとして以前から指摘されてきた。こうしたいわば長年の宿題を自律的に克服するためには、これらの国々にはどのような制度能力が必要とされるのだろうか。こうした問題を解明することも、今後の国際地域研究の課題の一つである。

## おわりに

　途上国の開発のあり方は、本来ならば途上国自身が主体的に決定するべきものであろう。だが実際には、外部の先進国が主導的役割を担ってきた。ところがその先進国が設定した開発課題や援助は、必ずしも「クライアント」である途上国の現状を踏まえたものではなかった。むしろ先進国ドナーの国内および国際的な政治経済の文脈で決定されてきた例が多い。

　アジア諸国はこのような外的条件の下で目覚ましい発展を遂げた。その多くは個々の国の社会や指導者の能力が発揮された結果であることは論を俟たない。ただしそれらの開発統治形態には、アジアの成功だけでなくアフリカの失敗ですら地域としての共通性が見出される。

　これまでの議論のとおり途上国および先進国の開発政策・援助政策は、ともに国際関係、地域、国家のそれぞれの動きと相互に連動して形成されてきた。その意味において国際地域学の学術的フレームワークは、国際開発と援助の分野を説明する有力な枠組みであるといえよう。

**注**
（1）また日本の開発学についても、台湾総督府民政長官の後藤新平の台湾開発と経営をその原点としてあげる言説もある（渡辺 2008）。
（2）アマルティア・セン（たとえば Sen 1999）は厚生経済学の立場から、潜在能力

(capability)の獲得や社会的孤立からの脱却の重要性と、それらを通じて個々の能力を発揮する（empowerment）ことによって所得貧困を克服できると説く。これは国連開発計画（UNDP）の年次報告書"Human Development Report"の基礎となっている。また開発経済学の代表的テキスト（Todaro and Smith 2008）においても、生活必需品の供給（Basic Human Needs）、自尊心、（隷属、自然、無知、悲惨、制度的拘束からの）自由で構成される物質的・精神的状態の向上を開発のゴールと位置づけている。

（3）MDGsの8つの目標分野は以下のとおり。①極度の貧困と飢餓の撲滅、②初等教育の完全普及の達成、③ジェンダー平等推進と女性の地位向上、④乳幼児死亡率の削減、⑤妊産婦の健康の改善、⑥HIV／エイズ、マラリア、その他の疾病の蔓延の防止、⑦環境の持続可能性確保、⑧開発のためのグローバルなパートナーシップの推進。なお個々の具体的目標は、外務省（2014）を参照のこと。

（4）この理論的根拠となったのが、当時の代表的な国際経済学者でコロンビアおよびプリンストン大学教授のラグナー・ヌルクセ（Ragnar Nurkse）の均衡成長理論である。途上国の貧困の原因は資金と技術の不足にあるとの認識に基づいて、さまざまな工業部門に対して外部から大量に資金・技術を投入（いわゆる「ビッグ・プッシュ」支援）し、農業部門との補完性を担保しつつ市場規模を拡大し、生産性を向上させることによる民間部門の活性化を図った（Nurkse 1953）。

（5）具体的には、①一次産品の在庫量を調節することで価格安定を図る「国際商品協定」システムの設置、②途上国産品に対し輸入関税減免などの片務的な優遇措置を先進国が与える「一般特恵制度」の創設、③一次産品の交易条件の悪化を相殺するための「保証融資制度」の設置を求めた（下村・辻・稲田・深川 2009）。

（6）Williamson（1990）によると、ワシントン・コンセンサスの「最大公約数」として以下の10項目の政策が含まれる。①財政赤字の是正、②補助金削減など財政支出の変更、③税制改革、④金利の自由化、⑤競争力のある為替レート、⑥貿易の自由化、⑦直接投資の受け入れ促進、⑧国営企業の民営化、⑨規制緩和、⑩所有権法の確立。

（7）ただし主要ドナーの中で日本だけは、経常収支黒字の還元としてODA拡充による国際貢献が国際社会から期待された。事実、日本のODA予算は毎年増額され1997年には1兆1687億円に達した。またドルベースの支出純額では1991年から2000年まで世界最大のODA供与国であった。

（8）これが貧困に対する直接的な問題意識を醸成し、1990年代末から現在に至る貧困削減レジームの端緒となった。

（9）日本におけるODA基本政策である「政府開発援助大綱」（2003年閣議決定）でも間接的な表現ながら国益への配慮が盛り込まれている。

(10) ただし中国のように深刻な国内経済格差を抱える国もある。中国政府は内陸部への積極的な投資を進めているが、蓄積した住民の不満はすでに治安上の問題に発展しつつある。ただしこれは政治体制を含む統治のあり方にかかわる問題であり、本章の射程を超えていることから言及するにとどめる。
(11) 政治指導者が自らの出身エスニック・グループなど特定集団の縁故を優遇し、その見返りに政治的支持を獲得するもの。汚職や横領など国家の富を占有する集団への不信感を招き、国民間の分裂が生じる。アフリカのパトロン・クライアント関係はChabal and Daloz（1999）に詳しい。
(12) 統治のあり方や政策が地域単位で収斂するのは、さまざまな政治経済的要因が考えられる。たとえば東アジアの文脈では、①共通の歴史的・地政学的条件（東西冷戦下における反共産主義としての立場）、②その安全保障上の脅威を背景とした自国強化の必要性、③域内の先行国（日本、台湾、韓国）や近隣の成功した政策を模倣する学習効果、④③を可能にした制度能力の存在、⑤地域統合スキーム（ASEAN）における経済や安全保障政策の調整、⑥近隣諸国との投資誘致競争で地域全体の投資環境が向上した。他方アフリカでは、独立後の国民統合に失敗し、モラルハザードによって③などが負の方向に働いたといえよう。
(13) 国連および世界銀行の分類で、平成22年時点の一人当たり国民総所得（GNI）で、「中所得国」は1916ドル以上3975ドル以下、「中進国」は3976ドル以上6925ドル以下。
(14) このような現象はASEANだけでなく、中南米諸国（アルゼンチン、ブラジル、チリ、メキシコ）でも観察される。
(15) これに加えて、都市化の推進によって消費市場を支える中間層を形成する必要性を説く研究（内閣府2013）もある。

**参考文献**

外務省（2014）「ミレニアム開発目標（MDGs），ポスト2015年開発アジェンダ」（http://www.mofa.go.jp/mofaj/gaiko/oda/doukou/mdgs.html, 2014年10月29日閲覧）.

木村宏恒・大坪滋・伊東早苗（2009）「序章 国際開発学へのいざない」木村宏恒・大坪滋・伊東早苗編『国際開発学入門――開発学の学際的構築』勁草書房，3-26頁.

古森義久（2002）『「ODA」再考』PHP新書.

下村恭民（1998）「経済発展とグッド・ガバナンス――実効ある政策論議への脱皮のために」『国際協力研究』14（1）：1-8.

─── （2006）「新しい視点からのガバナンス論」下村恭民編著『アジアのガバナンス』有斐閣，36-60頁.

下村恭民・辻一人・稲田十一・深川由起子（2009）『国際協力——その新しい潮流（新版）』有斐閣．
内閣府（2013）『世界経済の潮流 2013 年 II〈2013 年下半期世界経済報告〉中国の安定成長に向けた課題』．
西垣昭・下村恭民・辻一人（2009）『開発援助の経済学（第 4 版）』有斐閣．
渡辺利夫（2008）「後藤新平の台湾開発——日本の『開発学』の原点」『環太平洋ビジネス情報 RIM』8 (29)：1-5．
渡邉松男（2003）「東アジア開発と地域協力——日本の取るべき策」日本国際問題研究所 (http://www2.jiia.or.jp/RESR/column_page.php?id=51, 2014 年 10 月 27 日閲覧)．
───（2014）「第 13 章 アフリカの地域統合」坂井秀吉・柳原透・朽木昭文編著『現代の開発経済学』ミネルヴァ書房．
Agenor, P. R., O. Canuto, and M. Jelenic (2012) "Avoiding Middle-Income Traps," *Economic Premise* 98, World Bank, November: 1-7.
Chabal, P. and J. P. Daloz (1999) *Africa Works: Disorder as Political Instrument*, Oxford: James Currey.
Department for International Development (DFID) (2000) *Eliminating World Poverty: Making Globalisation Work for the Poor, White Paper on International Development*, Cm5006.
Felipe, J. (2012) "Tracking the Middle-Income Trap: What is It, Who is in It, and Why? Part 1," *ADB Economics Working Paper Series*, No.306, Asian Development Bank.
Gill, I. and H. Kharas (2007) *An East Asian Renaissance: Ideas for Economic Growth*, Washington, D.C.: World Bank.
International Labour Office (ILO) (1972) *Employment, Incomes and Equality: A Strategy for Increasing Productive Employment in Kenya*, Geneva: ILO.
Krugman, P. (1994) "The Myth of Asia's Miracle," *Foreign Affairs* 73 (6): 63-78.
Morrissey, O. (2002) *British Aid Policy Since 1997: Is DFID the Standard Bearer for Donors?*, CREDIT Research Paper, 02/23．(http://www.nottingham.ac.uk/credit/documents/papers/02-23.pdf, 2014 年 10 月 27 日閲覧)
Nurkse, R. (1953) *Problems of Capital Formation in Underdeveloped Countries*, Oxford: Blackwell.
Sen, A. (1999) *Commodities and Capabilities*, 2nd edition, New York: Oxford University Press.
Summer, A. and M. Tribe (2008) *International Development Studies: Theories and Methods in Research and Practice*, London: Sage.
United Nations (UN) (2014) *The Millennium Development Goals Report 2014*．(http://www.un.org/millenniumgoals/reports.shtml, 2014 年 10 月 27 日閲覧)
U.S. Agency for International Development (USAID) (2002) *Foreign Aid in the National*

*Interest: Promoting Freedom, Security, and Opportunity*, Washington, D.C.: USAID.

Todaro, M. P. and S. C. Smith (2008) *Economic Development*, 10th edition, London: Pearson.［森杉壽芳監訳，OCDI 開発経済研究会訳（2010）『トダロとスミスの開発経済学（原著第 10 版）』ピアソン桐原］

Watanabe, M. and A. Hanatani (2012) "Issues in Africa's Industrial Policy," in A. Noman, K. Botchwey, H. Stein, and J. E. Stiglitz eds., *Good Growth and Governance in Africa: Rethinking Development Strategies*, New York: Oxford University Press, pp. 372-405.

Williamson, J. (1990) "What Washington Means by Policy Reform," in J. Williamson ed., *Latin American Adjustment: How Much Has Happened?*, Washington, D.C.: Institute for International Economics.

World Bank (1990) *World Development Report 1990: Poverty*, Washington, D.C.: World Bank.

———— (1993) *The East Asian Miracle: Economic Growth and Public Policy*, New York: Oxford University Press.

———— (1994) *Adjustment in Africa: Reforms, Results, and The Road Ahead*, Washington, D.C.: World Bank.

———— (2001) *Adjustment Lending Retrospective Final Report, Operations Policy and Country Services*, June 15.（http://siteresources.worldbank.org/PROJECTS/ Resources/ ALR06_20_01.pdf，2014 年 10 月 26 日閲覧）

# Ⅱ. 地域国際関係

# 第5章

# 東アジア国際関係とアメリカ

滝田賢治

## はじめに

　東アジアとはどの地域を指すのかという問題に関しては2つの定義がある。一つは東南アジアと北東アジアからなる地域という定義、もう一つは中国・台湾・朝鮮半島・日本を含む北東アジアとする定義である。本章では前者の立場に立ちつつも、北東アジアに対する第二次世界大戦終結期以降のアメリカの政策を考察する。
　「諸大国の間の長期にわたる戦争」と定義できる大規模戦争は、既存の国際秩序を破壊し新たな秩序形成を引き起こしてきた。ナポレオン戦争、第一次世界大戦そして第二次世界大戦は、いずれも物的にも人的にも取り返しのつかない甚大な被害と言い知れぬ悲しみや怨念を生み出しながら、新たな国際秩序を生み出す契機となった。とくに第一・二次世界大戦は、第一・二次産業革命により軍事技術が飛躍的に「発展」した後に勃発したため、その惨禍は人類史上、稀に見る筆舌に尽くしがたいものであった。大規模戦争を勝利に導いた諸大国が、この新しい国際秩序を構築するうえで主導権を握るのが歴史の定理であった。しかし4300万人もの人々を死に至らしめた第二次世界大戦が終結した後、国際秩序の構築をめぐって米ソの間で対立が深刻化していった。それは第一次世界大戦を「利用」しながらボリシェビキが社会主義革命を成就させて成立したソ連が、資本主義を否定する社会主義を国家存立の原理としていたうえに、主としてナチス・ドイツとの戦争で2000万人ものソ連国民を犠牲にしたため、ソ連周縁部に軍事的防壁としての勢力圏（ソ連の衛星国）の構築に必死であったからである。

## 1. 第二次世界大戦と米ソ冷戦——新たな国際秩序の形成

　第二次世界大戦期、米英を中心とした連合国のグランド・ストラテジーにおいてはナチス・ドイツ打倒が第一順位で、日本打倒は第二順位に置かれていたため、連合国の一員であった中国（国民党支配下の中華民国）への軍事的支援は十分に行われず、国民党軍は日本との戦争ばかりでなく延安を拠点とする共産党軍（八路軍）との散発的衝突に対応しなければならず、国力を消耗させていた。しかしアメリカは「大日本帝国」打倒後、中国をアジアにおける安定勢力に育て上げていく「中国大国化政策」（民主的で統一された大国中国の実現）を堅持していたので、中国戦線の崩壊は絶対に避けねばならないことであった。現実には限られた軍事力と軍事物資は、ヨーロッパ戦線に送らなければならなかった。中国戦線の崩壊は阻止しなければならなかった。この２つの制約条件の下でアメリカのルーズヴェルト政権がとりえた政策が、中国を大国として扱い、戦後は大国として育成していく方針を堅持していることを示すためのモラル・サポートであった。カイロ会談（1943年11月22〜27日）はその象徴的出来事であった。この会談はルーズヴェルトとイギリスのチャーチル首相が中国の蔣介石を「三大同盟国」の一員として遇する場であり、最終日に発表されたカイロ宣言は「日本国より1914年の第一次世界大戦の開始以後に於いて日本国が奪取し又は占領したる太平洋に於ける一切の島嶼を剝奪すること並びに満州、台湾及び澎湖島の如き日本国が清国人より盗取したる一切の地域を中華民国に返還すること」をこれら三大国の目的であることを宣言した。

　イデオロギー的には米英と対立するソ連ではあったが、大戦中は共通の敵であるナチス・ドイツを打倒するために「奇妙な大同盟」を組み、カイロ会談直後に開かれたテヘラン会談（ルーズヴェルト、チャーチル、スターリン）でスターリンは「対独戦終結後、2〜3ヵ月で対日戦争に入る」意思のあることを米英首脳に伝えていた。独日との戦争で連合国が勝利する可能性が高まってきた1944年夏から秋にかけて、米英が中心となり戦後国際秩序についての議論が具体化していった。1944年7月のアメリカ・ニューハンプシャー州で開かれたブレトンウッズ会議では戦後の新しい国際通貨制度

について議論され、金1オンス＝35米ドルを前提としたブレトンウッズ体制（IMF〈国際通貨基金〉とIBRD〈国際復興開発銀行＝世界銀行〉）が設立された。続いて8月から10月にかけてはアメリカ・ワシントンDCでダンバートン・オークス会議が開かれ、国際連合の設立が決定し、翌45年4月にはサンフランシスコで国連憲章制定会議（51ヵ国が調印）が開催された。

　このように米英ソは戦後の新しい国際秩序作りに向け協力しつつ、独日打倒後、両国に対して採用する政策とヨーロッパと東アジアにおける地理的秩序、すなわち新たな国境線の設定を具体的に煮詰めていった。まず1945年2月、ソ連・クリミア半島で米英ソ首脳（ルーズヴェルト、チャーチル、スターリン）がヤルタ会談を開催し、「ヤルタ協定」（「クリミア会議の議事に関する議定書」）といわゆる「ヤルタ秘密協定」（「ソ連の対日参戦に関する協定」）に同意した。前者ではドイツの分割や賠償問題、戦争犯罪人について言及するとともに、ヨーロッパ各地域の政治体制や国境線について合意した。後者が秘密とされたのは、日ソ中立条約がある中でソ連の対日参戦が明らかになると日本がソ連極東部に侵攻してくることをスターリンが危惧したためであった。この秘密協定では、①外モンゴルの現状維持を承認すること、②樺太南部およびこれに隣接するすべての諸島をソ連に返還すること、大連を国際化しソ連の優先的利益が擁護され、旅順港をソ連の海軍基地としてソ連が租借できること、東支鉄道と南満州鉄道はソ連の優越的利益が擁護される形で中ソ合同会社により運営されること、③千島列島はソ連に引き渡されること、を米ソが認めることを前提に、ソ連が対独戦争終結後、2～3ヵ月で対日参戦することが約束された（地図1）。

　1945年5月初旬、ナチス・ドイツが降伏した後、連合国は総力をあげて日本攻略に動き出した。日本の降伏が時間の問題となった45年7月末、連合国占領下のドイツで開催されたポツダム会談（トルーマン、チャーチル／アトリー、スターリンが参加）では、7月26日にポツダム宣言が発せられ、一方でドイツの非ナチス化・非武装化と連合国による共同管理を、他方で日本の無条件降伏、非武装化・民主化を宣言した。

　1945年8月、アメリカ軍による広島（6日）、長崎（9日）への原爆投下とソ連の対日参戦（8日）により、8月14日、日本は無条件降伏を受け入れざるをえなかった。日清・日露戦争の結果、獲得した台湾・澎湖島と樺太南

出所：藤村信『ヤルタ 戦後史の起点』岩波書店、1985年、191頁。

**地図1　ヤルタ秘密協定で言及された東アジア地域**

部、韓国併合により勢力圏に組み込んだ朝鮮半島全域、第一次世界大戦後に獲得した南太平洋上の旧ドイツ領、満州国を含む大日本帝国は、連合国により完膚なきまでに解体されることになった。「力の空白」を埋めるのはどの国か、をめぐり米ソはヨーロッパと東アジアで対立・緊張することになった。ヨーロッパではドイツの分割統治やポーランドの政治体制をめぐり米ソの対立が深まりつつあった。47年3月のトルーマン・ドクトリンの発表と、これを受けた6月のマーシャル・プランの発表に対して、ソ連が激しく反発し米ソ対立を決定的にした。冷戦状況が発生しつつある中、アメリカでは国務省企画室長のG・ケナンが中心となって「非軍事的手段による限定的な対ソ封じ込め」を柱とする冷戦政策を策定し、冷戦政策＝封じ込め政策と一般的には考えられるようになった。

　一方、東アジアでは日本が実質的にアメリカによる単独占領に置かれ、1945年9月2日に日本は降伏文書に署名した後、「降伏後に於ける米国の初期対日方針」(9月22日)の発表を受け、本格的に占領政策が開始された。その基本政策は、それまでのさまざまな文書、宣言で繰り返し強調されたよ

うに、非軍事化と民主化を進めることであった。ワシントンDCに置かれた極東委員会が形式上はアメリカ政府に指示を与え、アメリカ政府が「中間司令権」により東京のGHQ（連合国総司令部）——具体的にはそのトップに君臨するSCAP（連合国軍最高司令官）——に「司令」し、GHQ はそれ独自の判断を加えて日本政府に非軍事化・民主化を促進する政策について司令・指示を与えるという間接統治が行われていった。

　朝鮮半島は結果的には米ソによって分割統治され（38度線）、1948年8月にはアメリカ軍が駐留する大韓民国が、9月にはソ連軍が駐留する朝鮮民主主義人民共和国が朝鮮半島の南北に成立した。中国大陸では国共内戦の結果、中国共産党軍が勝利して49年10月、中華人民共和国を樹立し、翌50年2月には前年8月に原爆実験に成功していたソ連と同盟条約を締結した。内戦に敗北した国民党は台湾に逃れていった。辛亥革命以来、アメリカが中国の正統政府として承認していた国民党政府が台湾に「叩き出される」形になり、中国共産党が中国大陸を実効的に支配するに至り、アメリカでは「中国の喪失」感情が広まっていった。

　こうして東アジアでは朝鮮半島の38度線と台湾海峡をはさんで米ソ両国の勢力圏が明確な形で形成されつつあった。ヨーロッパにおける冷戦とタイムラグを置いて、東アジアでも冷戦が発生しつつあるという認識が広まっていった。大日本帝国解体により生じた「力の真空」は核保有国・米ソを後ろ盾とした勢力により、力により埋められつつあった。

　その結果、非軍事化・民主化政策に基づき戦争責任者の公職追放・財閥解体・実物賠償の実行を軸としたアメリカの占領政策は「逆コース」をたどることになる。東京裁判で終身刑を宣告された「戦争犯罪人」は解放され、財閥解体方針は緩和され、東アジア諸国に対する実物賠償もやがて中止されることになった。

## 2．東アジアの2つの戦争——朝鮮戦争・ベトナム戦争とアメリカの対応

　ヨーロッパにおける米ソ冷戦状況が東アジアに波及し、対日占領政策が「逆コース」をたどり始めていたときに、新中国＝中華人民共和国が成立し、

翌1950年6月25日北朝鮮が38度線を越え韓国領内に侵攻し朝鮮戦争が勃発した。東アジアにおけるこの2つの事態は、すでに46年末から始まっていた第一次インドシナ戦争の成り行きとともにアメリカの東アジア政策を方向づけることになる。

1950年1月12日トルーマン政権の国務長官D・アチソンは「（東アジアにおける）アメリカの防衛線は、アリューシャン・日本・沖縄・フィリピンを結ぶ線である」（「不後退防衛線演説」）と演説し、韓国・台湾をこれから除外する方針を明らかにしてしまった。これも要因となって北朝鮮の南進を誘発したのである。当初は北朝鮮軍が優勢であったが、在韓米軍が国連軍の旗の下に反撃を開始したため、中国はソ連・スターリンの同意を得つつ中国人民義勇軍を派遣し、アメリカ軍は史上初めて中国軍と戦火を交えることになり朝鮮戦争は泥沼化していった。53年7月27日朝鮮休戦協定が結ばれ、38度線の北数キロの地点に非武装軍事境界線（DMZ）が引かれ、これをはさんで南北それぞれ2キロメートルの非武装中立地帯が設定され、今日に至るまで固定化している。アメリカおいては実質的に中国に敗北したという心理的打撃は大きく、数年前の「中国の喪失」と相俟って「共産中国」と共産主義に対する恐怖と憎悪をアメリカのパワーエリートに植えつけることになった。その結果アメリカは、それまで比較的柔軟だった中国政策を中国敵視・台湾擁護政策へ転換させていき、38度線と台湾海峡は「冷戦のアジア戦線」の最前線となっていったのである。「アジアの冷戦」「日本冷戦」あるいは「国内冷戦」という用語を使う論者もいるが、冷戦とはあくまで米ソを中心とするグローバルな対立関係を指す以上、地域的に「分割」した用語法は間違いである。

朝鮮戦争と米中軍事衝突によって、アメリカのトルーマン政権とSCAP／GHQは日本の再軍備化と早期の対日講和条約締結の必要性を痛感した。日本の非軍事化を占領政策の柱の一つとしていたGHQはこれを転換し、朝鮮戦争勃発直後の1950年8月10日、日本政府に警察予備隊を緊急に設立させた。「冷戦のアジア戦線」が顕在化したため、トルーマン政権とGHQ、さらに日本国首相・吉田茂は早期講和を決断した。アメリカは、早期講和により日本を「独立」させることは占領経費の廃止を意味し、さらに日本を国際社会、具体的にはアメリカが主導して設立した国連やIMF・世界銀行、

表1　アメリカ中心のハブ・スポーク型軍事同盟網

| | | |
|---|---|---|
| 1951 年 | 8 月 | 米比相互防衛条約 |
| | 9 月 | 日米安全保障条約 |
| | 9 月 | ANZUS 条約（太平洋安全保障条約） |
| 1953 年 | 10 月 | 米韓相互防衛条約 |
| 1954 年 | 9 月 | SEATO（東南アジア条約機構） |
| | 12 月 | 米台相互防衛条約 |

GATT に加盟させアメリカの国益に貢献させることができると判断したのである。講和条約締結にあたっては、日本が戦ったすべての国家との講和、いわゆる全面講和をするべきであるとの主張もあったが、吉田首相は米ソ冷戦が顕在化した状況の下では、アメリカが主導する自由主義陣営との連携を強化することが日本の国益となると判断して単独講和（片面講和）を選択した。日本は 1951 年 9 月 8 日、サンフランシスコ講和会議で講和条約に調印した。この選択も要因となって「冷戦の日本戦線」が形成され、55 年体制の構築につながった。この講和条約では、戦中・戦後に連合国が発した各種の宣言で言及されていた日本の旧領土は放棄させられ、当初は実物賠償であった賠償は役務賠償への転換を認められた。講和条約は翌 52 年 4 月 28 日発効し、日本は国際法上は独立国となった。対日講和条約調印に合わせ日米は、ソ連を潜在敵とする日米安保条約に調印し、警察予備隊は同年 10 月 15 日には保安隊に改組され、さらに 54 年 7 月 1 日設立された防衛庁に改組された。

　「冷戦のアジア戦線」の拡大に伴い、アメリカは自国を中心とするハブ・スポーク型の軍事同盟網を構築していった（表1）。朝鮮特需により経済成長の軌道に乗り高度工業国家となりつつあった日本が、この「アジア戦線」で在日米軍を財政的にも技術的にも支える役割を担わされたのである。

　1954 年 9 月初旬、中国は台湾海峡の大陸側ある国民党支配下の金門・馬祖島への砲撃を開始し、再び東アジアに軍事的緊張が走った。53 年 7 月に朝鮮休戦協定が、さらに 54 年 7 月にはインドシナ休戦協定が成立して、中国周辺部での軍事的緊張が低下したタイミングを狙って、中国は「未回収の中国」である台湾を「回収」するため手始めに両島を攻撃したというのが一般的な解釈である。12 月アメリカは台湾の国民党政府と米台相互防衛条約

を締結し、アメリカ軍が台湾にも駐留することになった。中国の意図とは逆に、アメリカは日本、韓国、台湾、フィリピンに軍を駐留させ対ソ・対中封じ込め網をさらに強化していった。

　東南アジアにおけるベトナム戦争の激化により東アジアのアメリカ同盟国も巻き込まれることになった。1954年7月20日のインドシナ休戦協定（ジュネーブ協定）では南北統一選挙の実施が規定されていたが、ベトナム南部にベトナム共和国（南ベトナム）を樹立したゴ・ディン・ジエムは自ら初代大統領に就任して、選挙の実施を拒否した。協定違反を激しく非難したベトナム民主共和国（北ベトナム）のホーチミンは、59年1月「もっとも好戦的な帝国主義者たるアメリカの支援を受けた南部の政権を転覆させる」と宣言した。弾圧を繰り返すジエム政権へ国民の反発も高まり、60年2月に結成された南ベトナム民族解放戦線を密かに支援する南の国民も増えていった。61年1月に成立したケネディ政権は、翌62年2月に南ベトナム軍事援助司令部を設置し、直接的にはベトコンと、間接的には中国とソ連の援助を受けた北ベトナムとのベトナム戦争に巻き込まれていった。

　沼沢地やジャングル、地下壕を動き回るベトコン（「ベトナムのコミュニスト」という意味で西側世界で使われていた南ベトナム民族解放戦線の蔑称）との非対称戦争は泥沼化していき、1965年2月、ジョンソン政権は北ベトナムを直接攻撃する北爆を開始し、ここにベトナム戦争は「アメリカの戦争」に変化して（2003年以降のイラク戦争前の段階では）「アメリカ史最長の戦争」となったのである。65年末には18万人強、67年には48万人もの兵力を「アメリカの戦争」となったベトナム戦争に投入したにもかかわらず、68年1月のベトコンのテト攻勢以来ベトコンと北ベトナムの大攻勢を受け、同年末段階でアメリカ軍の戦死者は3万人を超え、負傷者・行方不明者を含めると被害者は20万人にも達していた。ベトナム戦費は68～69年には340～350億ドルに達していた。このころにはアメリカ各地でベトナム反戦運動が激化したばかりでなく、世界各地でも反戦運動が高揚していた。ベトナム戦争終結を掲げて69年1月20日に大統領に就任したニクソンは、キッシンジャー補佐官にベトナム和平工作を指示し、73年1月27日にパリでベトナム和平協定を実現した。これ以後、アメリカ軍は撤退を進め、75年4月26日、北ベトナム正規軍により南ベトナムの首都サイゴンは陥落した。最終的

にはアメリカ軍の死者5万6000人、負傷者30万人に達し、61～73年までに総額1400億ドルの戦費と核兵器以外のあらゆる近代兵器を投入したにもかかわらず、アメリカは敗北したのである。

## 3. 東アジア国際秩序の変容──米ソ中「三角関係」とアメリカの対応

　アメリカがベトナムへの介入を進めている間に、米ソ中関係には第二次世界大戦後の国際秩序を大きく変容させる現象が起きていた。第一に核軍備管理の進展、第二に中ソ対立の深刻化であり、その結果、①米中接近とアメリカ同盟国の自立化、その結果としての東アジアの経済的発展、②ベトナム戦争終結と東南アジアの経済的発展、③米ソ・デタントの推進とアメリカが中ソに対して優位に立つ、という事態が発生したのである。

　1962年10月のキューバ危機で米ソは「核戦争により全人類破滅の深淵」を覗き込んでしまったために、核軍備管理の枠組みを構築していった。米ソ間にホットラインを開設し（米ソ直通通信協定：1962年6月20日調印）、米英ソ部分的核実験停止条約（PTBT）（63年8月5日調印）と核拡散防止条約（NPT）（62ヵ国：1968年7月1日調印）を米ソが主導して締結し、核戦争発生の可能性を低減させる努力を試みた。

　ソ連の同盟国であった中国はソ連がキューバ危機に際してアメリカに譲歩したことを社会主義陣営に対する裏切りとまで断じ、さらに核軍備管理の動きを米ソによる「核の独占体制」であると反発した。この中国の動きの背景にはさまざまな理由が存在していた。中国が核技術を獲得することに強い意欲を持っていることに危機感を抱いたソ連のフルシチョフ第一書記が、中国への原子力技術の提供を停止したこと（1960年7月16日）や歴史的にロシア帝国に領土が奪われたこと、さらには国際社会主義運動の主導権をめぐる対立も存在していた。こうして中ソ対立は抜き差しならぬレベルに達していた。中国は、同じく米ソによる「核の独占体制」に反発して独自に核実験を進めていたフランスと国交を結び（1964年1月27日）、フランスからの技術提供によって64年10月に原爆実験、67年6月に水爆実験を敢行した。中国は自国の動きを冒険主義と警戒していたソ連と長大な国境付近で頻繁に

軍事衝突を繰り返していたが、69年3月2日に発生したウスリー江ダマンスキー島（珍宝島）での軍事衝突は、両国間で核戦争が起こりかねない深刻な事態であった。この事件は、結果的にはベトナム戦争終結と米中接近、さらには米ソ間のデタントを引き起こす一大契機となったのである。これにより東アジア国際政治において米ソ中がグレートパワー・ゲームを開始することになった。米ソ中の三極ゲームにより、アメリカはソ連に対して「チャイナ・カード」を切ることになり、中国は国内の文化大革命を終息させて改革開放政策へ移行する条件を得たのである。

中ソ間の本格的戦争の可能性を前に、ソ連極東空軍が対中核攻撃の準備を整えている可能性があることを偵察衛星で察知したことを知らされたニクソン大統領は、これを中国政府に通報するとともに、中国との本格的な関係正常化を目指しキッシンジャー補佐官に秘密接触を指示した。1971年7月15日ニクソンは翌72年2月に北京を訪問すると発表して世界を驚愕させたが、冷戦期に一貫してアメリカの指示を守ってきた同盟国の衝撃は計り知れなかった。米ソ冷戦を戦うために同盟国に軍事・経済援助をして財政的困難に見舞われていたうえに、ベトナム戦争の泥沼化により戦費が膨大になっていたために、69年1月の政権発足直後から同盟国に対しては軍事的自立化を促し始めた。すなわちベトナム戦争最中の69年7月25日、ニクソンは南ベトナムを意識しながら「アメリカは核の脅威に対しては同盟国に保護を与えるが、それ以外の脅威に対して同盟国は自らの責任で防衛すべきである」ことを内容とするグアム・ドクトリン（のち、ニクソン・ドクトリンともいわれる）を発表した。直接的には「ベトナム戦争のベトナム化」を促したものであったが、南ベトナム政府ばかりか日本を含む東アジアの同盟国にも衝撃を与えた。これら矢継ぎ早に打ち出されたニクソン政権の外交政策は、アジアの同盟諸国を「自主外交」に走らせる契機となり、結果的にはアメリカからの相対的自立も促した。アメリカから24時間前にニクソン訪中を知らされた日本（当時は佐藤栄作内閣）は、いわば「梯子を外された」ショックもあり、72年2月にモンゴルと、73年9月には当時の北ベトナムと国交を樹立した。

1972年5月15日の沖縄返還は、沖縄自体の長年の復帰運動と日本政府の強い要望が最大の原動力となって実現したものではあることは事実であるが、アメリカ政府とすれば経済的負担を軽減するために同盟国に自立化を促

したという側面もある。ベトナム戦争最中の 67 年 8 月 8 日アメリカの後押しも受け結成された「ASEAN（東南アジア諸国連合）」は反共色の強い組織であったが、71 年 11 月 27 日の第 1 回 ASEAN 特別外相会議（クアラルンプール）で「東南アジア中立地帯宣言」を行い、ASEAN も経済協力を大きな目的とする組織へとその性格を変容させた。

冷戦期の同盟国援助とベトナム戦争戦費により「ドルの散布（ドルの垂れ流し）」を行って財政赤字が累積していったうえに貿易赤字も累積していったため、ドルへの不信が広まり（「ドル不安」）、ニクソンは 1971 年 8 月 15 日、金・ドルの交換停止を発表し、これも世界に衝撃を与えることになった。実際には 73 年から変動相場制に移行し、第二次世界大戦後アメリカが主導して設立したブレトンウッズ体制は実質的には終焉したのである。2 つのニクソン・ショックは、戦後アメリカの国力の相対的衰退と対外政策の転換を象徴するものであった。

1972 年 2 月 21 日（〜 28 日）訪中したニクソン大統領は、台湾問題が最大のネックとなって中国と国交を樹立することはできなかったが、双方の首都に連絡事務所を設置することにより正常化を進めていった。アメリカは米中関係の正常化を背景に、北ベトナムを軍事・経済的に支援していると判断していた中国も利用して、パリ和平会談でベトナムに影響力を行使することを期待した。実際に中国の影響力が機能したかどうかは史料的には明らかでないが、米中接近は北ベトナム指導者たちに心理的には影響したと推測できる。先のグアム・ドクトリンと米中接近により東アジア国際環境の急変に衝撃を受けた日本は、アメリカの予想を上回る速度で日中国交正常化を進め、72 年 9 月 29 日、日中共同声明を発表した。かつて核超大国の米ソと対峙していた——アメリカとは東アジアの諸同盟国・米軍基地や第七艦隊と、ソ連とは長大な国境をはさんで——中国は、アメリカの軍事的圧力から解放された。隣国ベトナムでの戦争は終結しつつあった。中国は東アジア国際環境と国内政治状況の変化を追い風にして、1978 年以降「4 つの現代化」を実現するために「改革開放政策」を推進し、東アジア地域のアメリカ同盟国との外交関係を確立して、日米ばかりでなく東アジア地域の諸国から製品・技術・資本の移転が可能となった。同時に、米中対立の緩和、ベトナム戦争の終結は、東アジア地域を「成長のセンター」に押し上げる要因となったので

ある。

　米中接近により「チャイナ・カード」を握り、ソ連に対して優位に立ったとはいえアメリカに並ぶ核超大国はソ連をおいて他になく、ソ連とデタント政策を進めていかざるをえなかった。それには軍事費の削減につながる効果も期待されていた。米ソ間のグローバルな核軍備管理は精緻化していったが、東アジアでソ連は米中日3ヵ国に包囲されているという認識を深め、この包囲網を打破すべく、ベトナムのカムラン湾や太平洋の島嶼国家への経済援助と引き換えにソ連極東海軍の寄港地を構築していった。1979年末、ソ連がアフガニスタンに侵攻したことにより新冷戦状況が発生したが、アジア・太平洋地域ではソ連海軍の活発化がこの新しい状況を象徴していた。

　1980年代前半、米ソ新冷戦状況が発生したうえに、朝鮮半島のDMZと台湾海峡をめぐる緊張は依然残っていたが、米中・日中関係の緊密化は、それまでのイデオロギー対立を中心とした冷戦状況を徐々に溶解し、「冷戦のアジア戦線」を解体していった。ゼロサム的なイデオロギー・ポリティクスから妥協も可能にするパワー・ポリティクスが復活したという見方も可能であろう。

## 4．冷戦終結とアメリカの東アジア政策

　1989年前後の東欧革命の進展によって進んだ冷戦体制の解体プロセスは、最終的にはソ連そのものを崩壊させ（1991年12月末）、その結果「冷戦のアジア戦線」も解体させた。しかし「冷戦のアジア戦線」の解体は、また新たに深刻な問題を東アジアに生み出すことになり、冷戦後のアメリカ政権は、これらに対応することになる。その最たる問題が、(1) 北朝鮮の核開発・ミサイル問題、(2) 中国の台頭と単独主義的拡大政策であることはいうまでもない。

　(1) 東アジア国際環境が激変する中で、韓国はソ連（1991年12月以降ロシア）・中国と国交を樹立したため（韓ソ：1990年9月30日、韓中：1992年8月24日）、北朝鮮は孤立感を深め、一貫して反対していた国連への南北同時加盟を受け入れ、両国は91年、国連に加盟した。しかし中ソ（露）からの経済

援助が途絶えたこともあり、北朝鮮は発電用原発建設を理由に1994年6月、核実験炉から燃料棒を抜き取ったため、アメリカのクリントン大統領は核施設を空爆破壊する計画を立てた。しかし北朝鮮は「ソウルを火の海にする」と恫喝し、韓国も空爆に反対し朝鮮半島危機が発生した。カーター元大統領が訪朝し軽水炉型発電所を無償で建設するためのKEDO（朝鮮半島エネルギー開発機構）を立ち上げ、日韓が費用を負担することになった。しかしその後、北朝鮮はこの合意を無視して核実験とミサイル発射実験を繰り返し、北朝鮮問題は現在もアメリカにとって東アジアにおける最重要課題となっている。また北朝鮮問題には、万一この国が崩壊するとき、中国とロシアがどのような対応をするかのシナリオを想定し、アメリカ自体がそれぞれのシナリオに対応する準備をすることになる。その場合、日米安保を前提とする以上、否が応でも日本もアメリカの対応に巻き込まれることになる。

（2）冷戦終結期に発生した湾岸戦争（1991年1月17日～4月11日）でハイテク兵器を駆使したアメリカ軍の圧倒的優越性を目の当たりにした中国は、一方で国際政治を「一超多強」構造であるととらえ、これを多極化させる必要性を痛感しながらも、他方で中国経済を安定軌道に乗せるためにもアメリカとの協調関係を重視せざるをえなかった。1999年5月、ベオグラードの中国大使館がNATO軍に「誤爆」された事件に対しても、2001年4月、米海軍哨戒機と衝突した中国軍戦闘機が海南島付近に墜落した事件に対しても、中国は抑制的対応に終始したのである。しかしこうした事件の後、中国は急激に技術力と軍事力の強化をアピールし始めた。それは中国のGDPが急拡大し始めた時期と符合する。中国がアメリカとの交渉の末、2001年末にWTO（世界貿易機関）に加盟できたことをきっかけに、21世紀に入り世界の工場として高度経済成長を実現することができたからである。21世紀初頭段階では、とくに東アジアで高まった中国脅威論に対抗するため胡錦濤政権は平和台頭論を提起し、極力、国際社会の理解を得ようと努力した。しかし現実には南シナ海における軍事力を行使した単独主義的な拡張主義を展開し、さらに第一列島線を突破して西太平洋を勢力圏に置こうとして、関係国ばかりでなくアメリカも警戒心を高めざるをえなかった。

とはいえ米中経済関係は緊密の度を増しており、中国はアメリカ国債の最大の保有国であり最大の貿易相手国となっている。軍事的には警戒し、経済

的には相互依存が高まっているという矛盾した関係を調整するために、米中戦略的経済対話が2006年9月20日にブッシュJr.大統領と胡錦濤・国家主席の間で実施されることが決定された。両国の最高首脳レベルにより、両国の経済関係の現状と将来について率直に意見交換する場として設定されたが、人民元の為替操作やアメリカ側の貿易赤字問題などの経済分野ばかりでなく、サイバー攻撃や南シナ海の領有権問題など広範な問題が討議された。

　2009年1月に成立したオバマ政権の対中政策も軍事的には警戒し、経済的には協調せざるをえないという前政権の路線を基本的には踏襲したが、国内政策ばかりでなく外交政策そのものをめぐる激しい党派対立により、オバマ政権の対中政策は振幅の大きいものとなった。同政権にとって喫緊の外交課題はアフガン・イラク戦争の終結であり、共和党の反対を押し切りながらこれら地域からの兵力撤収を進めつつ、中国の膨張主義的外交に対してアメリカの安全保障政策の主軸をアジア・太平洋に傾斜させるリバランシング政策を推進した。ブッシュJr.政権のラムズフェルド国防長官が進めた米軍再編をさらに進めて世界各地の米軍をこの地域にシフトすることになった。しかしこの中東・西アジア地域からの「撤退」による「力の空白」が生まれたことにより、シリア内戦やイスラム国の暴走、さらにはロシアのクリミア・ウクライナ東部への「力による浸透」という事態引き起こす結果となっている。

　経済的には米中経済関係を維持・発展させていくことは不可避であり、オバマ政権第一期のヒラリー・クリントン国務長官が前政権期に設立された「戦略的経済対話」と「上級対話」を統合した「戦略・経済対話（S&E Dialogue）」を提案し、2009年7月に第1回対話が実現した。これを背景に11月にはオバマ大統領が訪中し両国の「主権と領土」と「核心的利益」を相互に尊重することに同意した。しかしオバマ政権の対中融和的姿勢と、中国における胡錦濤政権から習近平政権（2013年3月成立）への政権移行期特有の政治的不安定を背景に、中国が南シナ海・東シナ海への一方主義的拡張政策を強行するようになり、周辺諸国との緊張を高めているが、オバマ政権は行動規範の作成や国際法の順守を強調するだけで、有効な対策をとりえていないのが現状である。

## おわりに

　アメリカは米ソ冷戦の現実があったにもかかわらず、否、冷戦の現実があったからこそソ連ブロック以外の領域で覇権性を発揮することができた。しかしこの覇権性を維持するコストがアメリカのハード・ソフト両面の国力を相対的に衰退させていったのも事実である。東アジアにおいてはハブ・スポーク型の同盟網の維持コストを負担し、自由・人権・民主主義という基本的価値の実現を高く掲げながらも、米ソ冷戦の下で熱戦である朝鮮戦争、ベトナム戦争を戦ったために、アメリカのソフト・パワーも軍事力・経済力を中心としたハード・パワーも相対的に衰退しているのは事実である。それはアメリカ自体の対外行動の結果であるとともに、冷戦終結とグローバリゼーションによりかつて社会主義圏や第三世界に属していた国家の中から高度経済成長を達成しつつある新興国が出現したため、アメリカが相対的に衰退してきたからでもある。そのトップランナーが中国であり、その膨張主義的対外行動は第一次世界大戦前におけるドイツの世界政策の展開を想起させるが、北朝鮮問題をはじめとする東アジアの諸問題を解決するためには国連安保理常任理事国である中国と協調していかざるをえない。「対話と圧力」ならぬ「対話と抑止」を対中外交の基軸としていかざるをえないであろう。

**参考文献**

秋元英一・菅英輝（2003）『アメリカ20世紀史』東京大学出版会.

佐々木卓也編（2009）『戦後アメリカ外交史』有斐閣アルマ.

滝田賢治編（2013）『アメリカがつくる国際秩序』ミネルヴァ書房.

ナウ，ヘンリー・R（2005）『アメリカの対外関与』村田晃嗣・石川卓・島村直幸・高橋杉雄訳，有斐閣.

渡辺昭一編（2006）『帝国の終焉とアメリカ』山川出版社.

第6章

# 地域統合と東アジア

菊池　努

## はじめに

　本章では、東アジアの地域統合を、この地域に形成されてきた、政治、経済、安全保障の分野での国家間の地域制度の形成と動態を通じて検討したい。欧州などの他の地域と比べると、東アジアは戦後長い間地域制度が不在の地であった。相互の不信感は根強く、東アジア諸国は近隣の諸国と協力するよりも、遠方の地にあるアメリカなどの有力国との2国間関係やGATT（関税及び貿易に関する一般協定）などの国際制度の下で政治と経済を運営してきた。東アジアでの地域制度といえば、東南アジアを基盤としたASEAN（東南アジア諸国連合）などに限定された。

　冷戦の終結とほぼ軌を一にして、東アジアでも地域制度形成の機運が高まる。「アジア太平洋」や「東アジア」を基盤とする、経済や政治、安全保障の分野での多様で重層的な地域制度が形成された。自由貿易協定も数多く結ばれ、「ヌードル・ボール現象」といわれるほど入り組んだ自由貿易協定のネットワークがこの地域には張り巡らされている。今日では、TPP（太平洋経済連携協定）やRCEP（東アジア包括的経済連携協定）という巨大な規模の自由貿易協定の交渉が行われている。地域制度不在の地域と呼ばれたアジアは今、地域制度の過剰状態が生まれている。この複雑で錯綜した地域制度形成のプロセスと動態を解明することが本章の課題である。

　本章は3つの節からなる。第1節では1980年代末からの政治安全保障と経済の両分野での地域制度の形成の歴史を素描する。第2節では、そうした地域制度形成を促した政治、経済、安全保障上の要因と地域制度の動態を検討する。アジアでは経済的な域内相互依存関係の深化と経済競争の激化、経

済成長の格差に伴う国家の力関係の変化、アジアの国際関係を律するルールや規範をめぐる対立などが顕著になっている。国際関係の不透明性が高まり、各国は将来に懸念と不安を抱いている。本節では、こうした懸念や不安への国家の対応として地域制度をめぐる外交過程をとらえ、その動態を描く（菊池 2011）。第 3 節は、現在交渉中の TPP と RCEP、そして中国の動きを中心に検討する。異なる組織原理と規範に基づく 2 つの地域制度（「2 つのアジア」）の可能性を論じる。最後に本章の議論をまとめる。

## 1. 東アジアの地域制度の歴史

1980 年代末以降アジアには、APEC（アジア太平洋経済協力会議）、ARF（ASEAN 地域フォーラム）、ASEAN＋3（日中韓）、EAS（東アジア首脳会議）、日中韓首脳会議、ADMM プラス（ASEAN＋8 ヵ国国防相会合）など多様な地域制度が構築された。この中でもっとも包摂的な地域制度は、1989 年に発足した APEC と 1994 年に始まった ARF である。

APEC は GATT ウルグアイ・ラウンド交渉の停滞、アジア太平洋における経済摩擦の激化などに対処し、経済相互依存が深まりつつあるアジア太平洋諸国の経済関係を安定的に管理するために日豪両国の提案で構築された地域制度である。APEC では、アメリカ政府が議題設定や組織運営に影響力を行使するようになると、これへの警戒心が加盟諸国の間に高まる。マレーシアのマハティール首相（当時）の東アジア経済グループ（EAEG）構想は、アメリカの巨大な力に対抗して、日本を中心にアジア諸国の結束を唱えたものであった。東アジア諸国間の経済的な結びつきが深まるとともに、アメリカの主導性が強く反映される APEC へのアジアの途上国の関心は低下するが、2014 年 11 月の北京での APEC 首脳会議に見られるように、アジア太平洋という広域的な地域自由貿易協定（FTAAP）の基盤としての APEC の役割に再び関心が集まることになる。

ARF は冷戦後のアジア太平洋の安全保障環境の不透明性、不確実性の増大に対して、日本や ASEAN 諸国が主要大国を含む安全保障対話を通じて相互の信頼を醸成し、協調的な安全保障の仕組みをアジアに構築しようとし

て始まったものである。つまり、冷戦後の安全保障環境の変動がこの地域にもたらすかもしれない相互不信と緊張の激化（「安全保障ディレンマ」）を防ぐことを主要な目的としていた。ARFでは、主要大国すべてを内部化したフォーラムで大国同士を相互に牽制させることでその行動を抑制しつつ、安全保障対話を通じて相互信頼を高め、紛争の平和的解決の規範などを地域に浸透させることに努力が傾注された。

　1990年代の後半を迎えると、それまでの「アジア太平洋」ではなく、「東アジア」を基盤とする地域制度形成の動きが顕在化する。1997年のアジア通貨危機はその契機となった。ASEAN＋3が同年に発足し、2005年には同じ諸国からなる東アジア首脳会議（EAS）が始まる。ASEAN＋3は、1999年に首脳レベルの「東アジア協力宣言」を発表し、広範囲にわたる地域協力の推進に合意した。「東アジア・ビジョン・グループ」がこの地域の協力に関して包括的なビジョンを提示し、将来の目標として「東アジア共同体の形成」を提唱した。ASEAN＋3の制度化も進み、首脳会議のほか、関係閣僚会議が数多く設立され、通貨の相互融通の仕組み作り（「チェンマイ・イニシアティブ」）、エネルギー協力（共同備蓄）、アジア債券市場の育成などの取り組みが行われている（菊池2001）。

　2010年にはEAS加盟国の拡大が実現し、アメリカとロシアが参加することになる（参加は翌2011年）。この結果、「東アジア」の地域制度として発足したEASは、アメリカも含む「アジア太平洋」のそれに変容することになる。

　2008年には、ASEAN国防相会議を基盤として、EASの加盟国からなる国防大臣会合（ADMMプラス）が始まり、それまで不在であった国防当局の首脳間の協議も始まる。

　アジアの地域制度の特徴の一つは、経済協力や安全保障協力など同一の問題領域を扱う複数の地域制度が存在することである。しばしば「重層的」と呼ばれるように、メンバーの異なる、同一の問題領域を扱う地域制度が複数存在する。第二は、それらの間で競争による淘汰が起きなかったことである。一般に同一の問題を扱う複数の制度が存在すると、その間に競争が生まれ、効率的な制度が生き延び、そうでない制度は消滅するか、活動を停止する。しかし、アジアではそうした制度の競争を通じての淘汰が生まれず、多

様な制度の併存状況が続いてきた。第三に、ASEAN という東南アジアの地域組織が制度形成と運用の中心にあったことである（少なくとも ASEAN の政策選好と非公式性、非拘束性、コンセンサス重視などの合意形成の方式を尊重したものであった）。「ASEAN の中心性」といわれるように、大国ではない東南アジアの諸国からなる地域組織がアジアの地域制度の形成と運用に大きな役割を演じてきた（山影 2011）。

## 2. 地域制度形成の背景

アジア太平洋に多様で重層的な地域制度が形成されてきたのはなぜか。本章では 4 つの要因を指摘したい。第一に、域内経済依存の深化と競争の激化。アジアは今日、貿易と投資のネットワークで結ばれた一つの経済圏を形成している。そうしたネットワークを円滑に維持発展させることが国民の経済的繁栄にとって不可欠である。APEC や ASEAN＋3 の目的の一つは、この経済相互依存関係を円滑に制御し、経済協力を進め、アジアの経済発展を実現することにあった。

その一方で、経済をめぐるアジア諸国の間の競争も激化している。アジア諸国は外資導入、輸出主導の経済発展戦略を等しく導入しており、経済のパートナーであると同時に、市場や投資を取り合うライバルでもある。2008 年以降の国際経済の低迷はそうした競争をさらに激しくしている。アジアで急速に拡大している自由貿易協定締結の背景である。

第二に、国家間の力関係とその変化。冷戦後のアメリカの覇権と近年の経済力の低下、日本の経済的低迷、中国・インドの台頭など、アジアの国際関係において国家の力関係が大きく変動しつつある。「パワー・トランジション」と呼ばれる現象が生まれている（山本 2014）。

中国の台頭やインドの力の増大は、この地域での伝統的な大国間関係を大きく変える可能性を秘めている。中国は世界の工場としてカネ、モノ、ヒトを世界から集めている。中国は軍事力の近代化を推進しており、西太平洋での米軍の行動を制約する力を蓄えつつある。アジアでのアメリカの圧倒的な軍事的優位という状況は変化しつつある。しかもアジアでは領土主権や海洋

権益をめぐる争いが激しさを増している。偏狭なナショナリズムも台頭しつつある。アジアの政治、安全保障環境は流動性を高めている。

　第三に、アジアには国際関係を律するルールや規範をめぐる争いがある。一方で、主権の絶対性、内政不干渉原則の堅持、各国の独自の発展方式を求める立場がある。他方で、民主主義や人権、法の支配、国内政治経済制度の調和（標準化）を求める立場がある。しばしば「ワシントン・コンセンサス」対「北京コンセンサス」の対比で語られる、経済活動と政治体制（国家の役割）の関係をめぐる対立はこの争いの一つの側面である。

　第四に、「米中以外のアジア」の重要性である。米中両国はアジアの国際関係の動向を規定する大きな力を有しているが、両国は内外にさまざまな脆弱性と拘束要因を抱えている。その一方でアジアには、経済的・軍事的潜在力が比較的大きく、国際関係で一定の役割を演じる決意を有した有力国が数多く存在する。これらの諸国の動きを米中も軽視できない。

　米中両国ともに、国内政治社会の不安定化（政治の分裂）や社会矛盾の深刻化という課題を抱えている。いずれも相手に不信と警戒を有しているが、さりとて単独でアジアの国際関係を主導する力を欠く。両国の政治社会的価値や規範の格差を考えれば、米中共同統治体制（いわゆる「G2」）も容易ではないし、経済的な相互依存関係を維持する必要性からすれば、「米中冷戦」も望ましくない。米中それぞれ、関係の悪化を防ぎつつ、自らの望む方向にアジアを導くには、この地域の有力諸国との連携の強化が不可欠である。「米中以外のアジア」の行動の余地が広がる。

　アジアでは相互依存が深まる中で国家の力関係が変動している。いずれの国家も経済的相互依存を円滑に維持し、地域的な生産と販売のネットワークの中で経済発展を実現しつつ、国家の力関係の変化が及ぼすであろう地域の国際関係の流動化に対応しようとしている。この地域の諸国は、変動する国際関係の中で関与（エンゲージメント）、牽制、均衡（バランシング）、リスク・ヘッジなど多様な対外戦略を駆使している。アジア太平洋の地域制度の形成とその動態はこうした国家の対外戦略を反映したものである。

　リアリズムの国際政治学は、パワーの変動に対する国家行動に関して単純な図式を提示する。すなわち、パワーを増大させる国家の登場に対して他の国家のとる対応策としては、バランシング、つまり、軍事力の増強など自国

のパワーを増大させる行動をとるか、他の諸国と力を合わせて台頭するパワーに対抗する連合を形成することである。あるいは、巨大な国家の力の前に「勝ち馬に乗る」「相手の軍門に下る」ということである（Waltz 1979）。

　しかし、今日のアジアの国際関係を見るとこうした単純な図式がそのままは当てはまらない。経済的依存関係の深化とそれを円滑に維持することによる経済的利益を考えるならば、アジア諸国の基本的な対外姿勢は「関与」である。地域制度を通じて地域の経済や安全保障の安定した仕組みを作ることができるならば、経済的繁栄と平和を維持できよう。

　ただし、関与政策は単独で実行するには相手に対する影響力が限定され、期待どおりの効果を生まないかもしれない。とくに国家の力関係に格差がある場合、単独での行動は期待された成果を生まない可能性が高い。合意事項を大国の側が履行しない場合でも、これを強制することは困難であろう。その際、他の諸国を糾合して自らの交渉力を高め、それを通じて自国に有利な地域制度を構築し、相手国の行動を自らの希望する方向に誘引すれば、あるいは相手の行動により大きな制約を課すことができるかもしれない。地域の制度は、大国を制度の中に組み入れ、合意の履行を促す集団的圧力を生むことが期待できる。

　関与政策はリスクを伴う。経済的な依存関係は一般に非対称的であり、それが国家間の力関係へと転化する可能性もある。大国への関与を深める結果、対外行動の自主性を喪失し、大国によって自国の運命を左右される危険もある。たとえば、経済の低迷や混乱など大国の国内政治経済変動の影響を直接受けるリスクがある。あるいは、寛容と思われた大国が力の増大とともに、剥き出しの権力の行使に訴えてくるかもしれない。

　したがって、関与政策と同時に、国家はこうしたリスクに備えなければならない。相手を牽制し、自らの力を強化することで関与政策に伴うリスクを回避しなければならない。そうした牽制やリスク・ヘッジを単独で行うのが難しければ、地域協力の仕組みを拡充するなど、地域制度を通じてリスク・ヘッジの手段を講じることができるかもしれない。大国による一方的な力の行使から自らを守るために、大国相互を牽制させ、大国の力の行使を抑制する地域の仕組みを用意しなければならないかもしれない。

　リスク・ヘッジや均衡行動の一つの手段は、軍事同盟の形成や軍事的な提

携の強化などを通じて自国の対応能力を強化することである。アジア太平洋においても、日米同盟の強化や日米豪・日米韓の安保協力、日米豪印の安保協力、上海協力機構における軍事提携関係の強化などが試みられてきた。ただし、経済的な相互依存関係が深まっている世界においては、一般に公然たる軍事的な手段に訴えることは大きなコストを伴う。公然たる軍事的な牽制行動は相手国に敵対的な行動であるとみなされる可能性が高いし、それが経済的な関係に悪影響を及ぼす可能性もある。

　相互依存の深まる世界では公然たるリスク・ヘッジや均衡行動に代わる策が必要である。この代替策の一つが多角的な地域制度を通じての均衡、牽制行動である。これには2つの対応があろう。一つは、牽制、均衡すべき相手を内部化した地域制度を構築することで当該国を地域のルールや規範に従うよう促すことである。対象国を地域制度の中に組み込み、その行動に一定の制約を課そうとするものである。対象国を含んだ地域制度の構築は、当該国との関係を悪化させることなくその国の行動に一定の制約を課し、望ましい行動を促す効果を期待できるかもしれない。

　冷戦終結後、アジアでは戦略的な不透明性が高まり、ARFなどの地域のすべての国々を包摂する制度の構築が行われた。地域制度の中に主要国を組み入れ、対話を通じての信頼の醸成を進め、不透明な戦略環境を安定化させることが課題であった。

　もう一つが、牽制すべき相手を外部化し、地域の制度を通じてこれを牽制・均衡する行動をとるという方法である。外部化は、大国を地域制度の中に組み入れても当該大国が地域制度のルールや規範を尊重しないほどに強大な力を持っている場合や、大国を地域制度の中に組み入れることにより、制度の議題やルール作りにあたって当該大国の影響力が強く作用し、地域制度を当該大国が「支配」してしまうことが懸念される場合などであろう。この場合には、当該地域制度から大国を外部化し、地域制度を通じて当該大国を牽制し、均衡をとる政策を選択するであろう。

　冷戦終結後にアメリカの一極構造という世界が出現し、1990年代半ば以降は、このアメリカ(およびアメリカが強い影響力を有するIMF〈国際通貨基金〉などの国際制度)への対応がアジアの地域制度形成を促してきた。1997〜98年のアジア通貨危機を契機に「東アジア」協力の動きが急速に高まったこと

が示しているように、ASEAN＋3のような「東アジア」を基盤とする地域制度形成の背景には、アメリカ主導の経済のグローバル化が進展する中で、通貨危機のようなグローバリゼーションに伴うリスクに備え、自らを守るための地域的な自助の制度の構築の必要性をアジア諸国が認識したことがある。実際、アジア諸国が通貨危機以降に始めた最初の東アジア協力の試みが域内諸国間の通貨相互融通制度の構築であった。

　「東アジア」の地域主義の背景にはまた、人権、民主主義、良き統治、人道的介入などを名目とする、内政へのアメリカの干渉へのアジアの一部諸国の不安もあった。TPP にも、「東アジア」を基盤とした地域的な自由貿易協定の動きを牽制し、アメリカが自国に有利な地域経済の仕組み作りを目指す狙いがある。

　アジア太平洋においてこうした地域制度を通じての関与や牽制・均衡、リスク・ヘッジの行動を複雑にしているのは、関与と同時に牽制・均衡、リスク・ヘッジすべき対象が複数あることである。アメリカと中国という２つの大国の存在である。両者の間には、政治、経済、社会的価値や国際関係の認識において大きな格差があるが、アジアの諸国はこの２つの大きな力を持った、しかしその将来の政策がまだ不透明な国家に対応しなければならない。

　今日、中国が急速に経済力と軍事力を強めつつある。共産党の一党支配が続き、歴史的にアジアにおいて階層的な秩序の維持者であった中国は、一方で経済的な富を提供してくれる国として地域諸国の期待の対象であるが、同時にその巨大な力ゆえに、この地域の諸国に不安と懸念を生んでいる。領土や海洋権益をめぐる近年の中国の自己主張の強い（assertive）行動はこうした懸念をいっそう強めている。

　したがって、アジアの諸国にとって、アメリカへの対応と同時に、中国に関与しつつ中国を牽制・均衡、リスク・ヘッジする手段も講じておくことが急務となる。そして、中国を均衡・牽制するうえでアメリカは重要な役割を果たすことが期待されてきた。かくしてアジア諸国にとって、アメリカを牽制する地域制度と同時に、アメリカをアジアに関与させる地域制度も必要になる。2010 年に ASEAN 諸国が EAS にアメリカを加えた背景には、中国の力の台頭に対してアメリカを加えることで均衡をとり、中国の一方的行動を制約しようという狙いが秘められていた。

アジア諸国にとっては、地域制度を通じての関与、均衡・牽制、リスク・ヘッジの行動はきわめて複雑なものにならざるをえない。冷戦終結後のアジアにおいて地域制度が数多く生まれたのは、経済的相互依存関係が深まる中で国家の力関係が大きく変動してきたこと、また米中という2つの大国（しかも将来の行動が不透明な）の動きに対応しなければならないという事情を反映している。アジア諸国は、こうした流動的な国際関係の中で特定の地域制度を選択し、これに全面的に依拠するよりも多様な制度的な選択肢を保持し、将来の変動とリスクに備えている。2008年以来の国際経済危機以降の国家の力関係の変化に伴う不透明性、流動性の高まりとともに、地域制度をめぐるバーゲニングも複雑さを増している。

## 3．「2つのアジア」？——リベラルな秩序への同調、挑戦、迂回

　アメリカ政府は今日、アジアへの強い関与の姿勢を示す「リバランシング」の政策の下で、アジアの地域制度の強化を目標の一つに掲げている。TPPはそうしたアメリカのリバランシング政策の中心的課題の一つである。東アジアでは、ASEAN＋6（日中韓印豪ニュージーランド）によるRCEPという自由貿易協定交渉が進行中である。この2つの地域制度形成の動きは、経済のみならず政治、安全保障の地域制度の動きにも影響を及ぼす可能性がある。

　アジアの諸国は、GATT／WTOなどのリベラルな国際秩序の下で、自国の市場を開放し、外資を積極的に導入し、海外市場に製品を輸出することで大きな成長を達成してきた。この過程で、かつて自由貿易体制に不信感を抱いてきたアジア諸国も、自由貿易の原理を含むリベラルな経済規範を受け入れてきた。中国も例外ではない。中国は共産党の一党支配体制という政治体制を維持しつつも、リベラルな経済原理を徐々に受け入れてきた。

　このリベラルな国際秩序は、自由主義の規範を掲げつつも各国の格差に配慮し、とりわけ国内規制制度に関しては各国の独自性を重んじるという柔軟なものであった（納家2013）。このため、アジア諸国も伝統的な国内制度を温存しつつリベラルな秩序に同調することが可能であった。

しかし、アメリカが推進するTPPは、知的財産権の保護、政府調達制度の標準化、環境や労働規制の共通化、国有企業への保護の削減など、リベラルな経済規範への強い同調を求めるものである。従来のような、各国個別の国内事情に配慮した柔軟な地域制度ではない。各国の国内規制制度の共通化を求める、強い地域制度形成の動きである。

　これに対するアジア諸国の対応にはいくつかの類型がある。一つは、これに積極的に対応しようという動きである。アジアの先進諸国を中心にした動きである。これに対し、リベラルな経済規範への同調よりも多様性を考慮した経済地域制度を支持する立場がある。RCEPを推進するASEANの多くの諸国の立場である。もう一つは、TPPのようなリベラルな秩序への強い同調を求める動きに公然と異を唱えることはせず、しかしその一方で、これとは異なる地域制度を構築する動きである。「抵抗」ではなく「迂回」の戦術である。異なる組織原理と規範に基づく地域制度形成の動きがアジアに生まれている。

　今後の焦点は中国の動きへの対応である。中国に対するアジアの他の諸国の対応がアジアの地域制度、ひいてはこの地域の国際関係の今後に大きな影響を及ぼすであろう。

　パワー・トランジションの論者たちは、力を有した中国が既存のリベラルな秩序に調和するか、それともこれに抵抗し異なる秩序を構築しようとするかに着目する。つまり、同調か抵抗かという問題である（Ikenberry 2014; Mead 2014）。アジアの国際関係を振り返ると、1970年代末以降の中国の改革開放路線の採用以降、中国の「同調」を求める動きが優越していたといえよう。実際アジア諸国は、中国を地域的な経済相互依存のネットワークに組み入れ、GATT／WTOなどの国際制度やAPECなどの地域制度への中国の参加を慫慂してきた。そうした方策を通じて、リベラルな秩序への中国の同調を促し、国際社会の責任ある一員に変えることができるとの期待がそこにはあった。

　これらの議論や対応は現実に合致しているのだろうか。上に指摘したように、戦後形成されたリベラルな国際秩序は一方で各国の国内制度の標準化・共通化を求めるという点で「内政干渉」的である。ただこの秩序には柔軟性があり、国内制度に関して各国独自の仕組みを維持することを許容してき

た。この結果、中国をはじめとするアジア諸国も国内規制制度を温存しつつこの秩序に参画し、経済的な発展を実現してきた。

しかし、近年のTPPのような地域制度は、そうした柔軟性を認めず、リベラルな秩序規範への強い同調を求めるものである。これに対し中国は、そうした動きに全面的に対峙することも同調することもなく、むしろそうした動きを「迂回」して、独自の地域制度を構築しようとしているかに見える。中国は、2014年5月のCICA（アジア相互信頼醸成措置会議）において「新しいアジア安全保障概念」を提示し、「アジアの諸国によるアジアの安全保障の取り組み」を唱導し、アジアの経済発展に不可欠な経済インフラ整備のための「アジアインフラ投資銀行（AIIB）」の設立を主導し、BRICS（ブラジル、ロシア、インド、中国、南アフリカ）諸国による「BRICS開発銀行」設立にも合意、中国とアジア諸国を結ぶ「海のシルクロード構想」を推進している。これらはいずれも既存の国際制度や地域制度に公然と異を唱えるものではなく、これを「迂回」して、独自のルールと規範に基づく新たな制度の構築を目指す構想と見ることもできよう（Barma, Ratner, and Weber 2007）。

外資導入と輸出主導の成長政策を進めてきた中国にとって、国際的な自由貿易体制や国際金融体制の安定は不可欠である。それらの存在は中国の成長と国内政治の安定にとって重要である。したがって、中国はこれらを支えてきたGATT／WTOやIMF体制に抵抗し、その変革を志向しているわけではない。国連システムは中国の特権的地位を擁護してくれる。この意味で中国は既存の戦後秩序の破壊者ではなく、むしろ受益者である。

しかし、そうした秩序の中に「緩やかな形」で同調しつつも、TPPのようなリベラルな秩序への強い同調を求める動きや、環境や労働、市民の権利への強い配慮を求める世界銀行やアジア開発銀行の援助政策は中国にとって受け入れがたい。中国の共産党体制の依拠する組織原理と中国が唱導する国際政治経済の規範とそれらは対立するからである。リベラルな秩序規範の中で、自国に有利な部分は同調し、その恩恵を享受しつつ全面的な同調は拒否し、これを迂回して独自の制度を構築しようとする。近年中国が唱える「（アメリカとの）新型大国論」とは要するに、自国に有利なリベラルな秩序を一部受け入れてアメリカと共存しつつ、中国にとって望ましくない規範は拒否し、代替の制度を構築しようとする動きへのアメリカの抵抗と妨害を抑え込

もうという狙いを有した構想ともいえよう。

アジアの諸国の多くは、TPP に参加しつつ、同時に中国の主導する AIIB にも参加し、中国も含む東アジアを基盤とする RCEP 交渉にも関与している。東アジアには、地域全体を覆う緩やかなリベラルな秩序の下に、リベラルな秩序の恩恵を享受しつつ、同時にそれを「迂回した」異なる組織原理と規範に支えられた地域制度が生まれる可能性がある。中国の「勢力圏」が生まれるとすれば、そうした地域制度の「束」からなるものであろう。

## おわりに──アジアにおける地域制度の展望

経済的な相互依存が進む中で経済競争が激化し、国家の力関係が急速に変化するアジアにおいて、いずれの国も経済的繁栄の実現を至上命題としつつ、それを地域の制度形成を通じて実現しようとしてきた。関与、牽制・均衡、リスク・ヘッジの戦略を地域制度を通じて実施してきた。地域制度の多様な選択肢を用意し、将来の変動に対応しようとしてきた。

アジアの諸国は今後もこれまで同様に、複数の重複する地域制度に同時に参加しつつ、関与とリスク・ヘッジ、緩やかな牽制と均衡という外交戦略をとる可能性が高い。アメリカや中国に関与しつつ、同時にリスクをヘッジし、両大国を牽制し均衡をとる行動を、多様な地域制度を活用して引き続き展開するであろう。特定の地域制度を選択することは避け、多様な制度的な選択肢を保持しようとするであろう。したがって、多様な地域制度が併存する状況がアジアでは続く可能性が高い。

同時に、アジアの地域制度をめぐる動きで近年の顕著な傾向は、アメリカ・中国という大国が地域制度形成のイニシアティブをとり始めていることである。リベラルな秩序への「同調」とそれを「迂回」する動きが顕著になっている。その帰趨はまだ判然としないが、アジア全体に緩やかにリベラルな秩序規範が浸透しつつも、そうした緩やかな秩序の中で、それとは別の原理に基づく地域制度形成が進み、組織原理の異なる 2 つの地域制度（「2 つのアジア」）が生まれる可能性も否定できない。

**参考文献**

菊池努(2001)「『東アジア』地域主義の可能性——ASEAN＋3（日中韓）の経緯と展望」『国際問題』494：16-33.

─────(2011)「アジア太平洋における地域制度の形成と動態——地域性を通じてのヘッジ戦略と制度を巡るバーゲニング」『青山国際政経論集』（青山学院大学国際政治経済学部）84：171-260.

納家政嗣(2013)「新興国の台頭と国際システムの変容」『国際問題』618：5-16.

山影進編著(2011)『新しい ASEAN——地域共同体とアジアの中心性を目指して』独立行政法人日本貿易振興機構アジア経済研究所.

山本吉宣(2014)「パワー・シフトの中の日本の安全保障」渡邉昭夫・秋山昌廣編著『日本をめぐる安全保障——これから10年のパワー・シフト』亜紀書房，16-57頁.

Barma, Naazneen, Ely Ratner, and Steve Weber (2007) "A World without the West," *The National Interest* 90: 23-30.

He, Kai (2008) "Institutional Balancing and International Relations Theory: Economic Interdependence and Balance of Power Strategies in Southeast Asia," *European Journal of International Relations* 14 (3): 489-518.

Ikenberry, G. John (2002) "Democracy, Institutions, and American Restraint," in G. John Ikenberry ed., *America Unrivaled: The Future of the Balance of Power*, Ithaca, NY: Cornell University Press, pp. 213-238.

───── (2014) "The Illusion of Geopolitics: The Enduring Power of the Liberal Order," *Foreign Affairs* 93 (3): 80-90.

Mead, Walter Russell (2014) "The Retunrn of Geopolitics: The Revenge of the Revisionist Powers," *Foreign Affairs* 93 (3): 69-79.

Waltz, Kenneth (1979) *The Theory of International Relations*, New York: McGraw-Hill.

第7章

# 経済発展と東アジア

李　佳

## はじめに

　「アジア」とは、もともとユーラシア大陸のヨーロッパ以外の（東方）地域を意味する言葉とされており、アジアの範囲が近代におけるヨーロッパ諸国の勢力拡大に伴い徐々に確立してきた（Bowring 1987）。そのため、アジアは厳密に定義されている地政学的な範囲ではないといえる。経済発展の側面から見る東アジアは、あくまでも第二次世界大戦以降に同じ経済成長のダイナミズムまたは生産（貿易や投資も含む）ネットワークに参加している諸国[1]からなる「機能的な地域」である。大野・桜井（1997: 2-5）の区分方法を援用すれば、東アジア諸国は、同地域の経済発展を牽引してきた中心グループと発展候補グループに分けることができる。

　中心グループには、①先進国である日本、②新興工業経済群（NIEs: Newly Industrializing Economies）と呼ばれるシンガポール、香港、台湾、韓国、③東南アジア諸国連合（ASEAN4）の発足メンバーでありかなりの経済発展を実現してきたマレーシア、タイ、フィリピン、インドネシア、④計画経済から市場経済へ体制移行する中国、ベトナムといった異なる特徴を持つ国々が含められている。一方、発展候補グループは、中心グループに比べ経済の離陸が若干遅れているが、東アジアの経済発展のダイナミズムに加えられ高成長する可能性を秘めた国々を指している。具体的には、インドシナ3ヵ国（ミャンマー、ラオス、カンボジア）、旧ソ連圏諸国（極東ロシア、モンゴル、中央アジアに位置するウズベキスタン、キルギス、カザフスタン、トルクメニスタン、タジキスタン）と、今後体制変革の可能性がある北朝鮮を含む。発展候補グループには近年成長の著しい新興国も含まれているが、東アジアの経済発展を論

じる際には、地域特有な発展メカニズムを形成し、長期にわたる経済面での高度成長と社会面での生活水準の全般的な改善をすでに実現した前者の中心グループに焦点が向けられる。

　東アジアにおける経済発展は、後進国が欧米先進諸国をキャッチアップする工業化の歴史であり、他の途上国地域と異なるパターンを示している。生産・貿易・投資・金融の自由化を通じてグローバル経済への統合を深めながら、地域内で後発国が先行国を追いかけるといった継起的な過程の中で全体[2]として長期にわたった高成長を持続してきた。19世紀半ばの産業革命を境目に東アジアと西ヨーロッパの一人当たりGDPの差が大きく開き、1950年には東アジアが世界でもっとも貧しい地域となった（Maddison 2007: 382）。しかし、その後地域内のばらつきがあるにもかかわらず、東アジアの経済成長は世界のどの地域よりも著しいものである。

## 1.「東アジアの奇跡」およびその論争

　1993年に世界銀行（以下、世銀）は『東アジアの奇跡』というレポートを公表し、日本、韓国、香港、台湾、タイ、マレーシア、シンガポール、インドネシアといった国・地域を「高実績のアジア経済（HPAEs: High-performing Asian Economies）」と名づけ、その長期にわたる高成長を実現したこと、また所得分配の不平等化が発生しなかったことを報告した（World Bank 1993）。表1が示すように、高度経済成長を平均4％以上の一人当たりGDP成長率と定義すれば、東アジアでは高度成長を20年以上持続してきたのが10ヵ国もある。2013年における一人当たりGDPに基づけば、日本を除く国々のうちシンガポール、香港、韓国、台湾がすでに高所得国の仲間入りを果たしており、もっとも成長の速い韓国と中国が1961年に比べて所得水準が20倍以上になった。また、これら諸国では経済発展の初期段階において、土地改革、教育の普及、労働集約型産業の育成などの施策のおかげで、貧富の差の拡大を回避し、経済成長の果実は社会の多くの人々の手に平等に行き渡っている。所得格差を測る指標であるジニ係数の値を確認すると、マレーシア、中国、フィリピン以外のすべての国が社会騒乱多発の警戒ラインとされてい

表1　一人当たり実質 GDP とジニ係数の比較

| | 一人当たり実質 GDP (2005 年米ドル) | | | 一人当たり実質 GDP 成長率（%） | | | | | | ジニ係数 | |
|---|---|---|---|---|---|---|---|---|---|---|---|
| | 1961 | 2013 | 2013/1961 比 | 1961〜70 | 1971〜80 | 1981〜90 | 1991〜2000 | 2001〜13 | 期間平均 | 年 | 数値 |
| 東アジア諸国 | | | | | | | | | | | |
| 日本 | 7,728.0 | 37,432.8 | 4.8 | 8.0 | 3.3 | 4.1 | 0.9 | 0.8 | 3.3 | 2008 | 0.32 |
| シンガポール | 2,645.7 | 36,897.9 | 13.9 | 6.9 | 7.4 | 5.3 | 4.2 | 3.2 | 5.3 | — | — |
| 香港 | 4720.7[a] | 33,534.3 | 7.1 | 3.5[f] | 6.5 | 5.5 | 2.4 | 3.3 | 4.3 | — | — |
| 韓国 | 1,127.4 | 23,892.5 | 21.2 | 6.0 | 7.2 | 8.5 | 5.7 | 3.6 | 6.0 | — | — |
| 台湾 | 3803.1[b] | 23,251.4 | 6.1 | — | — | 11.2[g] | 4.4 | 4.0 | 6.1 | — | — |
| マレーシア | 1,027.6 | 6,990.3 | 6.8 | 3.4 | 5.3 | 3.2 | 4.6 | 2.9 | 3.8 | 2009 | 0.46 |
| 中国 | 132.9 | 3,583.4 | 27.0 | 0.9 | 5.5 | 8.2 | 8.8 | 9.4 | 6.7 | 2010 | 0.42 |
| タイ | 436.6[a] | 3,437.8 | 7.9 | 6.0[f] | 4.2 | 6.0 | 3.6 | 3.5 | 4.5 | 2010 | 0.39 |
| インドネシア | 296.3 | 1,810.3 | 6.1 | 1.6 | 5.3 | 4.2 | 2.8 | 4.0 | 3.6 | 2010 | 0.36 |
| モンゴル | 692.1[b] | 1,795.5 | 2.6 | — | — | 2.3[g] | −0.8 | 6.8 | 3.2 | 2008 | 0.37 |
| フィリピン | 696.0 | 1,581.0 | 2.3 | 1.5 | 3.0 | −0.9 | 0.6 | 3.1 | 1.6 | 2012 | 0.43 |
| ベトナム | 263.0[c] | 1,028.6 | 3.9 | — | — | 2.3[h] | 5.9 | 5.2 | 4.8 | 2012 | 0.36 |
| ラオス | 239.3[c] | 751.0 | 3.1 | — | — | 1.6[h] | 3.7 | 5.5 | 4.1 | 2012 | 0.36 |
| カンボジア | 241.8[d] | 709.2 | 2.9 | — | — | — | 4.5[i] | 6.1 | 5.6 | 2011 | 0.32 |
| BRICS 諸国 | | | | | | | | | | | |
| ブラジル | 1847.8 | 5823.0 | 3.2 | 3.3 | 6.0 | −0.4 | 1.0 | 2.2 | 2.4 | 2012 | 0.53 |
| ロシア | 5883.5[e] | 6923.4 | 1.2 | — | — | −3.4[j] | −3.5 | 4.4 | 0.9 | 2009 | 0.40 |
| インド | 232.2 | 1165.0 | 5.0 | 1.9 | 0.7 | 3.3 | 3.7 | 5.4 | 3.2 | 2009 | 0.34 |
| 南アフリカ | 3416.7 | 5916.5 | 1.7 | 3.5 | 1.1 | −0.9 | −0.4 | 1.8 | 1.1 | 2011 | 0.65 |

出所：World Development Indicators（2014 年 11 月 6 日更新）、National Statistics, R.O.C. (Taiwan) (http://www.stat.gov.tw/mp.asp?mp=4) より作成.
注　：1) −はデータなし.
　　　2) 該当する年にもっとも近い年のデータを掲載. a：1965 年の数字. b：1981 年の数字. c：1984 年の数字. d：1993 年の数字. e：1989 年の数字. f：1966 年からの単純平均. g：1982 年からの単純平均. h：1985 年からの単純平均. i：1994 年からの単純平均. j：1990 年の数字.

る 0.4 を下回っている。近年、注目が集まっている新興国の代表であるブラジル、ロシア、インド、南アフリカの経済パフォーマンスと比べて、東アジアは成長が速く、所得格差が穏やかであることが明らかである。

『東アジアの奇跡』の公表を契機に、東アジアの経済発展が一気に世界中の注目を浴びるようになった。このレポートは、経済開発の新たなフレームワークとして「機能的アプローチ」を提示した。開発の最終目標は、高度成長と所得平等の同時達成（成長の分かち合い：shared growth）と定義して、その実現のためのチャンネル（成長機能）として資本蓄積、効率的資源配分、生産性向上の3つを掲げた。さらに、それらの成長機能を促すために、市場ベースの競争原理だけではなく政府の積極的な選択的介入が生み出すコンテ

スト・ベースの競争原理も有効だと述べられていた。具体的には、官僚が明確なルールを策定して、企業が利潤の最大化を求めて競争し合う政府主導の企業間競争も有効だと世銀が認めた。換言すれば、『東アジアの奇跡』は日本も含めた東アジア諸国の政府が積極的かつ強力な市場介入を行いながら高成長を遂げた事実を認めており、それまでの世銀やIMF（国際通貨基金）をはじめとする国際機関が推進する市場重視・小さな政府志向型の新古典派的な開発戦略を見つめ直して、政府の役割の再考を促すものである。

　また、『東アジアの奇跡』は、輸入代替にせよ低金利政策にせよ、同じ政策手段を採用しても東アジアが大きな成功を収めたが、他の地域では失敗に終わったという対照的な結果を示して、政府介入が経済成長を促進するには優れた制度の構築が必要であると結論づけた。ある国では政策が本来の目的に沿って実施されるが、他国では同じ政策が実施されても特殊利益に乗っ取られて腐敗や非効率が生まれるために、良質な技術官僚、適正な官民関係（癒着ではなく官民の協調、透明な意思決定プロセス）、合理的な所得分配メカニズム（公共サービスの提供などを通じた富の再分配）といった優秀な制度能力（institutional capacity）を持たない国は政策介入をすべきでない。

　『東アジアの奇跡』が公表され、世界中の人々がアジア経済の躍進を称賛している最中に、1994年ポール・クルーグマン（Paul Krugman）が『フォーリン・アフェアーズ（Foreign Affairs）』誌に「まぼろしのアジア経済（"The Myth of Asia's Miracle"）」と題した論文を掲載した（Krugman 1994）。クルーグマンは、東アジア地域の高成長は生産性の上昇の裏づけがない資本や労働といった物的投入量の増大によるものであり、いずれ頭打ちになるという否定的な見解を示した。クルーグマン批判の基礎となる研究成果は、主にYoung（1994）とKim and Lau（1993）である。彼らの研究は、「成長会計（growth accounting）」[3]という手法を用いて、資本、労働、技術進歩の中でどれが成長に寄与したかを推計した。その結果、技術進歩を表す全要素生産性（TFP: Total Factor Productivity）の東アジア各国における経済成長への貢献度は小さいこと、日本以外の東アジア各国の全要素生産性の増加率が先進国とラテンアメリカ諸国の全要素生産性の増加率と比べて決して大きくなかったこと、を見出した。

　1997年7月には東アジア経済が通貨暴落を契機として深刻な危機に直面

して、一時的に失速した。それによりクルーグマンから始まった議論が再燃するようになった。しかし、クルーグマンの主張の核心は収穫逓減の法則である。ソロー型新古典派成長モデルの仮定の下で、技術進歩による生産性の向上を伴わないで、単に生産要素投入のみによって成長する経済では資本収益率（資本の限界生産性）の逓減が生じるため、資本労働比率が定常均衡に収束する。収束過程では一人当たり GDP の成長率が次第に低下する。つまり、クルーグマンの主張に従えば、東アジア経済は危機に見舞われることなく、緩やかに減速するはずである。Naya (2003) は、東アジア諸国のように急速かつ持続的な産業構造の高度化を遂げている経済に収穫逓減の法則が適用できるか否かという疑問を投げかけた。農業から労働集約型工業へ、そして資本集約型工業へ、さらに知識（技術）集約型産業へと、東アジアの諸国は、従来中心であった産業の生産性を引き上げるより、新しい産業へのシフトを通じて経済全体の生産性向上と高成長を実現してきた（Naya 2003）。クルーグマン批判の細かい論点については検討する余地があるが、Young (1994) をはじめとする多くの先行研究は、東アジアにおける経済成長の持続可能性に関する問題提起をし、政策立案者に注意を払わせた。とくに中所得の東アジア諸国にとって今後よりいっそうの経済発展を遂げるためには、高等教育、基礎研究、技術開発に対してさらに多くの投資が必要であろう。

## 2．東アジアの経済成長の共通要因

　東アジア地域は、地理条件、資源賦存、歴史文化、社会構造などの面においてさまざまな相違があるだけでなく、経済規模や所得水準においても大きなばらつきがある。かくして、東アジア諸国が直面している開発の課題および選択可能な戦略は異なる。しかし、東アジア諸国を一つのグループとして、世界の他の発展途上地域と比較すると経済構造の違いを見出すことができる。表2は、東アジア諸国の 1961 年から 2012 年までの 10 年ごと（全期間単純平均）のマクロ指標を示すものであり、各国の高成長に共通する4つの要因を示唆している。これらの要因は、各国の経済成長における重要性が等しいわけではないが、世界の他の発展途上地域への適用性が高く、それら

地域の経済開発に役に立つであろう。

①マクロ経済の安定性

　東アジア諸国は、インフレ抑制、安定した外国為替レートの維持、節度ある財政政策、輸出振興などの政策を採用して、マクロ経済の安定化に努めた。表2が示すように、1973/74年と1979/80年の2度のオイル・ショックがあったにもかかわらず、東アジア諸国の物価上昇率が基本的に1桁台に収まっていた。年200％以上の激しいハイパー・インフレーションは、対外閉鎖的な路線をとっていたスカルノ政権下の1960年代のインドネシアでのみ観察される。また、多くの東アジア諸国は経常収支の黒字を維持してきた。経常収支バランスの対GDP比がもっとも高いのはシンガポール（21.0％）で、赤字国が2000年のベトナム（−3.1％）のみである。安定した物価水準は、貨幣保有に対するインフレ課税の効果を弱くする一方で、実質金利を予想しやすくするため、東アジア各国経済の貨幣化と金融深化を促進できた。また、東アジア諸国の多くは、1997年の通貨危機まで実質的な固定相場制度[4]をとっており、安定した為替レートが為替リスクを軽減して、輸出収入、輸入費用、投資利益の自国通貨価値の予測可能性を高め、貿易と外国直接投資（FDI）の導入を促進した。

②高貯蓄・高投資

　高成長の途上国では、一般的に急増した投資資金を国内貯蓄でまかなえないため、投資・貯蓄ギャップに陥る。しかし、東アジアの多くの国では、政府が間接金融制度を充実させた結果、民間貯蓄が商業銀行をはじめとする金融機関を通して国内投資に仲介され、良好な資金循環が実現できた。たとえば、シンガポールや中国では、強制貯蓄制度（forced saving）による預金の吸収と、実質金利のプラス維持[5]といった政策手段を用いて、効果的に貯蓄と投資の上昇を促した。表2に示されているように、総貯蓄の対GDP比が一番高いのは中国（42.3％）で、次にシンガポール（41.5％）、香港（31.7％）と続く。一番低いのはインドネシアの26.1％である。総固定資本形成の対GDP比の場合、一番高いのが中国（35.9％）で、次にシンガポール（32.2％）、韓国（28.3％）と続く。一番低いのはフィリピンの22.7％である。

## 表2　東アジア諸国の主要経済指標

| | 項　目 | 1961～70 | 1971～80 | 1981～90 | 1991～2000 | 2001～12 | 期間平均 |
|---|---|---|---|---|---|---|---|
| 日本 | 年平均物価上昇率（消費者物価指数） | 5.8 | 9.1 | 2.1 | 0.8 | -0.2 | 3.4 |
| | 経常収支バランス（対GDP比）a | ― | ― | ― | ― | 3.2 | 3.2 |
| | 総固定資本形成（対GDP比）b | 38.8 | 33.6 | 29.6 | 28.1 | 21.9 | 28.2 |
| | 総貯蓄（対GDP比） | ― | 31.8 | 31.8 | 30.5 | 25.0 | 29.2 |
| | FDI、純流入（対GDP比）c | ― | 0.0 | 0.0 | 0.1 | 0.2 | 0.1 |
| | 財・サービス輸出（対GDP比） | 9.9 | 11.9 | 12.3 | 9.9 | 14.2 | 11.7 |
| | 財・サービス輸入（対GDP比） | 9.5 | 11.3 | 10.2 | 8.3 | 13.5 | 10.7 |
| | ハイテク輸出（対製造業輸出比）d | ― | ― | 24.2 | 25.9 | 21.0 | 23.4 |
| | 公的教育支出（対GDP比）e | ― | 4.6 | 5.3 | 3.5 | 3.6 | 4.2 |
| シンガポール | 年平均物価上昇率（消費者物価指数） | 1.1 | 6.7 | 2.3 | 1.7 | 2.2 | 2.8 |
| | 経常収支バランス（対GDP比）a | ― | ― | ― | ― | 21.0 | 21.0 |
| | 総固定資本形成（対GDP比） | 22.1 | 40.3 | 40.2 | 34.6 | 25.4 | 32.2 |
| | 総貯蓄（対GDP比）f | ― | 30.3 | 40.4 | 48.5 | 45.0 | 41.5 |
| | FDI、純流入（対GDP比）b | 4.8 | 6.1 | 10.0 | 11.6 | 16.8 | 11.3 |
| | 財・サービス輸出（対GDP比） | 128.9 | 149.6 | 171.4 | 171.9 | 206.6 | 167.3 |
| | 財・サービス輸入（対GDP比） | 139.9 | 159.0 | 168.3 | 157.0 | 181.8 | 162.0 |
| | ハイテク輸出（対製造業輸出比）g | ― | ― | 38.2 | 53.3 | 52.8 | 51.8 |
| | 公的教育支出（対GDP比）h | ― | 2.6 | 3.4 | 3.4 | 3.4 | 3.1 |
| 香港 | 年平均物価上昇率（消費者物価指数）i | ― | ― | 7.9 | 5.5 | 1.2 | 4.5 |
| | 経常収支バランス（対GDP比）a | ― | ― | ― | ― | 9.6 | 9.6 |
| | 総固定資本形成（対GDP比） | 25.4 | 26.6 | 27.0 | 29.6 | 22.9 | 26.1 |
| | 総貯蓄（対GDP比）j | ― | ― | ― | 30.8 | 32.0 | 31.7 |
| | FDI、純流入（対GDP比）j | ― | ― | ― | 19.9 | 23.6 | 22.8 |
| | 財・サービス輸出（対GDP比） | 78.4 | 86.6 | 110.6 | 134.3 | 192.5 | 123.2 |
| | 財・サービス輸入（対GDP比） | 80.3 | 81.8 | 103.9 | 132.2 | 184.7 | 119.2 |
| | ハイテク輸出（対製造業輸出比）k | ― | ― | ― | 19.9 | 14.5 | 16.8 |
| | 公的教育支出（対GDP比）l | ― | 2.3 | 2.4 | 2.8 | 3.9 | 3.0 |
| 韓国 | 年平均物価上昇率（消費者物価指数）m | 12.5 | 16.5 | 6.4 | 5.1 | 3.2 | 8.0 |
| | 経常収支バランス（対GDP比）a | ― | ― | ― | ― | 1.9 | 1.9 |
| | 総固定資本形成（対GDP比） | 20.2 | 27.3 | 28.8 | 32.5 | 31.8 | 28.3 |
| | 総貯蓄（対GDP比）n | ― | 20.5 | 28.5 | 33.4 | 33.5 | 30.4 |
| | FDI、純流入（対GDP比）n | ― | 0.1 | 0.3 | 0.7 | 0.9 | 0.6 |
| | 財・サービス輸出（対GDP比） | 8.8 | 24.9 | 31.2 | 29.4 | 42.2 | 27.9 |
| | 財・サービス輸入（対GDP比） | 19.1 | 30.5 | 30.1 | 28.2 | 40.1 | 30.0 |
| | ハイテク輸出（対製造業輸出比）d | ― | ― | 17.3 | 25.3 | 30.0 | 26.6 |
| | 公的教育支出（対GDP比）o | 3.5 | 3.0 | 3.9 | 3.7 | 4.5 | 3.8 |
| マレーシア | 年平均物価上昇率（消費者物価指数） | 0.9 | 6.0 | 3.2 | 3.6 | 2.2 | 3.2 |
| | 経常収支バランス（対GDP比）a | ― | ― | ― | ― | 13.3 | 13.3 |
| | 総固定資本形成（対GDP比） | 17.9 | 23.7 | 28.3 | 35.8 | 22.9 | 25.6 |
| | 総貯蓄（対GDP比）p | ― | 25.6 | 25.3 | 35.3 | 35.2 | 30.9 |
| | FDI、純流入（対GDP比）b | 2.2 | 3.1 | 3.3 | 5.7 | 3.2 | 3.8 |
| | 財・サービス輸出（対GDP比） | 41.7 | 45.7 | 59.0 | 95.8 | 102.8 | 70.3 |
| | 財・サービス輸入（対GDP比） | 37.9 | 41.7 | 56.6 | 89.7 | 83.9 | 62.8 |
| | ハイテク輸出（対製造業輸出比）d | ― | ― | 39.1 | 47.6 | 50.8 | 48.1 |
| | 公的教育支出（対GDP比）q | ― | 5.0 | 6.4 | 5.0 | 5.8 | 5.6 |

出所：World Development Indicators（2014年11月6日更新）。
注　：1）―はデータなし。
　　　2）該当する年にもっとも近い年のデータを掲載。a：2005年からの単純平均。b：1970年からの単純平均。c：1977年からの単純平均。d：1988年からの単純平均。e：1971年からの単純平均。1984～86、1990～92、1996～97、2009年データなし。f：1972年からの単純平均。g：1989年からの単純平均。h：1984～87、1989～99、2006～07年データなし。i：1982年からの単純平均。j：1998年からの単純平均。k：1992年からの単純平均。l：1979、1986～89、1991、1993～95、1997～2000年データなし。m：1967年からの単純平均。n：1976年か

| | 項　目 | 1961〜70 | 1971〜80 | 1981〜90 | 1991〜2000 | 2001〜12 | 期間平均 |
|---|---|---|---|---|---|---|---|
| 中国 | 年平均物価上昇率（消費者物価指数）r | − | − | 11.8 | 7.5 | 2.5 | 5.8 |
| | 経常収支バランス（対GDP比）a | − | − | − | − | 5.9 | 5.9 |
| | 総固定資本形成（対GDP比） | 24.8 | 34.5 | 36.1 | 39.0 | 43.6 | 35.9 |
| | 総貯蓄（対GDP比） | − | − | 36.3 | 40.5 | 48.3 | 42.3 |
| | FDI、純流入（対GDP比）i | − | − | 0.7 | 4.1 | 4.0 | 3.1 |
| | 財・サービス輸出（対GDP比）i | − | − | 10.3 | 19.4 | 31.1 | 21.3 |
| | 財・サービス輸入（対GDP比）s | − | − | 10.7 | 17.3 | 26.7 | 19.0 |
| | ハイテク輸出（対製造業輸出比）k | − | − | − | 12.1 | 26.9 | 20.6 |
| | 公的教育支出（対GDP比）t | − | 1.8 | 2.0 | 1.8 | − | 1.9 |
| タイ | 年平均物価上昇率（消費者物価指数） | 2.3 | 10.0 | 4.4 | 4.5 | 2.8 | 4.7 |
| | 経常収支バランス（対GDP比）a | − | − | − | − | 2.2 | 2.2 |
| | 総固定資本形成（対GDP比） | 21.5 | 26.2 | 30.7 | 34.4 | 26.5 | 27.8 |
| | 総貯蓄（対GDP比）u | − | 21.9 | 26.6 | 33.4 | 29.7 | 28.6 |
| | FDI、純流入（対GDP比）u | − | 0.4 | 1.2 | 2.6 | 3.3 | 2.1 |
| | 財・サービス輸出（対GDP比） | 16.2 | 19.9 | 26.9 | 46.3 | 71.3 | 37.5 |
| | 財・サービス輸入（対GDP比） | 18.4 | 23.7 | 30.0 | 45.7 | 66.1 | 37.9 |
| | ハイテク輸出（対製造業輸出比）g | − | − | 19.9 | 27.2 | 26.3 | 26.2 |
| | 公的教育支出（対GDP比）v | − | 2.8 | 3.1 | 4.0 | 4.6 | 3.7 |
| インドネシア | 年平均物価上昇率（消費者物価指数） | 210.6 | 17.5 | 8.6 | 14.1 | 8.0 | 50.1 |
| | 経常収支バランス（対GDP比）a | − | − | − | − | 0.7 | 0.7 |
| | 総固定資本形成（対GDP比） | 10.4 | 22.4 | 29.2 | 26.7 | 27.3 | 23.4 |
| | 総貯蓄（対GDP比） | − | − | 26.5 | 24.6 | 27.0 | 26.1 |
| | FDI、純流入（対GDP比） | − | − | 0.4 | 0.8 | 1.2 | 0.8 |
| | 財・サービス輸出（対GDP比） | 10.3 | 24.4 | 24.5 | 31.6 | 29.8 | 24.4 |
| | 財・サービス輸入（対GDP比） | 12.5 | 19.5 | 22.8 | 28.2 | 26.0 | 22.0 |
| | ハイテク輸出（対製造業輸出比）g | − | − | 1.5 | 8.1 | 12.7 | 9.9 |
| | 公的教育支出（対GDP比）w | − | 2.6 | 0.8 | 1.0 | 3.0 | 2.4 |
| フィリピン | 年平均物価上昇率（消費者物価指数） | 5.4 | 14.9 | 14.3 | 8.1 | 4.5 | 9.3 |
| | 経常収支バランス（対GDP比）a | − | − | − | − | 3.4 | 3.4 |
| | 総固定資本形成（対GDP比） | 22.2 | 27.6 | 21.7 | 22.2 | 20.3 | 22.7 |
| | 総貯蓄（対GDP比）c | − | 26.5 | 18.3 | 24.4 | 49.9 | 31.4 |
| | FDI、純流入（対GDP比）b | 0.0 | 0.5 | 0.7 | 1.9 | 1.2 | 1.0 |
| | 財・サービス輸出（対GDP比） | 17.9 | 21.7 | 25.1 | 39.1 | 40.9 | 29.4 |
| | 財・サービス輸入（対GDP比） | 18.5 | 24.4 | 26.7 | 45.6 | 45.0 | 32.5 |
| | ハイテク輸出（対製造業輸出比）x | − | − | − | 50.1 | 65.2 | 58.3 |
| | 公的教育支出（対GDP比）y | − | 1.7 | 1.8 | 3.4 | 2.7 | 2.7 |
| ベトナム | 年平均物価上昇率（消費者物価指数）z | − | − | − | 3.7 | 8.8 | 7.3 |
| | 経常収支バランス（対GDP比）a | − | − | − | − | -3.1 | -3.1 |
| | 総固定資本形成（対GDP比）aa | − | − | 14.6 | 25.0 | 33.3 | 26.8 |
| | 総貯蓄（対GDP比）z | − | − | − | 24.3 | 29.6 | 28.1 |
| | FDI、純流入（対GDP比）ab | − | − | 0.5 | 6.9 | 5.4 | 4.9 |
| | 財・サービス輸出（対GDP比）aa | − | − | 15.3 | 39.0 | 64.6 | 46.0 |
| | 財・サービス輸入（対GDP比）aa | − | − | 25.1 | 45.9 | 71.6 | 53.5 |
| | ハイテク輸出（対製造業輸出比）ac | − | − | − | 2.9 | 7.2 | 6.0 |
| | 公的教育支出（対GDP比）ad | − | − | − | − | 5.6 | 5.6 |

らの単純平均。o：1969 年からの単純平均。1974、1978、1996〜97、2000、2010、2012 年データなし。p：1974 年からの単純平均。q：1972〜78、1983、1988〜91、1998、2005、2012 年データなし。r：1987 年からの単純平均。s：1983 年からの単純平均。t：1989 〜 91、1997、2000〜12 年データなし。u：1975 年からの単純平均。v：1970 年からの単純平均。1978、1985、1990、1993 年データなし。w：1972 年からの単純平均、1973〜88、1990〜93、1998〜2000、2006 年データなし。x：1991 年からの単純平均。y：1980 年からの単純平均。1981、1984〜85、1987〜94、1999、2010〜12 年データなし。z：1996 年からの単純平均。aa：1986 年からの単純平均。ab：1985 年からの単純平均。ac：1997〜2011 年の単純平均。ad：2008 と 2010 年のデータのみ。

### ③輸出志向工業化と対外開放性

　東アジア地域の経済は、世界経済への統合の中で発展した。輸出入とFDIは一貫して重要な役割を果たしてきた。財・サービス輸出の対GDP比について、シンガポールは167.3%ときわめて高く、次に香港123.2%、マレーシア70.3%であり、日本（11.7%）を除いて非常に高い比率を示している。輸出額プラス輸入額の貿易額の対GDP比（貿易依存度）が100%を超えるのは、シンガポール、香港、マレーシアの3ヵ国である。そして、外国直接投資純流入の対GDP比は香港とシンガポールが桁違いの22.8%と11.3%で高く、次にベトナム4.9%、マレーシア3.8%、中国3.1%と続く。外資を積極的に利用していることがわかる。また、ハイテク輸出の対製造業輸出比が一番高いのはフィリピン（58.3%）で、次にシンガポール（51.8%）、マレーシア（48.1%）と続く。一番低いのはベトナムの6.0%である。

　輸出志向工業化戦略は、自国の商品が世界市場で他の国が生産した商品と競争できるように、企業が価格、品質、納期、アフター・サービスといったことを考慮しなければならない。その結果、生産性の向上を助長する。東アジア諸国のうち、韓国は1960年代から輸出志向政策を採用し、タイやマレーシアは1980年代に輸入代替工業化[6]から輸出志向工業化に転換した。フィリピンや中国は1990年代に輸出志向工業化を積極的に推進した。また、東アジア諸国の政策立案者は特定の貿易戦略に固執することなく、国際競争力を獲得するために輸出志向工業化戦略と輸入代替工業化戦略を組み合わせる場合もある。しばしば期間・範囲を限定し、将来新たに比較優位を持つであろう産業部門に焦点を絞った輸入代替工業化を進め、同時に現在比較優位を持っている別のある産業部門では輸出志向工業化を進める。

　経済テイクオフの初期段階において、途上国はものづくりのための機械、設備を生産できないため、高技術の資本財を輸入せざるをえない。その結果、外国為替が不足する可能性がある[7]。多くの東アジアの国は、比較優位構造に従い、資本集約の重化学工業ではなく、労働集約の軽工業の発展を優先した。その輸出の伸びで得た資金がまた設備投資にまわって輸出をさらに増加させるという輸出・投資の好循環を生み出した。また、徐々に高技術の産品を生産・輸出できるようにするため、外国企業を国内に積極的に誘致した。国内貯蓄が十分な東アジア諸国にとって、投資・貯蓄ギャップ

の補塡を外国資本に頼る必要はないが、FDIを呼び込むことによって外国企業から進んだ生産技術、デザイン力、マネジメント・ノウハウなどを学ぶことができ、外国企業が培ってきた販売ネットワークにアクセスすることもできるようになった。さらに、外資を誘致するために、東アジア各国の政府は税制面の優遇政策に加え、道路、港湾、水道、電気、通信などの面で物的インフラの整備を積極的に進めてきた。各国にできた輸出加工区（Export Processing Zone）、工業団地（Industrial Estate）、経済特区（Special Economic Zone）などはその典型例である。

④人的資本（human capital）の蓄積

同じ所得水準の国と比べると、東アジア諸国は初等・中等教育の就学率や識字率が高い。そして各国の政府は、教育への投資を惜しまない。公的教育支出の対GDP比が一番高いのはマレーシアとベトナムの5.6％で、一番低いのは中国の1.9％である（表2）。また、各国はそれぞれの発展水準に応じた教育政策をとっていた。発展段階が高次に進むまで高等教育ではなく初等・中等教育がより重視されていた。さらに、経済発展の初期段階においては、東アジア各国の政府は医療・保健の充実に力を入れて、健康で一般教育をしっかり受けた労働者を確保できていた。人的資本の蓄積は技術進歩につながるので、長期的な経済発展に寄与する。とくに外資を積極的に受け入れている東アジア諸国では、教育水準が高いゆえに学習効果が高いと考えられる。付加価値の高いハイテク製品が当初外資系企業によって生産されていたが、人材育成や技術移転を通して徐々にFDIの受入国に浸透した。国内資本による企業も生産・国際貿易に参入できるようになった。このようにして、東アジアの途上国は当初組立生産か輸出・輸入品の模倣[8]にすぎなかったが、商品開発まで進んできた。

上記の4点以外に、東アジア諸国における政治的安定性、政策の一貫性、グッド・ガバナンス（望ましい統治）、強力なソーシャル・キャピタル（社会関係資本）の存在、地理的優位性などの重要性もしばしば指摘されている（たとえば、Naya 2003）。だが、政治的安定性、政策の一貫性、グッド・ガバナンスは政府の政策介入と制度能力にかかわり、政治制度、社会構造、文化規範とも関係する問題であるため、（他の途上国にとって）短期間で改善または

大きく改変することが難しいと思われる。また、華僑のような国境を越える家族やコミュニティの間に形成されるソーシャル・キャピタルや、通商航路へのアクセスのよさや近隣諸国間相互の近接性等を含む地理的優位性は、歴史的・地理的必然性と文化的・社会的偶然性が織り成す中で形成されたものであり、他の途上国地域に援用しにくい成長要因であろう。

## 3. 東アジアの生産ネットワーク

　国レベルの要因に加えて、東アジア諸国が高成長を遂げたもう一つ重要な理由は、東アジア生産ネットワークに参加して地域的な成長プロセスの中で相互依存しながら発展してきたことである。東アジアには技術に優位性を持つ国や労働力豊富な国など多様な国が存在するため、生産面において国家間の経済的補完性が高い。この特性を活かす形で、東アジアにおいて域内分業により最適な生産構造が形成され、「世界の工場」としての地位を確立してきた。とくに1980年代半ば以降、日本の製造業の多くは円高への対応として他の東アジア諸国に生産拠点を移し、それらの国に対する直接投資が大幅に増えた。この結果、韓国、台湾などでは輸出が急増した。一方、所得水準の向上に伴い賃金や地代が上昇し、1990年代には、韓国や台湾においても労働集約型工業における比較優位性が徐々になくなったので、それらの国の企業が低廉な労働力を求めて中国への直接投資を大きく増加させた。このように日本の製造業をはじめとする企業の海外展開は、東アジアにおける国際的な生産分業構造を築くことを可能にした。たとえ技術集約型な製造業であっても、生産工程が分割され、国境を越えて各地に分散した製造拠点で部品を作る。高所得国では生産活動のために必要な機械設備などの資本財や高付加価値な中間財を生産して、労働力豊富な低・中所得国では部品を組み立てる。東アジアの多くの途上国が世界のIT関連財の供給拠点となっている事実は、まさに同地域における国際分業の進展を物語っている。

　図1が示すように、2012年の東アジアのNAFTA、EUへの輸出額は1兆6419億米ドルに達しており、そのうち加工品と部品の合計である中間財の輸出額が6222億ドルであり、全体の37.9％を占めている。一方で、消

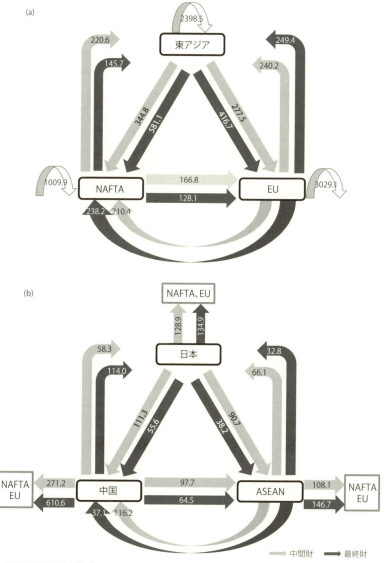

出所：RIETI-TID2012 より作成。
注 ：1）データベースの定義上、東アジアは、日本、中国、香港、韓国、台湾、シンガポール、インドネシア、マレーシア、フィリピン、タイ、ブルネイ、カンボジア、ベトナムを含む。ASEANは、インドネシア、マレーシア、フィリピン、シンガポール、タイ、ブルネイ、カンボジア、ベトナムの 8 ヵ国を含む。
　　　2）素材の輸出額が排除されている。中間財は加工品と部品を含む。最終財は消費財と資本財を含む。

**図 1　世界の主要地域間の貿易フロー（2012 年、単位：10 億米ドル）**

費財と資本財の合計である最終財の輸出額は9978億ドルであり、全体の60.8％を占めている。また、東アジア域内では、中国向けの貿易において中間財シェアが高い。日本から中国向けの中間財の輸出額は1113億ドルであり、最終財の556億ドルを大きく上回る。ASEANの中国向けの中間財の輸出額は1162億ドルであり、371億ドルの輸入額を上回る。一方、中国のNAFTA、EUへの最終財の輸出額は6106億ドルであり、日本とASEANのNAFTA、EUへの最終財の輸出額合計（2816億ドル）をはるかに上回る規模となっている。中国が日本、ASEANから基幹部品や付属品といった中間財を輸入し、それらを用いて組立生産して、NAFTA、EUに対して最終財を輸出するという貿易パターンが存在することは明らかである。

　また、東アジア地域の経済的補完性は産業横断的に存在し、静的なものではなく、経済テイクオフの始動時間や産業技術の段階に応じて動的に変化している。この動的な変化は、雁行形態的工業化[9]という地域の発展プロセスの中でとらえることができる。具体的には、先行国の日本を先頭として、NIEs、ASEAN4、中国、ベトナムの順に地域経済を牽引する高成長国が交代してきた。そして、特定の産業についても、日本を先頭として、NIEs、ASEAN4、中国、ベトナムの順に基幹産業（leading sector）が交代してきた。その結果、FDIの規模および多国籍企業のネットワークの拡大を背景に、経済基盤の特性や生産技術の段階に応じて東アジア各国の競争力、そして域内の生産分業構造が変化する。たとえば、家電産業では、日本が1990年ごろまで中間財、最終財ともに強い競争力を持っていたが、徐々に支配的な地位が弱まってきた。これに対して、中国はもともと安価な賃金を活用し、中間財を輸入して最終財を輸出する組立生産を行っていた。しかし、最近の中国では、労働コストの上昇などの制約要因により、組立工程の比較優位性を失いつつあるため最終財の競争力が弱まっている。一方で、技術レベルの向上などにより最終財だけでなく中間財にも徐々に競争力をつけてきた。

## おわりに

　本章では、東アジア地域のマクロ経済運営にかかわる定型化された事実

を確認するうえで、その高度経済成長に共通する要因を整理した。同地域は高度成長と穏やかな所得格差で脚光を浴びてきた。1990年代後半のアジア通貨危機によって一時的に停滞したものの、その後早い回復力を見せており、堅調な成長を続けてきた[10]。東アジアの異なった特徴と初期条件を持つ国々が、安定したマクロ経済運営、高貯蓄率・高投資率、輸出振興およびFDIの受け入れによる迅速な技術吸収、高い人的資本投資などの共通する要因に基づくことで、成長という利益を受け取った。1950年代の日本から、ドイモイ以降のベトナムまで、これらの共通要因がいつ採用されたかにかかわらず、各国の経済発展に結びついたと思われた。世界の他の発展途上地域がもし似たような政策を採用したら、最終的には同じように内生型成長を実現できるだろう。また、東アジアでは、日本、韓国、台湾等が比較的高付加価値な部品や加工品を生産し、中国、ASEAN等がその中間財を輸入、最終財を組立生産し、欧米へ供給する。このように、東アジア諸国は相互依存しながら発展してきた。最近では、所得水準の向上に伴い東アジア地域内では中間層が台頭し、域内消費の増大により、東アジアの生産ネットワークの生産物の最終消費地として必ずしも欧米を前提としない自律的な様相を示し始めた。

　東アジア的発展アプローチの本質は、国家干渉型の工業化（state interventionist industrialization）であり、強力な政治エリートが経済成長を至上目標と設定し、有能な官僚テクノクラート群による政策の立案・実施とあわせて、開発の成功をもって政治支配の正当性を主張・堅持するシステム（developmental state, 開発主義）である。とくに改革開放以降の中国の成功は、アジア的発展アプローチの極端な形だと理解することができ、ワシントン・コンセンサスと異なる経済開発の代替的アプローチ（経路）を示し、いまだに貧困の罠に陥っている後進国には魅力的であろう[11]。しかし、Williamson (2012) が指摘するように、中国では、過剰投資のため資源が非効率的に利用されており、外需依存のためイノベーションが多国籍企業に依存する。また、権威主義的体制が途上国の政治エリートにはアピールできるが国民にそうでもない場合がある（Williamson 2012）。換言すれば、中国も含む東アジアの成功は、国家の役割より、貿易、投資、技術普及を通じてグローバル経済との統合が深化する中で出きたことを評価すべきであろう。

とくに、地域の生産ネットワークによって東アジア諸国が世界の変化に連動しており、今後リーマン・ショックを発端とするアメリカの経済危機やヨーロッパの債務危機といった外生的ショックに対する地域の脆弱性にいかに対処できるかが喫緊の課題である。

注
（1）正確には香港や台湾といった「国」でない地域も含むが、本章では便宜上区別せず「国」と呼ぶ。
（2）長年、戦乱や政治不安に陥っていたカンボジアやラオス、鎖国状態が続く北朝鮮やミャンマーなど例外的な国・地域を除く。
（3）成長会計とは、経済成長率を資本・労働・技術進歩のそれぞれの寄与度に分解する手法である。一般的に生産要素に労働 L と資本 K の 2 種類しかないことを前提として、新古典派的ソロー・モデルのコブ・ダグラス（Cobb-Douglas）型の生産関数を仮定する。

$$Y=AL^{\alpha} K^{\beta}$$

ここでは、Y が産出量、K は資本ストック量、L は労働量を表している。$\alpha$ と $\beta$ のそれぞれが労働分配率と資本分配率に等しい。A は生産技術の水準を表す変数であり、全要素生産性（TFP: Total factor productivity）と呼ばれている。この生産関数が一次同次（規模に関して収穫不変）であるとすると、$\alpha+\beta=1$ になる。この生産関数の対数をとり、両辺を時間に関して微分して、さらに近似的に成長率の形にすれば、次のようになる。

$$\Delta Y/Y=\Delta A/A+ \alpha \cdot \Delta L/L+ \beta \cdot \Delta K/K$$

ここでは、$\Delta Y$、$\Delta A$、$\Delta L$、$\Delta K$ は、それぞれ、Y、A、L、K 各変数の時間を通じた変化分を表す。$\Delta A/A$ は労働と資本が説明しきれない経済成長率であり、技術進歩としてとらえることができる。現実には技術進歩を直接に観測することができないため、通常残差として求める。経済学者ロバート・ソロー（Robert Solow）の名をちなんで、ソロー残差（Solow residual）とも呼ばれる。したがって、

TFP の増加率＝経済成長率－労働分配率×労働人口の増加率
　　　　　　　－資本分配率×資本ストックの増加率

ただし、TFP の増加率は、資本や労働の計測誤差やそれらの増加によりとらえられない成長へのさまざまな影響要因を含むため、技術進歩も含めた大ざっぱな生産効率の改善を表している。
（4）たとえば、アジア通貨危機以前のタイは、通貨バスケットにおいて米ドルが 8 割

程度を占めていたので、実質的にドルに連動していた。韓国とインドネシアは管理変動相場制をとっていたが、一日の変動制限幅が小さいため固定相場制に近かった。香港は、カレンシーボード制により為替レートをほぼ1米ドル＝7.8香港ドルに固定していた。

（5）Fry（1998）は、実質金利と国民貯蓄との間の正の相関関係を見出している。

（6）輸入代替工業化戦略は、1964年の第1回国連貿易開発会議（UNCTAD: UN Conference on Trade and Development）において提唱されたものである。高関税、輸入数量制限、為替管理などの施策を用いて輸入品を制限し、保護された国内市場で自国企業が生産することで輸入品を国産品によって代替することを意味する。先進国が工業製品を生産・輸出して途上国が一次産品を生産・輸出することにより、交易条件および貿易収支が悪化するという危惧から、この政策は当時多くの途上国とりわけ旧植民地諸国に歓迎された。しかし、輸入代替工業化の場合、企業の関心が保護政策の継続のためのロビー活動に移ってしまい、政経癒着や生産性の低位徘徊といった問題点を抱えている。

（7）詳しくはスリー・ギャップ・モデルを参照（Taylor 1994）。経済成長は外貨ギャップ、投資・貯蓄ギャップ、財政ギャップによって制約される。

（8）これは知的財産権の問題に発展しうるが、製造より新商品の開発がより難しいので、多くの途上国が経験する発展段階である。

（9）雁行形態型発展モデルは、Akamatsu（1962）によって最初に提唱された理論である。3つの類型があると考えられている。すなわち、①特定の国の産業が輸入、国内生産、輸出という継起的な発展過程をたどる類型、②特定の国の発展において産業が労働集約型、資本集約型、技術集約型という継起的な発展過程をたどる類型、③後発国が先行国を追いかけるという国家間の継起的な発展過程をたどる類型。東アジア地域における高成長国の交代は、この第三類型に当たると考えられる。つまり、二番鳥、三番鳥が先頭の雁に従って飛んでいくように、ときに追い越しや新規参入者がいたとしても、東アジア各国が明確な序列をもって工業化を進めてきた。

（10）アジア通貨危機の発生原因とその後各国の政策対応について、詳しくは吉冨（2003）を参照。アジア通貨危機の本質は資本収支の危機であり、短期間に大規模な資本収支の流出により通貨価値が急落したのがその主たる原因である。その背景には、1990年代に進められてきた金融自由化政策とりわけ資本取引の自由化があげられる。

（11）北京コンセンサスと呼ばれるようになった中国の発展モデルは、政治的民主主義を伴わない形での政府主導の市場経済化であり、急速な金融自由化および、全面的な国有企業の民営化と国際貿易の自由化をせず、独自の発展経路を模索するものである（Ramo 2004）。

**参考文献**

大野健一・桜井宏二郎(1997)『東アジアの開発経済学』有斐閣アルマ.

吉冨勝(2003)『アジア経済の真実——奇蹟、危機、制度の進化』東洋経済新報社.

Akamatsu, K. (1962) "A Historical Pattern of Economic Growth in Developing Countries," *The Developing Economies*, Vol. 1, Issue Supplement s1: 3-25.

Bowring, P. (1987) "What is 'Asia'?" *Far Eastern Economic Review* 135 (7): 30-31.

Fry, M. J. (1998) "Saving, Investment, Growth and Financial Distortions in Pacific Asia and Other Developing Areas," *International Economic Journal* 12 (1): 1-24.

Kim, J. I. and L. J. Lau (1993) "The Sources of Economic Growth of the East Asian Newly Industrialized Countries," *Journal of the Japanese and International Economies* 8 (3): 235-271.

Krugman, P. (1994) "The Myth of Asia's Miracle," *Foreign Affairs* 73 (6): 62-78.

Maddison, A. (2007) *Contours of the World Economy, 1-2030AD: Essays in Macro-Economic History*, New York: Oxford University Press.

Naya, S. (2003) "The Asian Development Experience: Overcoming Crises and Adjusting to Change," Manila: Asian Development Bank.

Ramo, J. C. (2004) "The Beijing Consensus," The Foreign Policy Centre, UK.(http://fpc.org.uk/publications/TheBeijingConsensus, 2014 年 10 月 22 日閲覧)

Taylor, L. (1994) "Gap Models," *Journal of Development Economics* 45 (1):17-34.

Williamson, J. (2012) "Is the 'Beijing Consensus' Now Dominant?" *Asia Policy*, Issue 13: 1-16.

World Bank (1993) *The East Asian Miracle: Economic Growth and Public Policy*, New York: Oxford University Press.［白鳥正喜監訳(1994)『東アジアの奇跡——経済成長と政府の役割』東洋経済新報社］

Young, A. (1994) "The Tyranny of Numbers: Confronting the Statistical Realities in the East Asian Growth Experience," NBER Working Paper No. 4680.

# III. 各国研究

第8章

# 中国の政治と外交
## ——力の追求と中国の夢

カポ・ゴ

## はじめに

　習近平は、2012年の11月、中国共産党第18期中央委員会第1回全体会議（18期一中全会）において、中国の政治的・軍事的指導権を獲得した。間髪をおかず、習は、折から開催されていた「復興への道」という展覧会を訪れ、「中国の夢」として知られる彼自身の国、中国についてのビジョンを示した。彼自身の言葉によれば、「中華民族の偉大な復興を実現することは近代において中国国民の最大の夢である。この夢は、中国の幾世代にもわたる思いを表すものである……」（Li 2012）。
　この概念は、すでにかなりの間一般の言説において見られたものであるが[1]、この習の発言は、この概念を公式に導入するにはもっともふさわしい機会に行われた。すなわち、中国共産党の「国家の屈辱」というナラティブを凝縮したこの展示会において、最高指導者が、屈辱的な過去と対比して、「富強」の国を建設し、「幸福」を人民にもたらすという望みを宣言したのである。この夢は、毛沢東と彼の世代における「国家の独立と解放を成就する」というところから始まり、鄧小平が4つの近代化を開始したときに、第二の段階に入った（Li 2013; *Tianjin Ribao* 2013）。もし第一の段階が、政治的権力への闘争だとすれば、第二の段階は、改革から得られた資源を使って中国がその正当と考える地位を再主張することであった。したがって、富と力はこの偉大な復興を示す指標であった。
　「富強」国家の建設というイメージは、習近平の軍に対する演説でさらに明確になった。中央軍事委員会の主席になったすぐあと、彼は忙しい視察旅

行を行ったが、その一つ、広州における士官と兵に対する講話の中で、中国の夢とは「強国の夢」と理解することができると述べた。軍にとっては、それは「強軍の夢」を意味するものであった。習は、「繁栄した国家と強い軍を作ることは、あわせて、中華民族の偉大な復興にとって必須のものである」と論じた (Liu 2012)。

　公式の言説に示されたこの夢は、繰り返していえば、政治の権力闘争という形で国民建設即国家建設のプロジェクトとして出発した。そして、それは1978年に鄧小平によって開始された4つの近代化の改革によって第二の段階に入ることになった。

　現在の指導部はそれを引き継いでいる。長期的な諸目標はいまだ達成されなければならないが、30年に及ぶ改革は、新しい政治的な資源を生み出し、それは、国家の政策選択肢を広げ、アイデンティティの再定義をもたらし、したがって、政治的な行動の変化をもたらすことになった。

　本章の目的は、このような文脈において、中国の政策の継続と変容を国家とグローバルの2つのレベルで、そしてそれらのレベルの相互作用の中で考察しようとするものである。中国の政治における継続と変容を確認することは、きわめて重要な作業である。なぜなら、中国の指導者は何世代にもわたり、一方ではイデオロギーの系譜的な継続性によってその正当性を主張し、他方では、個々の指導者の「新しい展開」を刻み込まなければならないからである。

　本章は、体制の生存と権力の維持が中国共産党の指導者にとってのもっとも重要な優先事項であり続けていると考えるものである。

　マルクス主義の階級闘争に出自を持つ「闘争」という概念は中国政治の中心的な観念である。多様な、また変転する形態において、さまざまな問題、相手に対して、「闘争」は終わりのあるものではなく、国内政治においても対外政策においても深く埋め込まれたものである。この恒常的なテーマの下で、新しい安全保障上の脅威に沿って新しい問題が確認され体制の安全保障化（ある問題が安全保障の問題と認識されること、またその過程）[2]が展開し、政策の内容は変化する。以下の節においては、この闘争が、中国の指導部の異なる世代の政策にどのように反映されたかを分析しようとするものである。そこでは、細部に深入りしないで、その背後にある諸原理や戦略に光を当て

る。論文は、中国語、英語を含む資料を包括的に引照し、もって読者にさらなる研究を可能にするように工夫している。

## 1. 毛沢東の政治指導

　1921年に中国共産党が創設されたとき、毛沢東は、むしろ無名の存在であった。しかし、1935年1月、共産党が敵対者である国民党軍の包囲を打ち破ったいわゆる長征の間に開かれた遵義会議において指導者にのぼりつめた。毛の成功は、彼の同盟者である朱徳の支持を通して紅軍（それは、のち人民解放軍の基礎となったものであるが）の忠誠を勝ち得たことによるところが大きい。1949年の内戦の勝利は、ついに人民共和国の建設をもたらした。

　この革命の暴力との結婚は、国内政治において再確認され実践された。6つの行政地域の中で、華北および東北を除いて、他の4つの地域（西北、西南、中南、そして華東）は、1954年まで軍政委員会によって運営された[3]。中国本土における残存する国民党軍と戦うことを除いて、軍は、強制的に共産主義体制を導入し、「土地改革」という名の下で、地主から土地を再配分することに対する反対勢力を抑圧しなければならなかった（Teiwes 2011）。以後、人民解放軍は党が力を掌握するだけではなくそれを維持する闘争での必須の手段となった。これは、毛の「共産党のどのメンバーも、次の真実を理解しなければならない。すなわち、"政治的な権力は、銃身から生まれる"。われわれの原理は、党は銃を指揮しなければならない、しかしわれわれは銃が党を支配することを絶対に許してはならない」（Mao 1938/1968）というモットーを立証するものである。

　中国共産党指導部の深刻な不安感は、国内そして対外政策の中に反映された。共産主義陣営の一員として、そして極端な親ソ連の「(対ソ)一辺倒」政策に従って、中国は、共産主義の友邦を救うために、また「帝国主義者」の巻き返しに抗して戦略的な緩衝地帯を作り上げるために、朝鮮半島に軍を送り込んだ（Chen 1994）。朝鮮戦争は戦略的な手詰まりに終わったが、中国軍はアメリカに対する有力な対抗者であることを証明し、また地域の重要なプレーヤーであることを示した。

しかしながら、このことは安全保障の改善を意味するものではなかった。1953年、朝鮮戦争の休戦協定が調印されたことに伴って、中国はその関心を経済建設に向けることになった。最初の5ヵ年計画（1953～1957年）は、ソ連の援助パッケージに指定されていた重工業のプロジェクトに従ったものであり、国防産業基盤から化学、機械産業までを含むものであった。1957年、ソ連と結ばれた国防技術の合意の中には、中国自身の核爆弾の開発が含まれていた（Zhang et al. 2004）。

逆説的なことであるが、この時期は、崩壊する運命にあった中ソ同盟が最初の亀裂を示したときでもあった。われわれは、中国において、共産主義は、20世紀初期における「国家救済」への一つのイデオロギーとして導入されたこと、したがって、ナショナリズムを強調し「国家の恥辱」という言説の種をまくものであったことに思いをいたさなければならない（Wang 2012）。毛は、正統的なマルクス主義から国情に合わせ彼流の「中国化版」を作り出すことに躊躇しなかった。すなわち、革命の基礎を農村に置き、農民に依拠し、軍事力の行使と大衆動員、そして永久革命を通して権力を掌握するということである（Lieberthal 2011）。

最初は1953年の農業集団化、5年後の「人民公社」をトレードマークとした大躍進、そして、過剰な工業化というように、毛沢東の政策はますます急進的になっていった。それは、彼の「自力更生」への固執に加えて、土着の革命に対する情熱、あるいはソ連モデルの拒否、を証明するものであった（Lieberthal 2011）。

毛とソ連との行き違いは、1956年のソ連共産党第20回大会におけるフルシチョフのスターリン批判、そして「異なる社会経済システムを持つ国家間の平和的共存」という原理導入の中で深刻になっていった。これらすべては、永久革命を通して社会主義を成し遂げることを唱え、またアメリカを「張子の虎」と非難していた毛を大いにいらだたせた（Lüthi 2008）。最終的には中ソは分裂したが、それは中国の内政と外交の転換点となった。

2つの超大国、すなわち「アメリカ帝国主義者」と「ソ連修正主義者」の2つと対峙していることを認識した中国は、不安感を増幅させた。1961年に終わった大躍進は、社会的、経済的な災厄をもたらしたが、しかし差し迫った核攻撃という認識と対中包囲形成の可能性は、中国を第三次5ヵ年計

画に駆り立てた。第三次5ヵ年計画は実態的には中国を戦争経済にしてしまった。それは、「三線（第三フロント）」といわれる山間部の後背地に主要産業の研究ならびに生産施設を、専門家とともに移動させるという「三線建設」として知られるものであった。これは、1970年代後半には、鄧小平の改革プログラムの大きな負担となった（Brömmelhörster and Frankenstein 1997; Lüthi 2008）。

しかし、毛沢東は守りに徹したというわけではなかった。中国がソ連の修正主義に流されるのを防ぐために、毛は、文化大革命を開始する。それは、鄧小平を含む指導部の中のいかなる潜在的な修正主義者をも根こそぎにしようとするものであり、政府、民間を問わず既存の権威を攻撃することによって、大規模な革命への新しいモメンタムを作り出そうとするものであった。大衆動員がコントロール不可能になると、軍が秩序を回復するために導入された（MacFarquhar and Schoenhals 2006）。

国際的な面においては、毛沢東主義は、イデオロギー的なリーダーシップと革命への情熱をめぐってソ連と競争した。すでに1950年代において、中国は、フランスの植民地軍と戦うホーチミンに軍事援助（それは、規模において金日成の支援よりもよほど小さなものであったが）を供与していた。1956年の第8回党大会において、毛は、アジア、アフリカ、ラテンアメリカにおける独立運動を支援することを誓っていた。中国は、対外援助外交において、早くからのプレーヤーではあったが、プラグマティックであり、毛主義のモデルを積極的に促進しようとすることなく、他の国の内政への不干渉という自己の原理をだいたいにおいて守っていた。たぶん、ベトナムにおける中国の対空砲部隊と工兵隊の存在、タンザン（タンザニア―ザンビア）鉄道などのインフラ、アフリカにおける「友好スタジアム」の建設などは、ペルーにおけるセンデル・ルミノソ（毛派のゲリラ）とともに、中国は、地域的な軍事的国家ではあるがグローバルな影響力を持った国でもあるとのイメージを植えつけることになった。これらの国々の助力で、1971年にライバルである台湾の国民党政府を国連から放逐できたとき、北京の第三世界外交は果実を結んだのである（Yu 1994; Brautigam 2009）。

同じ年、昔の同志であるソ連と対立していたがゆえに、共産中国は、皮肉にも、かつて朝鮮で戦いまた間接的にベトナムで戦ったアメリカと接近した

のである。強固なものとはいえなかったが、1971年に2国間関係の氷は解け、1979年の1月に外交関係が打ち立てられた。その結果は、一つの弱い環、中国を含む（米ソ中の）戦略的な三角形であった。しかし、これは、世界の場での中国の役割を高める重要な一歩であった。

## 2．鄧小平の政治指導

　1976年に毛沢東が死去するや否や、人民解放軍は、四人組として知られた他の3人の指導者とともに毛の妻の江青を逮捕した。文化大革命によってもたらされた混乱を解決するために人民解放軍は、再び政治の場に導入されたのである。鄧小平は、政治的に復活し、次の年、過渡的な党主席であった華国鋒のあと最高指導者となった。

　鄧小平は、彼の経済改革とプラグマティズムによって評価されることが常であった。そして、それは正当な評価である。事実、中国の夢を実現するための基礎を作ったのは彼の「4つの近代化」であった。彼は、いわゆる「三歩走」戦略（三段階発展戦略）において「小康社会」、すなわち、いくらかゆとりのある社会を作るという目標を打ち立てた。三歩走戦略とは、1980年には250米ドルであった一人当たり国民所得をまず2倍にし、さらに2倍にして20世紀の終わりまでには1000ドルに到達するようにし、最終的には2030年から2050年までには4倍にして4000ドルに到達しようとするものである。中国の国家統計局によれば、第二段階の目標は計画より5年早く1995年には達成されていた（China State Statistical Bureau 2008）。

　毛のやり方にならい、鄧は、改革を農村部と農業セクターから始めた。しかし、彼は、典型的に毛主義的である人民公社を廃棄し、それに代わって農民が余剰収穫を市場に売ることを許す農家請負制を導入した。「社会主義的市場経済」を建設するとの名目で、郷鎮企業や個人事業の発展を奨励し、資本獲得を促進するために、外国からの投資を引きつけるべく1980年「経済特区」を設立し始めた。中国に資本主義を再導入するもっとも顕著な政策は、疑いもなく、1949年以来閉鎖されていた上海の株式市場を1990年に再開したことであった。

しかし、もしわれわれが、鄧の改革をあまりに深読みするとすれば、それは彼についての大きな誤解であろう。彼にとっては、「改革は第二の革命」であった（Deng 1993）。彼は、イデオロギー上の理由から、次のリーダーと目された2人の党総書記を除去した張本人であった。また鄧は、「四項基本原則（4つの基本原則）」[(4)]を作り、1989年に民主運動の軍事的鎮圧を命じた者でもあった。これらすべての出来事に共通していたのは、イデオロギー的に異教であるものが、共産主義の支配の基盤を揺るがすかもしれないということであった。

　毛から鄧を分けるものは、中国共産党の卓越性を維持するためのアプローチの違いであった。永久革命と大衆動員に代わって、鄧は、豊かで強い中国が彼の党に正当性を与えるであろうと考えた。したがって、外国の政治勢力によって扇動されているとされる「和平演変」に対して警戒することを擁護しながらも、すべての公職を離れたすぐ後で、彼は、1992年、「経済特区」の実験を開始した華南への「視察旅行」を行い、改革のコースを続ける彼の決意を再確認し、「左は、右であることよりもっともっと危険である」と警告した。これは、次の指導部の中に彼の「社会主義市場経済」モデルを確固として組み入れようとする、鄧の最後の主要な行動であった。

　「中国の夢」と改革との結びつきは、「中国の夢」の核心的なアイディアが富と力であることを考えると、自明である。国力という概念が注意を引くようになったのは、鄧小平の指導下であった。彼は、経済力は軍事力の基礎をなすものであり、したがって、経済力は優先されるべきものであると論じたのである。人民解放軍は、最小限の資源で辛抱することを余儀なくされた。毛時代の、すぐに来るかもしれない全面核戦争に備えるという戦略は、「平和と発展」を基調とする国際的な闘争、という認識に取って代わられた。それゆえに、国防の必要性を「4つの近代化」の最後の項目に格下げすることを正当化できたのである。また、一連の動員解除や軍事技術や産業の民間への転換などが行われた。1989年のあと、西側諸国によって強制された国際的な孤立、そしてその2年後のソ連と東側ブロックの崩壊は、愛国者鄧が改革を進めていくことを妨げなかった。彼は、韜光養晦（「ひそかに力を蓄える」）という戦略でそれに対処した。それは、冷静さと安定を呼びかけるものであり、しかもそれは、新しい国際秩序を促進するために将来を見通して行動す

る、ということを短い言葉で表したものであった。彼は、改革目標の達成と国力の増進は、中国の社会主義システムを転覆させようとする西側の陰謀に対する最善の防衛策であると考えた。経済的な利益は、国内的、国際的な安全保障の関心と一緒になったものと考えられた（Deng 1993; Gao 1995; Gu 2003; Ng 2005）。

## 3．江沢民の政治指導

　江沢民は、大方のところ、1989年の天安門事件で趙紫陽が劇的に失脚したことによって出現した偶然的なリーダーであった。「第三世代の指導者の核心」として、江は、彼の大部分の時間を政治的な力の基礎を慎重に培うことに費やし、鄧小平の政策路線を踏襲していた。彼が、前任者のひそみにならい、初めて彼自身の「革新的な」イデオロギー的な概念を提示したのは、2001年になってからであった。それは「3つの代表」であり、それは、党は「先進的な社会的生産力の発展要求」を代表しなければならず、先進的文化の前進を代表しなければならず、そして人民の大多数の利益を代表しなければならない、というものであった。この概念は、次の年にすぐに党の規約に組み込まれた。中国共産党は旧態依然となり、官僚的となり、鄧の改革によってもたらされた急速に変容する社会経済の構造に適応できなくなり、ガバナンスの危機が忍び寄っていた。「3つの代表」はこのような危機に対応しようとするものであった。とくに注目に値するのは、「第一の代表」である。それは、いわゆる「先進的な社会的生産力」であり、暗に知識人や民間企業家という、出現してきた「新しい社会階層」を意味するものであった。そして、そのことは、共産党のメンバーの労働者階級の出自を強調するという伝統から離脱するものであった（Ng 2006; Shambaugh 2008）。
　鄧は、江に取り扱うのが容易ではない遺産を残した。しかし、同時に江に飛躍することができるような果実をも残した。すでに述べたように、中国経済は、成長し続けており、「小康」の第二段階は、その計画に先んじて達成されていた。富を手にした江沢民は、国内的・対外的政策の重要な手段である軍を強化することを始めた。経済的な困難に陥って、資金難に悩んでいた

ロシアの経済的な弱さを衝いて、中国は、中国と比べて格段に進んでいる、またソ連時代には獲得が不可能であった、軍事的な装備や技術を輸入することができた。中国の軍事支出が、毎年2桁成長の安定した軌道に乗り始めたのは江沢民の時代であった。この増大を、中国の軍事専門家は、過去10年における遺失を埋め合わせるための「補完的な増大」と呼んだ。「政府の支出のみで暮らす」という政策の下で、人民解放軍はそのすべての商業活動をやめさせられた。これは、はびこる汚職と密貿易的な活動を取り締まり、軍をしてプロフェッショナリズムへ回帰させるための必要な手段であった（Ng 2006; Huang and Zhang 2008）。

補完であれ何であれ、そのことは、1991年の湾岸戦争が示した、戦争は機械的なものから情報へ移ったという「軍事革命」の時代に合致したものであった。アメリカが1996年に台湾海峡に2つの空母機動部隊を送り込んだとき、人民解放軍とアメリカの近代的な軍隊との格差は、巨大なものであった。アメリカは、台湾近辺の海域に誘導ミサイルの「発射実験」を行った中国軍に、台湾（中国はそれを裏切り者で分離主義者と考えていたが）に対するさらなる攻撃的行動をとらせないようにしようとしたのであった。この主権を守ろうとする中国の試みは屈辱に終わったが、1999年、アライド・フォース作戦において、アメリカがベオグラードの中国大使館を「誤って」爆撃したとき、中国の誇りはさらに深く傷つけられた。これは、北京が国家主権と力による人道的介入の権利をめぐって、西側と激しい論争を展開していたときに起こった。中国は、この爆撃を中国の主権に対するあからさまな侵害であり、多くの中国人専門家はこの爆撃は意図的な脅しであると主張した（Perry 2000; Nathan and Scobell 2012）。

このような論争は、中国の対外政策変化のシグナルであった。西欧の価値の浸透から「防衛」を図るのではなく、中国は自己の見解を主張することにしたのである。中国は、世界政治におけるその力と国際的な規範と制度をより明確に意識するようになった。江沢民時代のもっとも有名なスローガンの一つは、「国際基準の導入（国際接軌）」であった。北京は、現存の国際的な政治的規範や制度には懐疑的であり、それらは西側に支配されていると不満を示していた。しかし、中国は、それにより統合されていく準備が整っていた（Wang 2007）。イアン・ジョンストンは、ポスト毛の時代において、中国

が国際的な制度への関与を増大させる顕著な傾向を示していることを指摘していた（Johnston 2008）。この点で、もっとも重要なブレークスルー的な展開の一つは、疑いもなく、2001年、いくつかのルールを留保しつつも、中国がWTO（世界貿易機関）に加入したことであった。10年以上にわたる改革の大いなる成功のあと、江沢民は、経済力といわゆるソフト・パワーという視点を失わないでハードな軍事力を強化したが、それは、江が国際政治の闘争における力の行使について、より彫りの深い、また洗練されたアプローチをとるようになったことを意味した。

## 4．胡錦濤の政治指導

　強力な中央軍事委員会主席の委譲が2004年にずれ込んだように、権力の委譲には遅れが伴ったが、江沢民の胡錦濤への権力の委譲は、中国共産党史上もっとも平和的なものの一つであった。しかし、江の「3つの代表」は、いまだ党を活性化するには至らなかった。胡錦濤は、彼自身の「理論的な革新」を提示するべく、「人間中心、全面的、協調、持続的発展」という概念――それは「科学的発展観」として知られるものであるが――を推し進めた。中国共産党中央委員会政策研究室の上級研究員の考察によれば、この概念は、急速な経済改革によって引き起こされた社会的、また環境的な問題を解決し、経済成長の焦点をスピードと量から質と持続性へ変えることを狙ったものだという（Wang 2004）。のち、この概念は、精緻化され、人事政策から農村改革、貧困救済など一連の政策を含むようになり、2004年には、「和諧社会」を作るというビジョンと相互に補完されるものとなる。これらはすべて中国共産党の揺らぎつつある「統治能力」に対する執行部の懸念の発露であった。換言すれば、共産党がなすべきことは、ますます大きくなる挑戦にいかに対処するかということであった（Shambaugh 2008）。

　実際、抗議や暴動を意味する「群衆事件」の暴発を見たのは、胡の時代であった。2012年には、治安予算は、初めて国防予算を凌ぐようになった。早期の予兆を探知し、社会不安を取り除く「社会管理」は、地方政府の優先的な仕事となった。このような展開をもたらした一つの重要な要因は、情報

技術と装備が広く応用され、使用可能となったことであった。このことは、世論の拡散を促進し、公の場における集会の組織化を可能にした。しかしながら、情報技術は、一方的なゲームではなかった。立法によって情報コントロールを強化するのに加えて、政府は、情報をスクリーンするための「中国の巨大なファイアーウォール」と呼ばれるものを建設し、インターネットを使って世論を形成するというように、情報技術を、政府の優位になるように利用したのである（Ng 2006; Buckley 2012; Shambaugh 2012; Dai 2013）。たぶん、国内的な安全保障に関するもっとも大きな脅威の一つは、テロリズムである。9・11のテロリストの攻撃以後、非伝統的安全保障は、中国の政策議論の大きなテーマとなった。指導部はいち早くこの機会をとらえ、新疆とチベットに対してより厳格なコントロールを課し、上海協力機構に典型的に見られるように、テロリズムと戦うという名の下に、国際的なネットワークとプラットフォームを作り出したのである（Lu 2003）。胡錦濤指導下の中国では、このように安全保障の問題として認識され、内政と外交に大きなインパクトを与える事象が起きるという安全保障化の重要な展開を見たのである。この傾向のいま一つの明白な事象は、人民解放軍の使命の拡大であった。

　2004年の中央軍事委員会拡大会議において、胡錦濤は軍の新しい「歴史的な使命」を提起した。それは、中国共産党の支配的な地位を維持することと、国家発展の「戦略的な機会の重要な窓」を安全保障面からサポートすることであった。政治的な安定、経済的な利益、そしてエネルギーのニーズは、一つの束として考えられるようになった。経済成長は共産党が政治的改革を進めるための代価として使ってきたものであるが、経済成長を維持する責任は、軍にゆだねられたのである。軍が国内的な安定に果たす役割の一つは、「戦争以外の軍事作戦」という任務である。軍の部隊は、社会不安を最小限にするために、災害時における探索・救助作戦から化学物質の汚染の除去まで、さまざまな事態に対処するために用いられる（Ng 2005; Tian 2007; Nathan and Scobell 2012）。

　さらに軍は、対外政策の分野にますます統合されていった。持続的発展の必要性という観点に照らして、宇宙空間、サイバースペース、そして公海というような空間は、国家間の競争の新しいフロンティアと考えられるようになった。文民政府は情報技術の研究開発を積極的に促進しようとし、人民

解放軍は、高度に秘密的なサイバー戦争部隊を作ることを始めた。彼らの正確な能力はいまだ不確かなものの、彼らの行ったといわれるサイバー攻撃は米中の２国間関係の一つの主要な論争点となっている (Gompert and Libicki 2014; U.S. Department of Defense)。海においては、中国はより積極的になっている。領土保全という政治的な理由のために、地域的な海上コントロールという戦略的な利益のために、そして豊かな鉱物とエネルギー資源からの経済的利益の促進のために、中国の海軍そして準軍事的な機関は、自己主張的な外交政策を裏打ちすることになる。事実、彼らがあまりに積極的なので、アメリカはアジアに対する「リバランス」戦略をとることになった。このような活動の背景には、中国政府が、すべての力をもって守ると誓う「核心的利益」概念をはっきりと展開したことがあった。正確な定義はないが、それは、領土主権、領土保全、国家安全保障、そして国家発展の利益などをカバーすることを意図するものである。この概念の傘の下に、台湾、チベット、そして新疆に加えて、東シナ海と南シナ海も入ることになる (Swaine 2011; Nathan and Scobell 2012)。現在、海洋の境界と利益をめぐる近隣諸国との論争は、中国の対外関係の焦点となっている。

　これらすべては、われわれをして「中国の夢」という概念に立ち返らせる。「中国の夢」は、胡錦濤のリーダーシップの下では、「平和台頭論」（のちに、より温和な「平和発展」）として知られるものであった。この概念は、2003年までさかのぼることができるが、公的メディアのCCTVで放映された「大国の台頭」というドキュメンタリー・シリーズが制作されたあと、多くの研究を生み出し、大衆の言説においてさえ大きな人気を博した。1980年代にイギリスの学者ポール・ケネディによって出版された『大国の興亡』という本を想起させるように、これらの研究[5]のほとんどのものは、過去の「大国」の経験に学び、その失敗を避ける中国の道を見つけようとするものであった。

　いうまでもなく、中国はいまだ適切なモデルを模索していた。投資を多様化し天然資源を獲得するために、中国はいわゆる「積極的に海外に進出する」政策を採用した。それは、企業が外国企業とのM&Aに参加し、労働と技術を輸出することを奨励するものであった。しかしながら、中国の熱意は、必ずしも同じような情熱によって迎え入れられるものではなかった。大

きな失敗として、ファーウェイ（華為技術）がオーストラリアの国家ブロードバンド・プロジェクトに応札したのを拒否されたこと、レノボがブラック・ベリーを買い取ろうとし、カナダに拒否されたことがあげられる。そのどちらもが、安全保障上の理由であった。そして、メキシコにおいては、中国主導の鉄道コンソーシアムの契約が、えこひいきしているとの非難によって破棄された (O'Boyle 2014)。他方、北京は、その経済的な梃子を使うことにますます意欲を示す。しかし、そこでも、成否入り混じった結果を示す。中国は、米財務省債券を保持することによってアメリカにプレッシャーをかけようとしたり、レアアースの輸出を規制することによって日本をコントロールしようとしたが、逆効果であった (Wolf et al. 2011; Reilly 2012)。

より非強制的な方策として、中国はソフト・パワーに関心を払うようになった。実際、胡の時代、中国は、中国の「魅力」を示すいくつもの稀に見る機会を与えられた。2008年の北京オリンピック、2010年の上海万博である。もちろん、中国政府は、自からもそのような機会を作った。2004年に中国語と文化を促進するために孔子学院を設立したし、海外で広報手段を積極的に活用し、政府の見解を海外のプレスや新しいメディアで発表し、また政府のスポークスマン・システムを改善した (Men 2013)。目的は、中国の「言説空間での力」を高め、世界の意見に影響を与えることであった。しかし、これらソフト・パワーの建設の多くが、政府自身の高飛車な政治と自己主張的な対外政策行動によって無に帰した (Nye 2012)。

## 5. 習近平の政治指導

習近平が国政を担当するに至るや否や、彼は、すばやく力のある政治指導者というイメージを作り出し、軍に対する統制を強めた。これは驚くべきことではない。彼は、ソ連の崩壊はイデオロギー上の異端性と党の軍に対するコントロールの失敗で起きたと考え、その悪夢にとりつかれていた (Buckley 2013)。継続的な、情け容赦のない闘争を頭に置き、習は、中国共産党の支配という至上命令を強化するために彼の「中国の夢」を推し進めた。

文化大革命で大いに苦しめられた党の長老の子供であること、また薄熙来

を粛清したことを考えると、左派的な強い傾向を持つことで知られる強力な指導者である習近平でも穏健派になるであろうとの印象が持たれた。しかし、政権をとってから2年を経る中で、彼は毛沢東時代を想起させる政策を採用し実践して行ったのである。

　第一に、「国家の屈辱」言説の中に埋め込まれた彼の「中国の夢」は、実際には、中国共産党が政治的な正当性を得るために行ってきた事業の継続であった。それは、毛が「昔の苦しみを思い起こし現在の幸福をかみ締める」と呼んだものと酷似している。第二に、2012年、党総書記になった翌月の政治局会議において、習は、毛の「大衆路線」を復活し指導スタイルの変容を呼びかけたのである。これは、すぐに「8つの規定と6つの禁止令（中央八項規定、六項禁令）」の名前の政策となった。それは、贅沢なスタイルを禁止し、幹部と党員に足を地に着けた勤務態度を求め、倹約生活をするように呼びかけるものであった。彼は、河北省の（石家荘近くの）西柏坡、河南の蘭考、その他の毛の大衆路線にゆかりの場所を訪問し、文化大革命の間、反対者を抑圧する悪名が高かった「自己批判」を復活させるまでに至った。

　しかしこれは、習が単なる毛の模倣者であることを意味しない。2014年10月、統治における法の役割を研究する中国共産党第18期中央委員会第4回全体会議（18期四中全会）が招集された。公的な通信社である新華社は、次のように解説した。その目的は、2000年の長きにわたる中国政治の伝統、「人治（パーソナルな裁量による支配）」、を変えようとするものである。「人治」は、「政治権力が法を凌駕する」という概念であり、広く官僚の間に根づき、「腐敗を生み出し、党の支配的な地位を危うくしている」（Liu et al. 2014）。この改革の最終的な目的は明らかである。すなわち、党幹部の中に深く根ざしている腐敗の伝統と戦うことによって中国共産党の支配を維持することである。ある法律の専門家が考察するように、これは、直截に「共産党の権力を維持するために、共産党の権力の一部を制約する」という方法である（Gewirtz 2014）。法律は、政策的な道具の一つに過ぎないのである。指導部の法治国家というスローガンは、習によって、「統治における遠大な、徹底的な革命」であると考えられているが、それは、西側の「法の支配」というよりもむしろ「法による支配」に見える（Gewirtz 2014）。

　法は、党の権力行使を規制することと、反対者を抑圧する場合に正当化の

理由を与えるという2つの機能を持つが、それが力のバックアップを必要とすることは明らかである。そして、最終的な保証者は国内と対外の安全保障機能をつかさどる軍であり続ける。これが、習近平が、人民解放軍は単に党のリーダーシップに従うだけではなく、「党の指令に従わなければならない」ということを強調する理由である。習のアイディアと政策を軍に教化しようとする政治工作キャンペーンも数次にわたり展開されている。なぜなら、指導者の目から見れば、政治的闘争は終わりのないものであり、「敵勢力」は、常に中国の台頭を妨げるために軍を党の支配から切り離そうとする陰謀をたくらんでいる。実際、かつて軍の指揮系統の第二の地位にあった徐才厚上将の逮捕は、単に党だけではなく、習自身に対する人民解放軍の忠誠のテストであった (Liberation Army Daily Commentator 2014; Xu 2014)。このようなことから、軍は、政治的な信頼性に加えて、戦争に備えなければならず、戦争を戦いそして勝つ能力を持たなければならない。戦争に備えるということは、習が政権をとって以来のキャッチワードであった。人民解放軍の総参謀部が、2013年の演習計画の中で、部隊に「戦争への備え」を指令したとき、西側のメディアは、中国の近隣諸国、とりわけ日本との緊張した関係から憂慮を示した (Wu 2013; CCP Central Committee Propaganda Department 2014)。事実は、中国共産党の言い方からすれば、それは、革命的な闘争の諸要素の一つにすぎない軍事的闘争に備えよとの呼びかけであると理解するのがより正確なところであろう。

　北京の自己主張的な対外政策は、アジア太平洋地域に不信を生み出し続けている。それに対する中国の解決策は、第一に、ロシアとのパートナーシップを強化し、国際関係において、よりよいロシアとの協調を図ることである。そのことによって、アメリカのリバランシングに対抗することである。一方で、中ロの軍事的なつながりは、「平和の使命」と「海上協力」（中露海軍合同演習）という一連の軍事演習の内容と規模に見られるように、深まり続けている。他方、両国はエネルギー資源の範囲を超える経済的協力を拡大しようとしているが、その努力は、現在まで大した成果をあげていない。第二に、中国は、アメリカの同盟網と地域の安全保障のアーキテクチャーに間隙を見つけようとしている。カンボジアとタイなどの伝統的な友好国から引き続き支持を確保しようとし、インドネシアやマレーシアという地域の主

要プレーヤーには、中立的な立場に立つように働きかけ、韓国をより近くに引きつけることによってアメリカの影響力を殺ごうとしている（IISS 2014; Hwang 2014）。

　グローバルなレベルにおいては、北京とワシントンがともにお互いの相互依存を理解していることから、習近平は、「新しい大国間関係」を進めることによって、両国の共通の利益を強調しようとした。しかし、両国は、この概念について異なる解釈をしており、それは、米中2国間関係が今後とも関与と競合が混在するものとなることを意味しよう。さらに、われわれは、アメリカを中国との対立により深く引き込んでしまうかもしれない、同盟を通しての巻き込まれの危険性を無視してはいけないであろう（Sun 2013; Lampton 2013）。アジアを超えては、中国軍は、海賊取り締まりのための軍事行動や平和維持活動という限定的な規模の活動に満足しなければならない。しかし、中国の財政的な力は、中国をして世界政治において、より大きな役割を果たすことを可能にしている。アメリカや日本によって支配されている世界銀行やアジア開発銀行という既存の国際的な金融制度における自身の役割に不満足な中国は、インドやシンガポールなどの20ヵ国と手を携え、2014年10月、アジアインフラ投資銀行を設立することを決めた（Dollar 2014）。これがアメリカの支配する金融システムにどのくらい影響を与えるか定かではないが、中国が多様な分野で大国にならんとしている野心は明らかである。

## おわりに

　中国の公的な言説においては、彼らの夢は、100年以上前の帝国主義諸国によってもたらされた屈辱、そして、彼らの国を再興することにたびたび失敗したこと、に目覚めたことにより始まった。まさに、この文脈において、中国共産党は、この夢を実現する唯一の回答であると自己規定し、そのことによって支配を正当化する。したがって、当初から、共産党は内外の「敵対的な勢力」に対する永続的な闘争に身を投じてきたのである。そして、その結果、軍は常に中国政治におけるカギとなるプレーヤーであった。過去60

年間の党の歴史で変わったものは、安全保障化が展開するにつれて変化する闘争の形態、手段、標的であった。

国家運営の形態においては、毛沢東は、革命を通しての政策に彼の夢を託した。彼は、国内においては、反対者を強圧するために人民を動員し、他方では、共産主義の「兄弟」と同盟を組み、対外援助を提供し、軍事的な能力を建設し、彼の革命的なプログラムを西側の「帝国主義者」から守り、のちには、ソ連の「修正主義者」という外部からの攻撃から守ろうとした。鄧小平は、歴史的な唯物論の基礎に戻ることを決断し、国力の経済的な基礎を建設しようとした。このために、彼は、彼の国を徐々に開いていった。その代償は、富の爆発的な拡大であり、しかしそれは、あまりに大きかったために、激しい汚職と拡大する所得格差を生み出した。しかしながら、彼は、毛と同じく、共産党の支配に挑戦するいかなるものも許さなかった。江沢民は、経済改革の注意深いフォロアーであったが、中国が世界の中で、より大きな役割を果たし、また世界と統合していくことに、十分準備が整っていると考えた。胡錦濤が権力を握ったときには、彼の国は、「小康社会」の建設という長期のマラソンの主要な通過点をすでに通り抜けていた。彼の新しい挑戦は、中国共産党体制を正当化するためにいかにして急速な社会・経済的な変容と要求に対応するかということであり、またいかに中国の力を地域と世界に投射するかということであった。統治の危機がいまだ残っているので、習近平は、大変な不安感をもって政権に就いた。彼は、政治的、社会的な実践を「正す」という毛沢東流の方法と法の制度を結びつけた。これらの問題を抱えているにもかかわらず、増大する力こそが中国に自信を与える。中国は、より自己主張的になる用意が整っており、地域とグローバルな政治において正当な地位を要求する。政治指導者の目から見れば、これは、「中国の夢」を妨害するために使用可能なあらゆる手段をとると考えられる敵対的な勢力と闘争する仕方なのである。

注

（1）次を見よ。Zhou Tianyong 周天勇, *Zhongguo Meng yu Zhongguo Daolu* 中国梦与中国道路 (The China Dream and the China Path), Beijing: Shehui Kexue Wenxian Chubanshe 北

京：社会科学文献出版社，2011．
（2）安全保障化の概念についてのさらなる検討に関しては、次を参照。Ole Wæver, "Securitization and Desecuritization," in Ronnie D. Lipschutz, ed., *On Security*, New York: Columbia University Press, 1995; Barry Buzan and Ole Wæver, *Regions and Powers: The Structure of International Security*, Cambridge: Cambridge University Press, 2003.
（3）1952 年から、行政委員会。
（4）四項基本原則とは、社会主義の道、プロレタリアート独裁、中国共産党の指導、マルクス—レーニン主義／毛沢東思想の4つを堅持することである。
（5）たとえば、次を参照。Jiang Xiyuan and Xia Liping, 江西元，夏立平 *Zhongguo Heping Jueqi* 中国和平崛起 (Peaceful Rise of China). Beijing: Zhongguo Shehui Kexue Chubanshe, 北京：中国社会科学出版社, 2004; Cheng Li and Fan Lin, eds. 程立，方琳 編輯 Daguo Xinlu: Zhongguo Zouxiang Shijie de Sikao 大国新路：中国走向世界的思考 (The Thinking of a Great Power: Reflections on China Integrating with the World), Beijing: World Affairs Press, 北京：世界知识出版社, 2005; Hu Zongshan, 胡宗山 *Zhongguo de heping jueqi: Lilun, Lishi yu Zhanlüe* 中国和平崛起：理论，历史与战略 (China's Peaceful Rise: Theory, History and Strategy), Beijing: World Affairs Press, 北京：世界知识出版社, 2006.

**引用文献**

Brautigam, Deborah (2009) *The Dragon's Gift: The Real Story of China in Africa*, Oxford: Oxford University Press.

Brömmelhörster, Jörn and John Frankenstein, eds. (1997) *Mixed Motives, Uncertain Outcomes: Defense Conversion in China*, Boulder, CO: Westview.

Buckley, Chris (2012) "China Domestic Security Spending Rises to $111 Billion," *Reuters*, 5 March.

―――― (2013) "Vows of Change in China Belie Private Warning," *The New York Times*, 14 February.

CCP Central Committee Propaganda Department 中共中央宣传部 (2014) *Xi Jinping Zongshuji Xilie Zhongyao Jianghua Duben* 习近平总书记系列重要讲话读本 (Series of Important Speeches by the General Secretary Xi Jinping: A Reader), Beijing: Xuexi Chubanshe and Renmin Ribao Chubanshe 北京：学习出版社 人民日报出版社.

Chen Jian (1994) *China's Road to the Korean War: The Making of the Sino-American Confrontation*, New York: Columbia University Press.

China State Statistical Bureau 中国国家统计局 (2008) *Gaige Kaifang Sanshinian Baogao zhi Yi* 改革开放三十年报告之一 (Report on 30 years of Reform: Part One), 27 October 十月 (www. stats.gov.cn/tjfx/ztfx/jnggkf30n/t20081027_402512199.htm)

Dai Qing 戴菁 (2013) "Enhance the Internet Social Management Capability of Leading Cadres," 提高领导干部网络社会管理能力 *Xuexi Shibao* 学习时报 (Study Times), 6 May.

Deng Xiaoping 邓小平 (1993) *Deng Xiaoping Wenxuan* 邓小平文选 (Selected Works of Deng Xiaoping), vol. 3. Beijing: Renmin Chubanshe 北京：人民出版社.

Dollar, David (2014) "The Creation of the Asian Infrastructure Investment Bank Is the Right Move for the Global Economy," *The New York Times*, 22 October.

Gao Jintian, chief ed. 高金佃 主编 (1995) *Guoji Zhanlüexue Gailun* 国际战略学概论 (A Survey of International Strategy Studies). Beijing: Guofang Daxue Chubanshe 北京：国防大学出版社.

Gompert, David C. and Martin Libicki (2014) "Cyber Warfare and Sino-American Crisis Instability," *Survival* 56 (4): 7-22.

Gewirtz, Paul (2014) "What China Means by 'Rule of Law'," *The New York Times*, 20 October.

Huang Ruixin and Zhang Xibin. 黄瑞新 张希斌 (2008) "A Re-examination of the Nature of China's Military Budget Increase," 对我国军费增长性质的再认识 *Jiefangjun Bao* 解放军报 (Liberation Army Daily) 26 February 二月.

Hwang Jaeho (2014) "The ROK's China Policy Under Park Geun-hye: A New Model of ROK-China Relations," *Brookings CEPA Working Papers*, August.

International Institute for Strategic Studies (2014) *Strategic Survey 2014*, London and New York: Routledge.

Johnston, Alastair Iain (2008) *Social States: China in International Institutions, 1980-2000*, Princeton, NJ: Princeton University Press.

Lampton, David M. (2013) "A New Type of Major-Power Relationship: Seeking a Durable Foundation for U.S.-China Ties," *Asia Policy*, July (16): 51-68.

Li Bin 李斌 (2012) "Xi Jinping: Develop the Future upon Historical Legacies, Strive to Achieve the Goal of the Great Rejuvenation of the Chinese Nation," 习近平：承前启后 继往开来 继续朝着中华民族伟大复兴目标奋勇前进 *Xinhuanet* 新华网 29 November 十一月.

Li Junru 李君如 (2013) "Mao Zedong and the China Dream," 毛泽东与中国梦 *Zhonggong Zhongyang Dangxiao Xuebao* 中共中央党校学报 (Journal of the Party School of the CCP Central Committee), Reprinted in Zhongguo Gongchandang Xinwenwang 中国共产党新闻网转载 (CCP News Net) 26 December 十二月. (theory.people.com.cn/n/2013/1226/c40531-23953295.html)

Liberation Army Daily Commentator 解放军报评论员 (2014) "Resolutely Support the Decision of the Party Central Committee," 坚决拥护党中央的正确决定 *Jiefangjun Bao* 解放军报 (Liberation Army Daily), 1 July 七月.

Lieberthal, Kenneth (2011) "The Great Leap Forward and the Split in the Yan'an Leadership,

1958-65," in Roderick MacFarquhar ed., *The Politics of China: Sixty Years of the People's Republic of China*, Cambridge: Cambridge University Press, pp. 87-146.

Liu Fei, et al. 刘斐 等 (2014) "The CCP Central Committee Unprecedentedly Focuses on the Issues of Promoting the Rule by Law," 中共中央全会首次专题研究全面推进依法治国重大问题 *Xinhuanet* 新华网 20 October 十月.

Liu Shengdong 刘声东 (2012) "When Inspecting the Guangzhou Theatre, Xi Jinping Emphasised Insisting on the Unity of Building a Prosperous Country and a Strong Army," 习近平在广州战区考察时强调 坚持富国和强军相统一 努力建设巩固国防和强大军队 *Jiefangjun Bao* 解放军报 (Liberation Army Daily), 12 December 十二月.

Lu Zhongwei, 陆忠伟 主编 chief ed. (2003) *Feichuantong Anquan Lun* 非传统安全论 (On Non-Traditional Security), Beijing: Shishi Chubanshe 北京：时事出版社.

Lüthi, Lorenz M. (2008) *The Sino-Soviet Split: Cold War in the Communist World*, Princeton, NJ: Princeton University Press.

MacFarquhar, Roderick, and Michael Schoenhals (2006) *Mao's Last Revolution*, Cambridge, MA: The Belknap Press of Harvard University Press.

Mao Zedong 毛泽东 (1938/1968) "The Issues about War and Strategy," *Mao Zedong Xuanji* 战争和战略的问题 (Selected Works of Mao Zedong) 毛泽东选集, vol.2. 第二卷 Beijing: Renmin Chubanshe 北京：人民出版社.

Men Honghua, chief ed. 门洪华 主编 (2013) *Zhongguo Zhanlüe Baogao 1: Zhongguo Ruanshili de Zhanlüe Silu* 中国战略报告：中国软实力的战略思路 (Chinese Journal of Strategic Studies 1: China's Soft Power Strategic Thinking), Beijing: Renmin Chubanshe 北京：人民出版社.

Nathan, Andrew and Andrew Scobell (2012) *China's Search for Security*, New York: Columbia University Press.

Ng, Ka Po (2005) *Interpreting China's Military Power: Doctrine Makes Readiness*, London and New York: Routledge.

——— (2006) "Critical Developments in Chinese Politics," in Czeslaw Tubilewicz ed., *Critical Issues in Contemporary China*, London and New York: Routledge.

Nye, Joseph S, Jr. (2012) "Why China Is Weak on Soft Power?" *The New York Times*, 17 January.

O'Boyle, Michael (2014) "Mexico Scraps $3.75 Bln China Rail Deal Ahead of State Visit," *Reuters*, 7 November.

Perry, James D. (2000) "Operation Allied Force: The View from Beijing," *Aerospace Power Journal* 14 (2): 79-91.

Reilly, James (2012) "China's Unilateral Sanctions," *The Washington Quarterly* 35 (4): 121-133.

Ren Tianyou 任天佑 (2014) "Fully appreciate the importance and urgency of national defence and army reforms," 充分认清深化国防和军队改革的重要性紧迫性 *Jiefangjun Bao* 解放军报 (Liberation Army Daily) 17 June 六月.

Shambaugh, David (2008) *China's Communist Party: Atrophy and Adaptation,* Berkeley and Los Angeles, CA: University of California Press.

Shang Wei 尚伟 (2013) "Speak with Caution the "Strong Nation Dream Is the Strong Army Dream,"慎言 "强国梦就是强军梦" *Xueshi Shibao* 学习时报 (Study Times) 29 July 七月.

Sun Zhe, chief ed. 孙哲 主编 (2013) *Xinxing Daguo Guanxi: Zhongmei Xiezuo Xinfanglüe* 新型大国关系：中美协作新方略 (New Major Power Relationships: A Strategic Guideline for U.S.-China Cooperations (sic)). Beijing: Shishi Chubanshe 北京：时事出版社.

Swaine, Michael D. (2011) "China's Assertive Behavior, Part One: 'Core Interests'," *China Leadership Monitor* (34): 1-23.

Teiwes, Frederick C. (2011) "The Establishment and Consolidation of the New Regime, 1949-1957," in Roderick MacFarquhar, ed., *The Politics of China,* Cambridge: Cambridge University Press, pp. 6-86.

Tian Bingren 田秉仁 (2007) "Scientific Expansion of the PLA Historic Missions in the New Phase in the New Century," 新世纪阶段我军历史使命的科学拓展 *Zhongguo Junshi Kexue* (China Military Science) 中国军事科学 (5): 21-27.

*Tianjin Ribao* 天津日报 (Tianjin Daily) (2013) "The 'China Dream' Thinking: From Mao Zedong to Xi Jinping: Marking the 120 Anniversary of Mao Zedong's Birth," "中国梦"思想：从毛泽东到习近平——纪念毛泽东同志诞辰 120 周年 23 December 十二月.

U.S. Department of Defense (Various Years) *Annual Report to Congress: Military and Security Developments Involving the People's Republic of China.*

Wang, Hongying (2007) "'Linking Up with the International Track': What's In a Slogan?" *The China Quarterly*, March (189): 1-23.

Wang Yongqian 王永前 (2004) "Understanding the Scientific Development Concept," 科学发展观之认识篇 *Banyuetan* 半月谈 (Fortnightly Talk) (4).

Wang, Zheng (2012) *Never Forget National Humiliation: Historical Memory in Chinese Politics and Foreign Relations,* New York: Columbia University Press.

Wolf, Charles, Jr. et al. (2011) *China's Expanding Role in Global Merger and Acquisitions Markets*, Santa Monica, CA: RAND.

Wu Dilun 吴弟伦 (2013) "The General Staff Department Plans Military Work for the New Year," 总参部署新年度全军军事训练工作 按实战要求组织训练检验成效 *Jiefangjun Bao* 解放军报 (Liberation Army Daily) 14 January 一月.

Xi Jinping 习近平 (2014) "Explication on 'The CCP Central Committee's Resolution on Major

Issues Concerning the Rule By Law'," 关于《中共中央关于全面推进依法治国若干重大问题的决定》的说明 *Xinhua* 新华网 28 October 十月.

Xu Qiliang 许其亮 (2014) "Enemy Forces Conspire to Pull the Army Away from under the Party Banner," 敌对势力妄图把我军从党的旗帜下拉出去 *Renmin Ribao* 人民日报 (People's Daily) 4 November 十一月.

Yu Hao, chief ed. 于浩 主编 (1994) *Zhongguo Renmin Jiefangjun* 中国人民解放军 (The Chinese People's Liberation Army). 上, 下 2 Volumes, Beijing: Dangdai Zhongguo Chubanshe 北京：当代中国出版社.

Zhang Bochun et al. 张柏春 等 (2004) *Sulian Jishu xiang Zhongguo de Zhuanyi* 苏联技向中国的转移 (Technology Transfer From the Soviet Union to the P.R. China) (sic) 1949-1966, Shandong: Shandong Jiaoyu Chubanshe. 山东：山东教育出版社.

［原文英文（The Pursuit for Power and the China Dream）、翻訳：山本吉宣］
翻訳に当たっては、前田宏子氏（PHP総合研究所）から貴重なコメント、ご助言を得た。記して謝意を表する。また、中国語文献は、英語と中国語の２つで示した。

第9章

# 韓国の政治と外交
## ──秩序構成の重層的リベラル相関

浅羽祐樹

## はじめに

　韓国は「民主化の第三の波」の中で、台湾と並んで新興民主主義体制の定着にもっとも成功した事例である。立法府と行政府の長、中央と地方を問わず、選挙が定期的に実施され、すでに政党間の政権交代が2回実現した。とくに1998年の金大中政権の誕生はアジア経済危機の真っ只中で、どんなときも他の体制より優越していると国民の間で広く認識されている（Asian Barometer）。同時に、「市民的自由」や「報道の自由」には問題があり（Freedom House 2014a, 2014b）、「法の支配の徹底が課題である」と朴槿恵大統領も自認している。

　外交空間も2010年にG20サミットを開催するなど朝鮮半島を超えてグローバルに拡大すると同時に、関与するアクターや領域が多元化・重層化している。北東アジアの国際関係が地殻変動を起こす中で、アメリカとの同盟関係を維持しつつ、中国との協力を経済分野以外でも強めている。また、アメリカやEU（欧州連合）、それに中国などとFTA（自由貿易協定）を締結し、WTO（世界貿易機関）でもコメの市場開放に応じるなど、自由貿易レジームへのコミットメントと国際競争力を失った第一次産業の構造調整を両立させている。

　本章では、政治については、朴槿恵大統領など特定の人物の個性よりも政治制度に注目し、その中で動機づけられたアクター間の行動の相互作用を説明する。外交についても、国際社会や北東アジアという地域国際関係との重層構造の中で、内政との関連を説明する。

## 1. 大統領と議会の関係

### 首相がいる大統領制

　大統領制では議会だけでなく行政府の長も国民が直接選出し、それぞれの成立や存続は互いに独立しているが、韓国も同じである。国務総理という首相がいるが、フランスや台湾のような半大統領制ではない。国務総理は「行政各部を統括」(大韓民国憲法第86条第2項)するが、国政を決定する国務会議(内閣)の議長は大統領で、しかも国務会議は議決するのではなく審議機関にすぎない(同第88条)。「大統領を補佐」(同第86条第2項)しているだけの国務総理は、議会(国会)に対して責任を負っていない(浅羽2010a)。

　その国務総理の任命・解任をめぐって大統領と議会の間の関係が反映される。大統領が国務総理を任命するうえで国会の同意が必要で(同第86条第1項)、国務委員(閣僚)の任命には国務総理の推薦が必要である(同第87条第1項)。また、国務総理や国務委員に対する国会の解任建議には法的拘束力はないが(同第63条第1項)、人事に連動してその他の国会審議が頓挫すると大統領は政治的には従わざるをえない。つまり、国会は、その党派的構成次第で、国務会議の成立と存続に一定程度影響を及ぼすことができる。

　さらに、大統領制ではあるものの、議院内閣制的要素が加味されていて、大統領と議会の間の関係だけでなく、大統領と政党、とくに与党との関係を規定する。「立法権は国会に属する」(同第40条)ものの、国会議員だけでなく、行政権が属する「大統領を首班とする政府」(同第66条第4項)も法案を提出することができる(同第52条)。また、大統領は国会議員を国務委員に兼任させることができるが(同第43条、国会法第29条第1項)、これは当選回数が1回に制限されている中で、与党を統制する手段になっている。

### 政策選好・憲法権限・党派的権力

　大統領と国会の政策選好は任期と選出方法の相違に規定される。大統領の任期は5年で再任できない(大韓民国憲法第70条)が、国会の任期は4年(同

第42条）で当選回数の制限はない。大統領は全国単位で選出されるが、国会議員の80％以上は全国を245に分けた小選挙区で選出される。どちらも決選投票はなく、相対多数制である。こうした中、少なくとも制度的には、大統領は国全体の中長期的な利益を重視する反面、国会は政治的支持への見返りに選挙区に短期的な利益を誘導するクライアンティズムになりやすい。

　大統領は自らの政策を法律・予算・人事を通じて実現しようとするが、国会との関係において付与されている憲法上の権限が重要である。国会だけでなく政府にも法案提出権があり単純多数で可決されるため、韓国の大統領はアジェンダを設定しやすい。また、拒否権もあり（同第53条第2項）、国会がそれを覆すには3分の2の賛成による再可決が必要なため（同第4項）、自らの意向に沿わない政策の実現を阻むことができる。さらに、予算は国会が審議し、人事も一部聴聞会を実施しているが、その策定は政府が独占している。

　憲法権限を行使できるかどうかは政党との関係次第である。与党の国会議席率が2分の1以上だと統合政府となり与党単独で法案や予算案を可決できるが、それ未満だと分割政府となり政策実現には野党の協力が欠かせない。2012年にフィリバスター法が成立してからは、野党による議事妨害を無効化するためには5分の3以上の議席が必要で、政策実現の閾値が上がっている。さらに、この党派的権力は与党の国会議席率だけでなく、大統領がどれくらい与党を統制できるかによっても左右される（浅羽2010b）。

## 選挙サイクルと政党政治

　政党間の政党システムと政党内の組織や規律のありようの両方を規定しているのは選挙サイクルである。大統領と国会は任期（5年と4年）と選挙日程（12月と4月）が固定されているため常に非同時選挙であるが、両者の間隔は毎回変わり、20年（5と4の最小公倍数）で一巡する。その中で4人に1人の大統領は任期中に2回総選挙を実施する。大統領にとって総選挙の意味は、任期初めのハネムーン選挙、任期半ばの中間選挙、任期末など時期によって異なる（浅羽・大西・春木2010; Asaba, Onishi, and Tatebayashi 2010）。

　任期半ばの総選挙だと、有権者は政府・与党に対する業績評価投票を行

い、分割政府が生じやすい。逆に任期初めの総選挙だと、有権者は将来期待投票を行い、統合政府になりやすい。さらに任期末でも、現職がいなくて常に新人同士の競争になる大統領選挙の前哨戦として位置づけられると、新政権への期待が圧倒する。事実、朴槿恵は2012年の大統領選挙の8ヵ月前に行われた総選挙で現職だった李明博(イミョンバク)と差別化するために与党をセヌリ党へと再編し、過半数議席を獲得した（浅羽2011）。

　議員の関心が自らの再選にあるとすると、総選挙の公認権を誰が有しているかによって忠誠が左右される。与野党を問わず、民主化運動のカリスマ的指導者だった（次期）大統領（候補）が政党の代表を兼任し公認権を掌握していた時期は、総選挙以前は議員に対して強い規律を維持していた反面、総選挙以後は政党規律が弛緩した。大統領と政党の代表が分離され、政党の公認候補や執行部を選出するための党内選挙（プライマリー）が導入されてからは、その選挙サイクルとの関連も重要になっている。

## 2．政治部門と非選出部門の関係

### 司法積極主義と選挙ガバナンス

　韓国政治を分析するうえで、政治部門だけでなく非選出部門の役割や両者間の相互作用も重要である。韓国では一般の法院（裁判所）とは別に憲法裁判所があり、法律の違憲審査を専管している（大韓民国憲法第111条第1項）。民主化し憲法が改正され、1988年に設立されて以来2013年までの25年間で、憲法裁判所は235本の法律を違憲にした（國分2012; 在日コリアン弁護士協会2010; 鄭2012; 李2012）。多国間比較でも、民主化以前の憲法委員会（1980年憲法第6章）との時系列比較でも、違憲審査に積極主義的である（レイプハルト2014: 175-193）。この他に大統領の弾劾や政党解散の審査も専管していて、「民主的な基本秩序」（同第8条第4項）の守護者を自認している。

　選挙管理委員会も国会や大統領から独立した憲法機関で（同第7章）、単なる選挙「管理」ではなく選挙「ガバナンス」の役割を果たしている。選挙法違反を取り締まったり、選挙法改正の立法意見を国会に提出したりと、準司

法的・準立法的な権限を有している。後者は選挙区の画定、政党支部のあり方、一票の格差の是正、在外投票制の導入など政治部門の競争条件と関連する問題で、ときには憲法裁判所による違憲判決や市民運動とも連動しながら一定の政治的効果を及ぼしている（大西 2013）。

　憲法裁判所も選挙管理委員会も国民が直接選出していない。にもかかわらず、国民が直接選出した国会の多数派が制定した法律を違憲にしたり、政治部門の競争条件を規定したりするなど、非選出部門が政治部門を外から制約しているのである。韓国の非選出部門の権限が強くて自律的なのは、そもそも政治部門が憲法改正時にそのように合意したからである。当時、将来の政治的競争、つまり民主化後最初の定礎選挙である大統領選挙に対する不確実性が高く、どの勢力にとっても負けたときのために「保険」をかけておくのが合理的だった（Ginsburg 2003）。

## 政治の司法化／司法の政治化

　政治部門と非選出部門の関係、さらには政治と（憲）法のダイナミズムは国や時期によって異なる。韓国憲政史では、1948年の建国以来憲法が9回改正されたが、憲法が政治を制約したというよりも、政治が憲法をそのつど都合よく変えてきた。大統領の任期の延長や直接選挙制の廃止はその最たる例で、政治部門の競争条件を自らに有利に変えたり、そもそも競争自体を廃止したりした。ところが、1987年に成立した現行憲法は四半世紀以上持続し、民主主義体制を安定させると同時に、政治を制約している。

　現行憲法下でも、他の民主主義体制と同じように、政治と（司）法のダイナミズムは別の形で表れている。その一つが「政治の司法化」で、政治家や政党同士で交渉や合意を通じて国会で決着がつかないと、憲法裁判所に持ち込み、最終判断を求める傾向がある。たとえば、首都移転法案は盧武鉉政権時に政府が国会に提出し、総選挙を前に与野党が合意して国会で可決されたが、野党がのちに反対へと転じ、憲法裁判所に違憲審査を求め、結局違憲となり頓挫した。韓国では個人も直接違憲審査を請求できる。

　もう一つが「司法の政治化」で、司法が紛争を最終的に解決するというよりもむしろ、誰が判事になり、どういう判決が出るのかが争点になってい

る。なかでも憲法裁判所が顕著で、その裁判官は大統領・国会・大法院長（最高裁判所長官）が3名ずつ選出する（大韓民国憲法第111条第2・3条）。任期は大統領や国会より長い6年で（同第112条第1項）、前任者によって拘束されたり、後任者を拘束したりする。そのぶん、その人事をめぐって、部門間対立や党派的な利害が反映される。さらに、同じ司法の内部で、憲法裁判所と大法院（最高裁判所）の関係も焦点である。

## 民主主義と立憲主義

韓国は典型的な「多数決型」民主主義である（レイプハルト 2014: 211）。政治部門の選出や政策の決定の両方で相対多数制が用いられているが、社会各層の利害を比例的に反映させるというより勝者に一定のアドバンテージを担保することで、安定性や責任所在の明確性を優先している。その意味で、フィリバスター法が成立し、野党による議事妨害を無効化し与党だけで政策を実現するためには5分の3という特別多数が必要になったことで、与野党合意の「コンセンサス型」民主主義へと今後変化するかもしれない（レイプハルト 2014）。

新興民主主義体制として定着するためには、多数決主義としての政治的競争における敗者（少数派）が結果を受け入れ、競争や体制の正統性に同意することが重要である。そのためには、勝者（多数派）が自らに有利になるように競争条件を変えたり、少数派の利害を侵害したりしないように自制することが前提になる。敗者の同意と勝者の自制を同時に担保するのが憲法であり、憲法裁判所や選挙管理委員会はその要である。これらの非選出部門は政治部門との関係において反多数決主義であるからこそ体制が安定する（河野・広瀬 2008）。

反多数決主義としての立憲主義は民主主義と原理的に対立・緊張関係にある。国民が多数決で選出した議会が多数決で制定した法律について、国民が選出していない司法が違憲・無効にすることにこの両者間の関係が表れているが、そもそもそのように定めたのは憲法で、そうした憲法は多数決によって成立している。韓国でも「民主化以後の民主主義」（崔 2012）というよりも「民主化以後の民主主義と立憲主義」、つまり自由民主主義体制のあり方

が問われている（浅羽 2013a）。

## 3．韓米中／韓米日

**「韓米日」から「四強」、そして「グローバル・コリア」へ**

　米ソ冷戦期、朝鮮半島では「熱戦」になるなど韓国は共産圏と対峙する最前線だった。外交安保体制の基軸はアメリカとの同盟で、1965 年にアメリカの仲介もあって日本と国交を正常化すると、韓米同盟と日米同盟が連動し、アメリカからすると「米日韓」安保トライアングルにおける「日韓」は「擬似同盟」（チャ 2003）にほかならなかった。経済面でも米日の存在が圧倒的で、植民地支配への賠償の代わりだった日本からの経済協力で離陸し「漢江の奇跡」と讃えられた 1980 年代末でも、この 2 ヵ国との貿易額が全体の 5 割以上を占めていた。

　ところが、1990 年代に入りグローバルな冷戦が終結すると、ソ連（1990 年）や中国（1992 年）など旧共産圏諸国と次々に国交を正常化し、米日からのクロス承認に失敗した北朝鮮との体制競争に勝利した。米日に中ロが加わった「四強」へと外交空間が拡大したが、依然として朝鮮半島、とくに北朝鮮の核・ミサイル問題に限定されていた。その中で、六者会合を主催する中国のプレゼンスが大きくなり、経済面でも 2004 年にアメリカを抜いて貿易相手国第 1 位になり、2009 年には対中貿易額が対米・対日の合計を上回った。

　2000 年代以降は、四強以外に、新興国との資源・通商外交を展開し、外交空間がグローバル化・重層化した。その象徴が、アジアで唯一日本だけがメンバーになっている主要国首脳会談（G8）だけでなく、新興国も加えないと世界経済を管理できなくなり設立された G20 のソウルサミット（2010 年）の開催である。国連への加盟は 1991 年に北朝鮮と同時にようやく実現したが、バイラテラリズムだけでなくマルチラテラリズムへの関与は、潘基文・国連事務総長や白珍鉉・国際海洋法裁判所裁判官の輩出としても結実した。

## グローバルな構造変化に対する認識

　中国との関係はここ20年間で「協力パートナーシップ関係」「全面的協力パートナーシップ関係」「戦略的協力パートナーシップ関係」「成熟した戦略的協力パートナーシップ関係」と次々に格上げされてきたが、今日、アメリカとの同盟を堅持しつつ、中国とは安保協力には踏み込まないという「韓米中」が政策基調である。同時に、朝鮮半島有事では在韓米軍だけでなく在日米軍、それに自衛隊との共同オペレーションが必要で、戦時作戦統制権の返還延長の申し出や日本の集団的自衛権への評価など「韓米日」との兼ね合いが問題になる。

　中国の台頭や米中関係の行方はグローバルな構造変化であるが、それに対する認識は各国の指導者や国民の間でさまざまで、それが外交政策を規定する。歴史的には勢力転移は覇権戦争に帰結してきたが（ミアシャイマー2007）、韓国では、米中関係は今後必ずしも対立につながるわけではなく、新旧の大国が並び立つ「新型大国関係」は可能だし望ましいと認識されている。米中それぞれとの関係を同等に重視する韓国にとって、両国が対立する中で旗幟を鮮明にすることが求められるのは最悪のシナリオである。

　日本との関係が悪化したのは、慰安婦や徴用工など歴史認識や竹島領有権をめぐる対立というよりも、このグローバルな構造変化に対する認識ギャップと政策的対応の離齬による。そもそも暗礁にすぎず韓中どちらにも領有権がない離於島／蘇岩礁とは異なって、実効支配している尖閣諸島が挑戦を受けている日本では、中国を脅威として、米中対立も半ば不可避であると認識する中で「日米韓」を重視している。その「日米韓」と韓国の「韓米中」の間、そして韓国内での「韓米中」と「韓米日」の間で、「日韓」が揺らいでいるというわけである。

## 外交の法化・普遍化と日韓関係の変容

　外交は大統領の専管事項で、国会による統制も困難だが、とくに対日政策は国際的な力学の中で政治的に決着させてきた。そもそも国交正常化自体、同盟国同士の対立を避けたいアメリカからの介入がきっかけで、植民地支配

への賠償という「名」をとる代わりに経済協力という「実利」で満足した。ところが、2011年に憲法裁判所が慰安婦問題における政府の不作為は違憲であるとして以降、韓国の対日外交は法的な性格を帯びるようになった。積極主義に立つ司法は内政だけでなく外交でも政府がとりうる政策の幅を制約しているのである。

日韓請求権協定では、慰安婦などの個人も含めて請求権問題は「完全かつ最終的に解決された」（同協定第2条第1項）となっているが、その「解釈」をめぐって「紛争」がある場合は、まず当事者同士で「外交上の経路を通じて解決」（同第3条第1項）しようとし、それでも解決できない場合は第三者による「仲裁」（同第3条第2項）を求めることにもなっている。にもかかわらず、韓国政府は協定のとおりに行動してこなかったというのが憲法裁判所の判断で、「外交上の経路を通じ［た］解決」を日本政府との間で模索している（浅羽 2013b）。

同時に、慰安婦問題は単に日本との2国間関係における外交懸念ではなく、広く国際社会に向けて「戦時下における女性の人権問題」であると「普遍化」することに成功し、オバマ大統領もアジア歴訪の中で日本の次に立ち寄った韓国で「著しく、言語道断な人権問題」と言明した。アメリカのポリシーサークルが集まるワシントンDCの中で、東京よりもソウルや北京の存在感のほうが大きいとジャパン・ハンズの一人が忠告しているが、国だけでなく都市が重要になる中での政策的対応の差が表れている（カルダー 2014）。

## 4．自由貿易レジームと国内政治

### 積極的なFTA戦略

韓国経済は政府が主導して産業を育成する「官治経済」だったが、1990年代末のアジア経済危機を経て、新自由主義政策へ転換した（大西2005）。そもそも国内市場が矮小で、サムスン電子・現代自動車・POSCOなど少数の財閥がスマートフォン・自動車・鉄鋼など特化した分野で輸出を主導しているため、グローバル経済の動向に敏感で脆弱な構造である。当初多国間で

の貿易自由化を重視していたが、WTOのシアトル会合（1999年）が霧散すると、2国間でのFTAへと転換した（金2012）。

チリと2004年に結んだFTAが最初である。ブドウ農家が反対したが、南半球とは出荷時期が異なるため産業調整が容易で政治的な問題にはならなかった。国内産業への影響や反対の程度を考慮した対象国の選定で、2番目の相手は都市国家のシンガポールだった。その後は、牛肉や豚肉など畜産業への影響が大きく反対も強かったEUやアメリカともFTAを発効させた。ドルやユーロに対してウォン安を誘導するという通貨政策とも連動させ、世界の二大市場で主要輸出品の国際競争力を向上させることが目的である。

主要貿易国の中でFTAを結んでいないのは日本だけである。産業構造が似通っていて競合関係にある日本とは2005年に交渉が頓挫して以来再開の目途がついていない。他方、中国とは2014年に妥結した。主要国とのFTA締結に出遅れた日本が事実上アメリカとのFTAを意味するTPP（環太平洋パートナーシップ協定）交渉に乗り出すと、韓国も交渉参加を表明した。TPPは単なる経済協定でなく、アメリカがアジアに回帰する中で、太平洋の秩序を誰がどのような原理に基づいて構成するのかという問題と直結している。

**コメ市場開放**

韓国人の主食のコメは農家数が圧倒的に多く、農協を通じて組織化されていて、国内では高価格が維持されてきた反面、国際競争力を喪失し、自由化が後回しにされた。韓国は「先進国クラブ」ともいわれるOECD（経済協力開発機構）に1996年に加盟したが、1995年の発足からかかわったWTOの農業協定では「途上国」扱いで、コメは市場開放が猶予された。その代わり毎年漸増する一定量のコメを強制的に輸入したが、国内市場には流さず農家を保護した。10年の期限が過ぎた2005年にも再度猶予された。

この間、2010年にはOECDの開発援助委員会（DAC）に加盟し、被援助国から援助国になるなど、先進国になった。2回目の猶予期間が切れる2015年にはいよいよコメも市場開放することになっている。アメリカとのFTAでもコメには高関税が課されているが、当面は関税で保護しつつも、農地の集積や高付加価値化などを通じて国際競争力を高める農政に転換している。

すでに 2005 年に価格支持政策を撤廃し、財政で所得を補填する直接支払制を導入している（斉藤・浅羽 2012）。

政治的支援と引き換えに提供される特権を「レント」というが、コメの価格支持政策はレントにほかならない。高価格の維持には農家にとって切実な利害がかかっているため、少数でも組織的に行動することで政治力を発揮した。他方、価格差が広く浅く転嫁された消費者は、数が多くても組織化しづらく、政治的には重要視されなかった。総選挙における一票の格差も 2000 年総選挙までは 4 倍以上と深刻で、地方の利害が過大に代表される反面、都市は過小に代表される政治構造だった。

### 産業構造とマルチレベル・ゲーム

積極的な FTA 戦略にせよ、コメの市場開放にせよ、韓国は自由貿易レジームへのコミットメントと脆弱な国内産業の保護や産業構造の転換を両立させてきた。対外依存度が高く内需主導型へと短期間では転換できない韓国にとって、前者は誰が大統領でも構造的にほとんど選択の余地のない政策だが、後者も農業、とくにコメの扱いは政治的に敏感で、一方的に切り捨てることは不可能だった（金 2011）。同時に、従来のレント型の保護政策をそのまま継続することもできなかった。

直接支払制は一定の基準を満たすと対象者と支援策が一律に決定されるプログラム型という欧米でも標準的な政策で、政治的考慮が入る余地がない。こうした合理化は漁業でも見られ、事実上資源管理をしないオリンピック方式から個別割当方式へ移行することで漁獲高を回復させている（大西 2014）。その背景には、2000 年代になり地方と都市の間の一票の格差問題について憲法裁判所が示した 2 回の違憲判決もあるが、そもそも産業間の流動性が高く、労働者として産業別にしか組織化されていないため、産業構造の転換が政治的な問題になりにくかった。

外交はもはや政府の専管事項ではなく、多様なステイクホルダーがときにトランスナショナルに連携して関与するマルチレベル・ゲームへと変容している。相手国政府と合意するよりも、国内から同意を調達しそのとおり履行することのほうがむしろ困難な場合が少なくない。さらに、安保や通商

といった異なるイシュー間のリンケージや、グローバルな国際社会や北東アジアという地域国際関係との重層的な連関が問われ、それが交渉力の源泉になったりもする。

## おわりに

　本章で扱った韓国は、国際社会・地域国際関係・各国研究の 3 つのレベルから構成される国際地域学において、中国・ロシア・日本・アメリカと並んで各国研究に位置づけられている。政治については、一回限りの現象を解釈する個性記述的なアプローチではなく、政治制度によって動機づけられたアクター間の行動の相互作用に注目することで、他の国や時期との比較が可能になるようにした。外交についても、国内政治の対外投射（inside out）と国際社会や地域国際関係の変化の国内政治への反映（outside in）の両方の側面や、イシュー間のリンケージにも注目した。ここで示した項目は網羅的ではないものの、今後の研究・教育に向けた「選択のメニュー」（本書序章: 21-22）として参考にしながら、経済のグローバル化と政策対応の日韓比較（同: 15）や韓国の世論と政治との関係（同: 21）など自ら定めたテーマについて、適切な方法を組み合わせながら取り組んでほしい。

　韓国政治は新興民主主義体制の定着を超えて法の支配の徹底が課題という局面を迎えている。国際的にも、第二次世界大戦後、アメリカが主導して形成した合意とルールに基づいた「リベラルな秩序」（アイケンベリー 2012）が力による一方的な現状変更の試みによって揺らいでいる。こうした中、どのような原理に基づいて国内外で秩序を構成するか、その重層的なリベラル相関が北東アジアでは他の地域以上に問われている。

**参考文献**
アイケンベリー，ジョン・G（2012）『リベラルな秩序か帝国か――アメリカと世界政治の行方（上・下）』細谷雄一訳，勁草書房.
浅羽祐樹（2010a）「首相がいる韓国の大統領制――首相の任命・解任をめぐる大統領と

議会の関係」吉川洋子編『民主化過程の選挙——地域研究からみた政党・候補者・有権者』行路社，41-64頁．

—————（2010b）「韓国の大統領制——強い大統領と弱い政府の間」粕谷祐子編『アジアにおける大統領の比較政治学——憲法構造と政党政治からのアプローチ』ミネルヴァ書房，39-59頁．

—————（2011）「韓国における政党システムの変容」岩崎正洋編『政党システムの理論と実際』おうふう，255-282頁．

—————（2013a）「『悪しき市民』と立憲主義アイデンティティ——韓国における民主化と民主主義体制の持続と憲法」大賀哲編『北東アジアの市民社会——アジア市民社会の投企と紐帯』国際書院，83-99頁．

—————（2013b）「韓国の政治運営——自由民主主義体制の定着と日韓関係の変容」猪口孝・袴田茂樹・鈴木隆・浅羽祐樹編『環日本海国際政治経済論』ミネルヴァ書房，63-82頁．

浅羽祐樹・大西裕・春木育美（2010）「韓国における選挙サイクル不一致の政党政治への影響」『レヴァイアサン』47：65-88．

李範俊（2012）『憲法裁判所——韓国現代史を語る』在日コリアン弁護士協会訳，日本加除出版．

大西裕（2005）『韓国経済の政治分析——大統領の政策選択』有斐閣．

—————（2014）『先進国・韓国の憂鬱——少子高齢化・経済格差・グローバル化』中公新書．

大西裕編（2013）『選挙管理の政治学——日本の選挙管理と「韓国モデル」の比較研究』有斐閣．

カルダー，ケント（2014）『ワシントンの中のアジア——グローバル政治都市での攻防』東アジア研究センター監訳，中央公論新社．

金ゼンマ（2011）「東アジアFTAと国内政治——韓国の事例から」松岡俊二・勝間田弘編『アジア地域統合の展開』勁草書房，118-139頁．

—————（2012）「グローバリゼーションとニュー・リージョナリズム——拡散と収斂の相互作用」浦田秀次郎・金ゼンマ編『グローバリゼーションとアジア地域統合』勁草書房，39-64頁．

河野勝・広瀬健太郎（2008）「立憲主義のゲーム理論的分析」藪下史郎監修，川岸令和編『立憲主義の政治経済学』東洋経済新報社，115-138頁．

國分典子（2012）「韓国憲法裁判所の組織と権限」今泉慎也編『アジアの司法化と裁判官の役割』（調査研究報告書）ジェトロ・アジア経済研究所，7-21頁．

斉藤淳・浅羽祐樹（2012）「恩顧主義と貿易自由化——コメ保護農政の日韓比較」『選挙研究』28（1）：112-132．

在日コリアン弁護士協会編（2010）『韓国憲法裁判所重要判例 44——社会を変えた違憲判決・憲法不合致判決』孫亨燮訳，日本加除出版．

崔章集（2012）『民主化以後の韓国民主主義——起源と危機』磯崎典世・出水薫・金洪槿・浅羽祐樹・文京洙訳，岩波書店．

鄭柱白（2012）「韓国の違憲審査制度」國分典子・申平・戸波江二編『日韓憲法学の対話 I ——総論・統治機構』尚学社，210-228 頁．

チャ，ヴィクター・D（2003）『米日韓　反日を超えた提携』船橋洋一・倉田秀也訳，有斐閣．

ミアシャイマー，ジョン・J（2007）『大国政治の悲劇——米中は必ず衝突する！』奥山真司訳，五月書房．

レイプハルト，アレント（2014）『民主主義対民主主義——多数決型とコンセンサス型の 36 カ国比較研究（原著第 2 版）』粕谷祐子・菊池啓一訳，勁草書房．

Asaba, Yuki, Yutaka Onishi and Masahiko Tatebayashi (2010) "Loser's Disscensent in Korean Presidential Primary: Separation of Powers, Electoral Cycles, and Party Organization," *Japanese Journal of Electoral Studies* 26 (1): 53-66.

Asian Barometer, Asian Barometer Survey Wave 1.（http://www.asianbarometer.org/newenglish/surveys/DataRelease1.htm，2015 年 1 月 19 日最終閲覧）

Freedom House (2014a) Freedom in the world 2014.（http://www.freedomhouse.org/report/freedom-world/freedom-world-2014#.VALkq-nlr3g，2015 年 1 月 19 日最終閲覧）

────── (2014b) Freedom of the press 2014.（http://www.freedomhouse.org/report/freedom-press/freedom-press-2014#.VALk7enlr3g，2015 年 1 月 19 日最終閲覧）

Ginsburg, Tom (2003) *Judicial Review in New Democracies: Constitutional Courts in Asian Cases*, Cambridge, MA: Cambridge University Press.

第10章

# ロシアの政治と外交
## ――屈辱の1990年代と大国主義の復活

袴田茂樹

## はじめに

　1991年にソ連邦が崩壊したとき、世界では最終的に冷戦構造がなくなり、人類社会においては深刻な対立や紛争は終わってより調和的な世界が到来すると多くの人々が考えた。1992年にフランシス・フクヤマが「歴史が終わった」と述べたが、これは対立と紛争の歴史が終わった、という意味であった(Fukuyama 1992)。同じく1992年に調印されたマーストリヒト条約に基づくその後のEU（欧州連合）の誕生も、国家と国家が対立する近代（モダン）はついに乗り越えられて、戦争も民族や宗教の対立もない新しい人類の共同体が生まれつつあるという楽観的な希望を世界の人々の間に与えた。グローバル化が進む21世紀においては、国民国家や国家主権、国境、領土、国防などの意味はますます小さくなり、国際法、国際機関、市民組織などの役割がより大きくなる、という考えが広まった。そのような考えを端的に表したのが、脱近代（ポストモダン）の政治論を代表するイギリスのロバート・クーパーの次の言葉だ。

　「勢力均衡ではなく、相互依存の世界となり、国際法が支配する世界が実現した。国家理性やマキャベリ的非道徳性は道徳に地位を譲り、世界はより正直になった。伝統的な意味での安全保障の脅威はなくなり、少なくとも欧州では古臭い力の論理と欺瞞、勢力均衡、安全保障のジレンマに代わって法の支配が確立した。ロシアは帝国主義を放棄して欧州の仲間入りを目指しており、西側には敵はいなくなった」(Cooper 2003 より筆者要約)

　ソ連邦崩壊後に生まれたロシア連邦に関しても、多くの途上国と違って近代化のための諸条件に恵まれているロシアは短期間のうちに民主主義と市

場経済の先進国に追いつくだろうと、ロシア国内の改革派だけでなく欧米や日本などでも多くの者が考えた。しかし、新たに生まれた独立国家共同体（CIS）やロシア連邦は、先進的な国家に急速に追いつくどころか、ごく普通の安定した国民国家になる道のりでさえも、想像されたよりもはるかに険しいものだということが、1990年代にはすでに明らかになっていた。後述のようにロシアのエリツィン大統領が1999年末の辞任の言葉において、その困難と自分たちが抱いていた間違った楽観論について見事に表現している。

そして2014年には、ロシアが力によって隣国ウクライナのクリミアを併合し、さらにウクライナ東部に軍事介入するという事件が起きた。欧州の大国間でまさかこのようなことが現代において起きるとは、想像だにされなかったことで世界に大きな衝撃を与えた。グローバル化が進展している21世紀においては、19世紀や20世紀までのような国家という枠組みでは対応できない諸現象が生じているというポストモダニズムの政治論には多くの真実が含まれている。しかし最近の欧州やアジアその他の地域で生じていることは、欧米の先進国や日本などを席巻したこの政治論の楽観主義も同時に明らかにした。

本章では、ソ連邦崩壊後のロシアにおいて、なぜ安定した国家や市民社会の形成が困難だったのか、そして安定した国際関係が構築できなかったのか、ロシア連邦が成立して今日に至るまでのそのプロセスを政治や社会、対外政策に焦点を当てながら考察する。本来ならば、今日の問題のルーツとなっているソ連時代にも目配りすべきなのだが、紙幅の関係で省略する。

## 1. ロシア連邦の成立と屈辱の1990年代

1991年12月にソ連邦は崩壊し、その後継国としてロシア連邦が成立した。以下第1節では、独立国家共同体（CIS: Commonwealth of Independent States）、とくにロシアの政治制度とその基本的な性格や方向性、CIS集団安全保障条約について簡単に説明し、次いでプーチン政権が成立するまでの混乱した90年代、すなわちエリツィン時代を概観する。

1991年12月8日、ロシアのエリツィン大統領とウクライナ、ベラルーシ

の首脳はベラルーシでソ連邦の消滅と独立国家共同体の創立を宣言した（ベロベージ合意）。続いて 12 月 21 日、カザフスタンにバルト三国とグルジアを除く旧ソ連共和国 8 ヵ国の首脳が参加してアルマトイ宣言に調印した。93 年にグルジアも加盟して 12 ヵ国となった。CIS は EC（欧州共同体）型の組織を目指したが、独自の憲法や議会は持っていない。その後グルジアやウクライナが脱退し、トルクメニスタンは憲章を批准していないので、現在（2015 年初め）における CIS の正式加盟国は 9 ヵ国である。2008 年 8 月にロシアは CIS を「特殊権益圏」と称して自らの勢力圏とみなし、ソ連時代に東欧諸国を支配した「ブレジネフ・ドクトリン（制限主権論）」の復活だと内外から批判された。

　ソ連邦崩壊後、ボリス・エリツィンを大統領として成立したロシア連邦は、1993 年 12 月に国民投票で憲法を採択し、憲法上は三権分立を基礎とする複数政党制の民主主義国となった。ロシア連邦議会は連邦会議（上院）と国家院（ドゥーマ、下院）の二院制である。大統領の権限は現実には議会より大きく、大統領令は政府決定に優先する。ロシア連邦は共和国（21）、地方（クライ）（6）、州（49）、連邦的意義を持つ都市（2）、自治州（1）、自治管区（10）、あわせて 89 の構成主体からなっていた（現在は統廃合されて 83 構成主体。ただしロシアが主張するクリミア、ゼバストポリは含まず）。

　エリツィン大統領の時代には、ロシアは欧米の先進国との統合や普遍的価値の共有などを基本政策とし、とくに 90 年代前半、A・コズィレフ外相のころにはそれが外交政策にも表れた。その後 96 年に E・プリマコフ外相がソ連時代に密接な関係を有したアジアや中東も視野に入れた全方位的なユーラシア外交に転じた。基本的には今日までプーチン大統領もこの外交路線を引き継いでいる。内政では改革派や新興財閥（オリガルヒヤ）を背景とするエリツィンが保守的な共産党や民族派と対立し、93 年には保守派が支配する議会をエリツィンが砲撃するなど、大きな混乱が続いた。

　CIS 諸国は NATO（北大西洋条約）に対抗する形で 1992 年に CIS 集団安全保障条約を締結した。これを主導したのはロシアであるが、機構としては形や行動は明確ではない。CIS 集団安全保障機構（CSTO）の合同演習は行っているが、NATO に匹敵する軍事機構にはなっていない。その最大の理由は、参加国がロシアに支配されることを警戒しているからである。2005 年

のウズベキスタンにおける動乱アンディジャン事件のときも、2010年のキルギスの民族紛争のときも、ウズベキスタンなどの反対でCSTO軍は出動しなかった。

　ソ連邦崩壊後、欧米諸国がもっとも心配したのは、旧ソ連諸国が、ユーゴスラビアのような血で血を洗う民族紛争や内戦に陥ることで、核兵器を多数保有する旧ソ連がそうなれば、人類全体に対する脅威と考えられた。そこでソ連が安定した形で民主主義と市場経済の国に移行するために、先進国は1990年代にさまざまな形の対露支援を行った。

　一方、ロシアの民主化や市場化に関しては、ロシア国内の改革派も、欧米や日本でも、多くの者が、ソ連崩壊後の一時の混乱さえ乗り越えれば、比較的短期間にロシアは先進国になると楽観的見通しを抱いた。というのは、多くの開発途上国と異なり、ソ連はすでにアメリカと1、2位を争う工業大国だったし、宇宙開発や核技術、軍事技術、その他の技術でもしばしば欧米を凌ぐ力を有していたからだ。また、ソ連時代に国民教育や高等教育も発達し、人材面でも世界有数の国と見られていた。さらに日本や多くの欧州諸国と異なり、ロシアは資源大国であった。ソ連時代に経済が沈滞したのは、共産主義の一党独裁体制がロシアの有するこの潜在力と自然な経済発展を抑える重石になっているからで、この重石さえ取り除けば、ロシアは10年を待たずして先進国の仲間入りをすると多くの者が考えた。ゴルバチョフ時代に民主化を求めた改革派、民主派の知識人たちも、すべてこのような楽観的な考えを抱き、それが熱い改革のロマンとなっていた。

　しかし実際には、90年代のロシアに出現したのは、政治、経済、社会の恐るべき混乱と無秩序であった。

## 2．1990年代の政治、社会、経済の混乱とウェーバー・ルネッサンス

　政治的には、復活した共産党を中心とする保守派や民族派が、議会（ドゥーマ）を中心にして改革派のエリツィン大統領と真っ向から対立する状況となった。1993年10月には、大統領側が議会の建物を砲撃するという事件さえ起きた。一時は熱烈にエリツィンを支持した国民も、経済や社会の混乱が

続く中で、ソ連邦崩壊後政争に明け暮れる新政権に愛想をつかし、民主主義と市場化を目指す民主派や改革派は権力争いに明け暮れていたので、国民は彼らからも離反していった。国家の崩壊によって各地方が自活せざるをえなかったこの時期は、ロシア連邦の分解が真剣な懸念事となった。

　社会的には、1990年代には犯罪や不法行為が蔓延した。マフィアと犯罪が、国民にとってもっとも深刻な問題となった。1999年の殺人件数はアメリカの3倍、フランスの5倍、ドイツの7倍、日本の20数倍にもなった[1]。このような騙し合いの経済を筆者は「バザール経済」と呼び、個々人がバラバラに動いて、安定した形（秩序）にならないその社会を「砂社会」と称している（木村・袴田・山内 2010; 袴田 1987a, 1987b, 1993, 1996, 2002; 長谷川・袴田 1998）。実際、ソ連邦が崩壊した後、そこに噴出したのはそれまで国家権力によって抑制されていた個人や組織、官僚、社会グループ、地域などのエゴや利己主義であり、砂社会の生地であった。穏健改革派の指導者G・ヤブリンスキーも90年代の末に、ロシアの政治・社会における信頼関係の欠如を次のように指摘している。

　「わが国では、実業家も新しい有産階級も政権を信頼していない。一方、政権は実業家たちを信じていないし、国家が取り締まらないと、連中は必ず略奪者になると見ている。銀行は顧客を信頼せず、顧客も銀行を信頼していない。そして一般の人々は何も信じていない。人々は、油断すれば必ず騙されると思っている。わが国では法律は、それが自分に利用できる限りにおいて守られるのだ」[2]

　これは、まさにフランシス・フクヤマのいう「低信頼社会」である（Fukuyama 1995）。

　経済的には、投資環境はまったく整っておらず、新しい市場経済の国が出現したとしてロシアの極東地域に進出した日本の企業は、そのほとんどが騙されたり乗っ取られたりして撤退せざるをえなかった。市場経済が正常に機能するための基本条件、つまり契約を守り信用を重んじ、法を守るというエトス（心理、習慣、文化）がロシア社会には希薄だったからだ。このようなエトスは、近代的な市民社会や民主主義体制の基礎でもある。ロシアの知識人が、資本主義の発達のためには、そのためのモラル、エトスが必要だというマックス・ウェーバーを再発見したのも、1990年代である。ソ連時代には、

エトスを重視するウェーバーは、観念論者として否定されていた。筆者はこれを「ウェーバー・ルネッサンス」と呼んでいる（袴田 1999a, 1999b）。ソ連時代の経済ではすべてが国営企業だったが、ソ連邦崩壊後は市場経済に移行するために、国有資産の民有化、国営企業の民営化が行われた。しかしこのプロセスはこれまでの国家官僚、党官僚たちが彼らの有する権限、特権、情報、コネなどをフルに活用して、国有資産や国営企業を略奪的に獲得し私営化するプロセスだった。

こうして一方では巨万の富を手にした新興財閥あるいは「新ロシア人」が出現し、他方では大部分の国民は、貧困にあえいだ。この民有化あるいは民営化のことをロシア語ではプリバチザチヤというが、国民はこれをプリフバチザチヤ（略奪化）と称した。そして、後者のほうが実態をより正確に表現していた。

こうして、ソ連邦崩壊後に「民主主義と市場経済」の時代がやってきても、一般国民が期待したように生活は豊かになるどころか、大部分の国民の生活は逆にソ連時代よりもはるかに厳しくなった。やがてロシアでは、民主化や市場化は混乱の代名詞となった。

1999年12月31日にエリツィンは任期を数ヵ月残して、突然辞任をテレビで発表した。そのときの彼の言葉に、ロシアにおける民主化、市場化のプロセスの苦悩が端的に表現されている。以下はテレビ放映されたエリツィン大統領の辞任の言葉である。

「私はみなさんに許しを請いたい。それは、多くの夢が実現しなかったからで、また、簡単だと思ったことが、実は大変苦しく困難だったからである。灰色の停滞した全体主義の過去から、明るく豊かで文明的な未来へ一足飛びに移れると信じた人たちの希望は実現しなかった。このことに対して、私は許しを請いたい。私自身が、それを信じていたのだ。私はあまりにもナイーブだったし、問題はあまりにも複雑だった」[3]。涙ながらに語ったこの率直な言葉の中に、ロシアにおける改革問題の本質が秘められている。

各国はこのようなロシアに対して、民主化と市場化のための対露支援を行った。しかしこの状況の下では、西側からの支援の効果はほとんどなく、先進国はロシアに強い失望感を抱いた。1990年代から2000年代初めにかけて、アメリカはもはやロシアを対等の相手としては扱わなくなり、ときに侮

辱的に扱った。一方ロシア国民は、先進国は注文をつけ批判するだけで実質的な支援は不十分だとして不満を抱くとともに、途上国かそれ以下の状況に落ち込んで欧米や日本の支援を仰ぐ状況に陥ったことに強い屈辱感を抱いた。この90年代の屈辱感の反動として、「偉大なロシア」「強国ロシア」への強い願望が生まれた。これが、今日に至るまで強くロシア政治を支配している大国主義的ナショナリズムの心理的な背景である。「強い指導者」としてのプーチンも、この背景の下に生まれた。

## 3．プーチン政権の成立と大国主義の台頭

　秘密警察ともいわれるKGB（国家保安委員会）出身のウラジミル・プーチンはエリツィン大統領によって後継者候補として1999年8月、まったく無名だったときに首相に任命され、「プーチン——Who？」と言われた。彼は同年の第二次チェチェン戦争では、この戦争はチェチェン人の独立運動との戦いではなくタリバンなどを背景とする国際テロとの闘争だとして、空爆その他の強硬姿勢で臨んだ。この「強い指導者」のパフォーマンスによって、プーチンは前述のように90年代の屈辱感を味わったロシア国民に熱烈に支持された。わずか半年でプーチンは他を圧倒する人気を獲得し、2000年3月の大統領選挙で大統領に選出され、同年5月に就任した。プーチン大統領が今日に至るまであらゆる機会に「強いプーチン」を国民の前で、また国際的にも演出しようとするのも、偶然ではない。

　その後のプーチン政権を見ると、当初は欧米との協調路線、あるいは民主化路線を遂行するのではないかとの期待も抱かれた。2001年のアメリカにおける9・11同時多発テロ事件のときは、プーチンは真っ先にジョージ・ブッシュ大統領に電話をし、対国際テロ作戦での協力を提案した。プーチンが中央アジアへの米軍の駐留を認めたことは、ロシア指導部も含め世界を驚かせた。これは、国際的に批判されたチェチェン戦争を、アメリカと同じ対国際テロ戦として正当化するためでもあった。このロシアとアメリカの協力関係は、新しい千年紀の象徴になるかとも思えた。

　だが、2003年の米軍などのイラク攻撃に対しては、ロシアは強く反対し

た。プーチンが欧米に対してもっとも強い不信感を抱いたのは、NATO の拡大であった。NATO 側はソ連勢力圏であった東欧（中欧）への拡大を決定した 1997 年に、NATO の「基本文書」において新加盟国には基地や核兵器を配備しないと言明し、2002 年には「NATO・ロシア理事会」を設立した。しかし、同年バルト諸国の NATO 加盟も認めたので、ロシアはこれに神経を尖らせた。ロシア国内ではチェチェン人やイスラム過激派のテロが頻発した。2002 年 10 月にはモスクワの劇場占拠事件、2004 年 9 月には北オセチアのベスランで学校人質事件が起き多数の犠牲が出た。

　欧米との関係が緊張する中で、頻発するテロとの闘争を口実に、プーチンは国内政治において一気に中央集権を強化する動きを強めた。これに対してはロシア内外から、独裁体制の復活とか民主化の後退だとして強い批判の声もあがった。具体的には、州知事など地方の首長を従来の直接選挙制から大統領による任命制に移行した。また、これまで下院議員の半数を選出した小選挙区制を廃し、政権与党に有利な政党比例代表制に一本化した。治安機関の強化も重点政策とされ、シロビキと呼ばれる旧ソ連の KGB や軍、最高検察庁、内務省など治安関係の出身者が政治的に重要なポストに就いて影響力を強めた。後述のユコスなど新興財閥弾圧も、シロビキが主導している。KGB は解体されて、連邦保安局（FSB）、対外情報局（SVR）、国境警備局（FPS）などに分割されたが、プーチンはシロビキを政権や国家諸組織の指導部に多く引き入れた。以後、シロビキおよび大国主義的な国民のメンタリティが、つまり「強力な大国ロシア」を求める心理がプーチン政権を支えるバックグラウンドになる。

　このような状況の中で、ロシアの議会の役割も特殊なものになっていった。ロシアでは議会は憲法で定められたような実権を有さず、大統領が圧倒的な権限を持っている。どの世論調査でも、議会は国民利害の代弁者とは見られておらず、議会への国民の信頼は大統領や軍隊、ロシア正教会よりもはるかに低い。ロシアは建前上民主主義国となったが、実際には議会は大統領の政策の単なる承認機関と化している。またユコス事件に見られるように、司法はしばしば政治に従属し、憲法の三権分立は実質を伴っていない。ユコス事件では、2003 年に新興財閥の石油大手ユコスが納税の不正等を理由に告発され、プーチンの政敵と見られたユコス社長の M・ホドルコフスキー

が2005年に逮捕された（ソチ・オリンピックを前に2013年末に恩赦で釈放）。西側諸国は、これを司法問題ではなく政治弾圧と見てプーチンを厳しく批判した。

　2000年の大統領選挙の直前、1999年末にプーチン首相は政策論文「千年紀の変わり目におけるロシア」（ミレニアム論文）を発表し、ロシアの道は、欧米と同じ民主主義、市場経済の普遍的価値と、「偉大な国家」「強い国家権力」といったロシア伝統の価値の結合だが、それがいかなるものかは未定だと述べた[4]。

　その後のロシアの動きを見ると、民主主義は後退して権威主義の傾向が強まり、明らかに「ロシア伝統の価値」、とくにロシア大国主義あるいは帝国主義の方向が前面に出ている。

　ロシアを代表する政治学者D・トレーニンは2006年に、「ロシアの対外政策に根本的な変化が生じた。ロシアは最終的に欧米の軌道から離れ『自由軌道』に乗った。いまやロシアは特殊権益圏とみなしている国々に対して、自己の利害と影響力を拡大する方向を目指している」と指摘した[5]。

　この前年の2005年には、大統領府のイデオローグとみなされたV・スルコフ大統領府副長官が、「主権民主主義」の概念を唱えた。この「主権」という語には、ロシアには欧米とは異なる独自の伝統的価値観と民主主義があり、内政干渉は許さないとの意が込められている。この背後には、民衆の下からの批判運動で政変が起きたグルジアのバラ革命（2003年）、ウクライナのオレンジ革命（2004年）、キルギスのチューリップ革命（2005年）といった一連の「カラー革命」がある。ロシアの指導部は、カラー革命は欧米が後ろで操った陰謀と見て、神経を尖らせた。のちに、ロシアでは国外から支援を受ける非政府組織の政治活動は「外国の手先」として厳しく統制されるようになった。

　2007年2月のミュンヘンにおける安全保障の国際会議で、プーチンはアメリカやNATO、EUを冷戦終焉後もっとも厳しく批判して、「新たな冷戦か」と国際的に注目された。この背後には、アメリカがポーランドやチェコにミサイル防衛（MD）システムの配備を決定したことが強く影響している。アメリカはイランの核やミサイルに対応するものと説明したが、ロシアは自国が標的になっているとして欧米をまったく信じなかった。またこの背後には、国際的エネルギー価格の上昇によるロシアの大国としての自信の回復もある。

ロシア国内政治では、2008年から2012年までドミトリー・メドベジェフが大統領、プーチンが首相となり、タンデム政権と呼ばれたが、実権はプーチンが握っていた。ロシアでは政党や政治家の間の政策論争による選挙ではなく、実質的にはプーチンが指名した者が大統領になる状況が生じ、選挙は形式的なものとなった。経済面では、オイル（ガス）マネーでロシアは潤ったが、結果的に資源輸出依存の途上国型経済に陥り、今日まで先進的な産業の育成に成功していない。

　2008年にはグルジア戦争が生じ、グルジア内の南オセチア、アブハジアはロシアの介入で「独立」を宣言し事実上ロシアの保護区となった。国際社会はこれを認めなかったが、翌2009年に成立したアメリカのオバマ政権はロシアとの関係改善を目指す「リセット政策」を公表、欧州も事実上南オセチアとアブハジアのロシア保護領化を黙認した。このことが、2014年のロシアによる「クリミア併合」を誘発したともいえる。

　CISのその後の動向であるが、プーチン大統領は2011年10月に、関税同盟（加盟国はロシア、カザフスタン、ベラルーシ）を基礎として将来における「ユーラシア同盟」結成の構想を発表した[6]。これはEUや急速に台頭した中国に対抗するためのロシア主導によるCIS統合の野望と見られている。プーチンは後に、「CISが創設されたときは、一つの軍隊、共通の通貨を持つ大きな国家になると考えていた」と述べたが[7]、独立したCIS諸国の他の国の首脳はこのような見解を有しておらず、これはプーチン自身の大国主義の野望を表すものといえる。

## 4．ウクライナ事件とロシアの東方シフト

### ウクライナ事件

　2014年3月のロシアによるウクライナの「クリミア併合」事件は、世界に衝撃を与えた。今日の欧州で、大国が軍事力によって隣国の領土を併合するということは、各国の政治家にとっても国際政治の専門家にとっても想定外の出来事だったからだ。この事件は21世紀の国際秩序と安定の根幹を揺

るがす出来事である。事件を簡単に説明しよう。

　2013年11月に、親露派といわれたウクライナのV・ヤヌコビッチ大統領はプーチンとの話し合いで、それまでウクライナ政府がEUと進めてきた連合協定（準加盟協定）の調印を拒否すると声明した。ロシアが150億ドルの経済支援とウクライナがロシアから購入するガス代金の3分の1の値引きを約束したからである。これ以前から、ウクライナ国民は政権や新興財閥の腐敗、汚職や政府の無策に強い憤りを感じてしばしばデモや集会などの抗議活動を行っていたが、EUとの連合協定の一方的破棄は国民のヤヌコビッチ政権への怒りを爆発させた。2014年2月21日にいったんヤヌコビッチと野党の連合政権合意ができたが、これがキエフの広場（マイダン）に集まった民衆の怒りをさらに強め、翌日、大統領府はデモ隊に占拠され、ヤヌコビッチはロシアに逃亡し、最高会議は暫定政権を選んだ。デモ隊には多数の死傷者も出たが急進的民族派やその武装集団も加わっていたので、ロシアはこの政変全体を「ファシストのクーデタ」として暫定政権の正統性を認めなかった。この政変への対応として、3月16日にクリミアでロシア軍の統制下、ウクライナ政府の反対を押し切って「住民投票」が行われ、その結果を受けて3月18日にプーチンはクリミアのロシアへの併合を声明した。ウクライナ憲法に違反する形の住民投票は、国際法的にも明らかに違法であるが、プーチンは声明で次のように述べた。

　「クリミアは1783年にロシア帝国の傘下に入った。クリミアの各地は、われわれにとって神聖な地であり、ロシアの軍事的栄光のシンボルでもある。革命後ボリシェビキは、さまざまな思惑から、これについては神がやがて裁くであろうが、歴史的にはロシアの南部であった大きな地域を、ソ連のウクライナ共和国に編入した。それが、今日の南部、東部ウクライナ（ノボロシア）である。ウクライナ人とロシア人は単なる隣人ではなく、事実上一つのナロード（国民、人民）だ。古代ルーシはわれわれの共通の祖先であり、キエフはロシアの諸都市の母なる都市である」[8]

　プーチンは国際法よりも主として歴史的観点から併合を正当化したが、これは中国が南シナ海を自国領海とみなす論理と同じだ。この併合はロシア国民のナショナリズムを大いに満足させ、ロシア国内で低下傾向にあったプーチンの支持率は一挙に85％を超える状況になった。しかし国際的には、3月

末に国連総会でロシアによる「クリミア併合」への批判決議（形のうえではクリミアの住民投票批判決議）が採決された。旧ソ連諸国でロシアに同調して決議に反対したのはベラルーシとアルメニアだけで、他の旧ソ連諸国はロシアに同調しなかった。日本を含む100ヵ国は批判決議に賛成して、ロシアの国際的孤立を印象づけた。欧米や日本は、ロシアに対して力による現状変更は許せないとして厳しく批判し、経済制裁で臨んだが、ロシアも欧米からの食料品などの輸入停止でこれに対応し、制裁戦となった。ロシア経済は2014年には石油価格の大幅な落ち込みや急激なルーブル安と重なって、さらにウクライナ問題が大量の資本のロシアからの逃避や外からの対露投資の委縮を生み、対露制裁は長期的には大きな打撃となる。

ただ、このような国際批判にもかかわらず、ウクライナも国際社会もクリミアをウクライナに返還させる手段を有しておらず、事実上ロシアの併合を黙認する形になっている。これを放置すると、国際秩序は結局、法やルールではなく力が決定することを認めることになり、これは中国などにも影響を及ぼす深刻な事態である。

4月にはウクライナ東部のドネック州、ルガンスク州で、親ロシア派および偽装したロシア軍、特殊部隊などが行政府などを占拠して「人民共和国」を宣言した。その後、ロシアは「義勇兵」「休暇兵」や戦車、装甲車、補給物資（「人道支援」物資）を送り込んだ。このように偽装した介入は「ハイブリッド戦」（ハード・パワーの軍事力と情報戦などソフト・パワーの混合）として国際的な批判を浴びた。5月にウクライナで大統領選挙が実施されて、財閥で穏健な親欧米派のペトロ・ポロシェンコが大統領に選ばれ、A・ヤチェニュクが首相になった。また10月には議会選挙が実施され、「ポロシェンコ・ブロック」「国民戦線」など親欧米派が9割以上の票を獲得した。ロシアはこれらの選挙結果を認めたが、ウクライナ東部はロシアの介入で分裂状態に陥り、停戦合意（2014年9月、2015年2月）にもかかわらず、戦闘や混乱が続いている（2015年2月末現在）。

ロシアの行動の背景には、欧米の軍事組織であるNATOの東欧諸国やバルト三国への拡大やミサイル防衛（MD）システムの東欧への配備計画等に対するロシアの強い反発や欧米への不信感がある。欧米諸国は19世紀的ともいえるロシアの力の政策に狼狽した。しかしロシア人の心理からすると、

むしろこれまでロシアのほうが欧米諸国によって騙されてきた、という強い被害者意識がある。ウクライナをめぐるロシアの行動の戦略目標は、ウクライナをNATOに加盟させないこと、すなわちウクライナにNATOの基地やミサイルを置かせないことである。

**東方シフトと中露、日露関係**

　最後にロシアの東方シフト（アジア・シフト）と中露、日露関係について説明したい。ロシアは2010年前後からアジアへの関心をとくに強め、2012年9月にはウラジオストクでAPEC（アジア太平洋経済協力）首脳会議を主催して、ロシアの極東開発に力を入れた。さらに2014年にはウクライナ問題で欧米との対立が強まり、経済制裁も影響して、東方シフトの姿勢をさらに強めた。

　東方シフトの国内的要因としては、シベリア東部やロシア極東地域（以下あわせて極東とする）の経済的な後進性がある。極東連邦管区の人口は、ソ連邦崩壊後20年余りの間に、800万人超から約620万人にまで減少した。経済の停滞が人口の流出や減少の最大の原因である。この状況を是正するために、プーチンはAPEC首脳会議をウラジオストクで開催し、インフラ整備などの大型投資をして極東経済のテコ入れをすると同時に、アジアの発展から取り残されていた極東を、アジア太平洋地域の発展に組み込もうとした。そのために、エネルギー資源の開発と輸出に力を入れ、中国や日本、アジア諸国へのエネルギー輸出に重点を置くと同時に、日本その他の国からの資本や技術の導入・移転も最重要視している。最近も極東への国外からの投資を促進するために、投資環境の改善や経済特区の整備などを重点的に実施しようとしている。

　近年、ロシアにとって最大の貿易相手であるEUの経済が停滞し、またEUはエネルギー安全保障の観点からも資源輸入を多様化し、ロシア依存を小さくしようとしている。さらにウクライナ問題で欧米との対立が厳しくなり、相互の経済制裁も影響して、EUとの経済関係がギクシャクした。欧米での資金調達も困難になった。そのため、経済関係でのEUの代替先としてロシアは中国や日本をはじめ、アジアとの経済関係の発展をとくに重視する

ようになった。北朝鮮との関係も改善されつつある。

　経済的、軍事的に急速に発展してロシアを凌ぐ大国となった中国とロシアの関係は、公式的には最良だとされている。2020年までの中露の貿易、経済関係も大幅に発展する見通しで、10年以上のマラソン交渉となった中国へのガス輸出も2014年5月に大枠で合意した。ロシア極東の資源開発への中国の参入や、高速鉄道建設などでの協力も浮上している。ただ、一方ではロシアは大国化する中国に伝統的な警戒心や脅威も抱いている。また、経済的に後れたロシアを見下すようになった中国人の雰囲気にも不快感を抱いている。中露は上海協力機構の枠内で、あるいは独自に、共同の軍事演習も行っているが、両国関係は真の信頼関係からは程遠く、欧米との関係が悪化しても中露が同盟関係にまで進む可能性はない。

　日露関係は安倍政権の下で急速に進展の気配を見せていた。日中、日韓、日朝関係が緊張しているときに、また平和条約交渉を推進するためにも、日露関係は良好に保ちたいとの意図があるからだ。そしてロシア側も、東方シフトの政策を推進しているからである。2013年4月に10年ぶりの公式的な日露首脳会談が行われ、2014年2月にはソチ・オリンピックの開会式に、欧米の首脳が人権問題批判などで欠席する中、安倍首相はあえて出席した。ロシアとの間では、エネルギー問題を中心とする経済協力だけでなく、近年は以前には考えられなかったことだが、安全保障分野でも協力関係推進の機運が強まり、2013年4月の首脳会談では外務・防衛閣僚級会議「2プラス2」の創設でも合意し、その後実行された。この背後には、公言はされていないが、中国ファクターがある。ただ、懸案の北方領土問題に関しては、プーチン政権と日本の間では平和条約締結の努力をするとの合意は何回もなされているが、実質的にはまったく進展しておらず、本格的な交渉も始まっていない。

　このように日露関係が進展し始めたときに、ウクライナ問題が生じた。クリミアのロシア併合に関して安倍首相は、国際秩序維持の観点から「力による現状の変更は認められない」としてそれを認めない立場を明確にし、G7の対露制裁に加わった。力による領土変更を認めると、日本と中国との間の尖閣問題や中国とベトナムやフィリピンなどとの南シナ海問題などにも影響するからだ。

こうして、日本は対露政策で大きなジレンマに直面している。一方ロシアは、日本を取り込んで日本とG7の他の国との間に楔を打つ努力をしている。

注
（1）『知恵蔵　2001 版』朝日新聞社。
（2）『モスクワ・ニュース』2000 年 10 月 3-10 日．№39。
（3）ロシア国営テレビ、1999 年 12 月 31 日。
（4）『ロシア新聞』1999 年 12 月 31 日。
（5）『独立新聞』2006 年 1 月 30 日。
（6）『イズベスチヤ』2011 年 10 月 4 日。
（7）ロシア大統領府サイトより筆者要約。
（8）ロシア大統領府サイトより筆者要約。

引用・参考文献
木村汎・袴田茂樹・山内聡彦（2010）『現代ロシアを見る眼〈プーチンの十年〉の衝撃』NHK 出版．
袴田茂樹（1987a）『ソ連——誤解を解く 25 の視角』中公新書．
――――（1987b）「ソ連における集団主義と個人主義——〈推進型の集団主義〉と〈抑制型の個人主義〉」溪内謙・荒田洋編『スターリン後のソ連社会』木鐸社．
――――（1993）『ロシアのジレンマ』筑摩書房．
――――（1996）『沈みゆく大国——ロシアと日本の世紀末から』新潮社．
――――（1999a）「ロシアにおける『マックス・ウェーバー・ルネッサンス』をめぐって」『ロシア・東欧学会年報　1998 年版』ロシア・東欧学会．
――――（1999b）「ロシアにおける社会・経済危機とマックス・ウェーバーの再評価」皆川修吾編『移行期のロシア政治——政治改革の理念とその制度化過程』溪水社．
――――（2002）『現代ロシアを読み解く』ちくま新書．
長谷川慶太郎・袴田茂樹（1998）『ロシアは再生できるか』東洋経済新報社．
Cooper, Robert (2003) *The Breaking of Nations Order and Chaos in the Twenty-First Century*, London: Atlantic Press.［北沢格訳（2008）『国家の崩壊』日本経済新聞社］
Fukuyama, Yoshihiro Francis (1992) *The End of History and the Last Man*, New York: Free Press.［渡部昇一訳（1992）『歴史の終わり（上・下）』三笠書房］
―――― (1995) *Trust: the Social Virtues and the Creation of Prosperity*, New York: Free Press, 1995.［加藤寛訳（1996）『「信」無くば立たず』三笠書房］

第11章

# 日本の内政と外交
## ──政権交代と対外政策過程の変化

信田智人

## はじめに

　国内政治と対外政策の関係についてアメリカをはじめ諸外国の歴史を見てみると、とくに政党が代わっての政権交代の場合、新政権が前政権を批判して政権を奪取するため、外交をはじめ多くの政策分野において独自色を出したがる。他方、対外政策には国内政治が変化しようとも、長期的な整合性が求められる。新しい外交目標の達成と継続性のある外交とどう折り合いをつけていくのか。外交の継続を尊重する外交当局に対して、独自色を出そうとする政権党がどのように政治主導を発揮しようとするのか。

　この分野における先行研究の多くは、国内政治の変化にもかかわらず外交の継続性が確保される理由について分析している。たとえばアリソンは、対外政策はさまざまな大組織によって運営されており、激しい外的ショックがない限り変化があるとしても大幅なものではないと指摘している（Allison 1971: 87-88）。ホルスティの論文では、野党や与党内の派閥間競争が対外政策の変更の妨げとなる点を論じている（Holsti 1991）。また、エサレッジはアメリカの南米政策の分析で、政治過程や制度、リーダーシップに焦点を当て、政府が対外政策で同じ失敗を繰り返してきたと分析している（Etheredge 1985）。ゴールドマンは行政的・認識的・国際的な要因が「スタビライザー」として安定的に働き、国内政治に変化が訪れても一貫性のある対外政策が展開できると説明した（Goldman 1988）。

　他方、国内政治の変容が対外政策に大きな変化を与えると主張した研究もある。たとえば、ハーマンは官僚の率先や外的ショックに加えて、国内政治構造の変化やリーダーの主導という変化要因により、政府が従来の政策決定

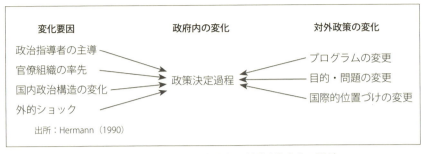

図1　変化要因、政策決定過程、対外政策変化の関係

過程を変えることによって、対外政策を大幅に変更する。換言すれば、その国の外交プログラムや目的・問題設定、国際的位置づけで大きな変化をもたらすには、政策決定過程を変える必要があるというモデルを紹介している（図1参照）。このモデルは本章の事例分析にとくに有用である（Hermann 1990）。

多くの研究が対外政策における継続性を重視する圧力に焦点を当てている。それに対抗して政策を大きく変えるには、政治的な資源が必要であるし、官僚機構の抵抗を押し切ろうという政治的意思、それを政治的に助ける世論の支持をはじめとする外部からの援助も必要となる。障害があっても新政権の信念やリーダーの個性などによって政策決定過程が変化し、その結果対外政策に大きな変更が生まれる可能性があることを先行研究は指摘している。

本章では、まず、自民党政権下でどのように対外政策決定が形成されたのかを解説する。次に、1993年の政権交代後に、細川政権下で対外政策決定過程がどのように展開したかを分析する。さらに2009年の政権交代後、民主党政権の対外政策決定を見るために、普天間基地問題と、2010年と2012年の尖閣諸島事件を事例として取り上げる。その後で、第二次安倍政権における国家安全保障会議の創設と国家安全保障戦略の策定、集団的自衛権をめぐる憲法解釈変更の過程を見ていく。最後に対外政策決定がどのように変化したかについて述べ、またその評価をする。

## 1. 自民党政権下の政策過程

　自民党政権下の政策過程は、「ボトムアップ型」のものが多かった。もともと、首相の政策主導権が明確にされておらず、首相の指示で政策が展開することが少なかった。稀に、首相からの指示が出されても、首相から大臣、大臣から事務次官、局長、担当課長へと下りていくうえで、首相の意向がそれぞれのレベルで歪められる可能性がある。また、どこかのレベルで首相の意向がそれまでの利害と対立すると、最悪の場合サボタージュが発生し、下に指示が伝達されないという可能性もあった。

　しかし、担当課まで下ろされたとしても、そこから始まる稟議制度の過程で、政策が変化することも少なくなかった。通常、実際の政策策定作業というのは、各省の担当課の課長補佐や班長といわれる30代後半から40代前半の若手官僚が軸になって進められる（石原2001: 82）。そこで作られた原案は課内会議を経て、局内の他の課に所属する担当者との間で調整が行われる。その調整が終わると、管理職以上の局議にかけられる。局の決定となるまでに、省内の他の局や他省との政策調整といった段階に入る。局議決定となれば、大臣官房を通して法律上の問題がないかを判断する法令審査や、予算や税制措置が必要な場合は財政当局である財務省の査定が行われた。

　官房副長官を長く務め、政府内の政策決定過程を熟知する石原信雄は、「日本の行政の施策や法案は、実質的にはこの局議で決まるといって過言ではない」と言い切る。もちろん局長の上には事務次官や大臣もいて、政策は省内の局長以上が集まる省議、事務サイドの最高決定機関である事務次官会議、その後閣議にかけられる。閣議決定となり国会に送られることによって、形式的で長い政府内の稟議過程に終止符が打たれる。しかし、局議以降の稟議過程は「チェックという意味合いであり、実務のつめは局長段階で終わっているし、それができないようでは局長としては失格である」と、石原は明かす（石原2001: 90-91）。

　このボトムアップの稟議制は政府内だけではなく、自民党内にも存在した。伝統的に、自民党の中で政策がはじめに審議されてきたのは、政策調査会（略して政調会）の各部会である。各部会に属する議員は特定分野の政策

に詳しく、族議員と呼ばれた。政府による政策の原案は、各部会の族議員によって吟味され、ときにはその圧力によって内容が変わった。石原元副長官によると、与党内の政策決定は実質的には、この部会レベルで行われてきたという。「戦後長い間、自民党は政権を維持してきたので、官僚にすると、この自民党の部会で了解されることが実質的に国会での了解に近いこと」と石原は語る（石原 2001: 84-85）。

　部会の了解後、法案などは政策全般を対象とする政調審議会に諮られた。政調審議会の承認を経て、今度は全会一致を原則とする自民党総務会にかけられ、自民党のコンセンサスとして政策が承認される。自民党単独政権でなく、連立政権の場合は与党間の合意ができて、初めて閣議決定されるという手順を踏んだ。しかし自民党が安定与党であった場合、「部会の実力者と部会以外の党の実力者に根回しをすれば、国会での審理はセレモニーに近いという状態が続いた」という（石原 2001: 84-85）。非常に権力分散的な政策過程といえる。

　こういったボトムアップ型の政策決定が常態であったが、重要な外交案件に関しては首相が政治リーダーシップを発揮することも多かった。たとえば、吉田茂のサンフランシスコ平和条約締結や鳩山一郎の日ソ国交回復、岸信介の日米安保条約改正、佐藤栄作の沖縄返還、田中角栄の日中国交回復などがその例であるが、首相のリーダーシップを支え政策作成の中心を果たしてきたのは外務省である。首相は外務省の「第一外相」として、外務官僚組織が用意してきた外交交渉を経た「ボトムアップ型」の政策決定の最終段階で、官僚では踏み切ることのできない部分で政治的決断を行ってきたのである。また国会承認に至る過程においても、与野党の合意を得るためにやはりボトムアップの形でコンセンサス形成をしてきたといえる。

## 2. 1993年の政権交代後の政策決定

　1993年8月に38年にわたる自民党による長期政権が終わり、非自民連立政権が生まれた。この政権交代は総選挙後の政党連立による合従連衡によって生まれたため、政治改革を例外として政策課題を全面的に出すことなく、

対外政策においては基本路線を継承する方針を選んだ。

　細川護熙首相は、異なる政治目的を持つ8党派をまとめながら、国内的には政治改革を進め、対外的にはGATT（関税及び貿易に関する一般協定）のウルグアイ・ラウンドをまとめるという非常に難しい政治過程を踏まなければならなかった。その政策運営のため、各党幹事長クラスからなる「与党代表者会議」を内閣の外に設置し、与党間の主要合意をとりつける決定システムが設けられた。これとは別に政策議論の場として政策幹事会が設けられたが、高度の政治解決が必要な問題は代表者会議にあげられた。自民党政権でとられていたような部会制は採用されなかった。これについて細川は、「8つの党派が集まった連立政権だから、あれしか方法はなかった。（政策分野ごとの）部会制などは不可能だった」と筆者に明かした[1]。このため、細川政権では代表者会議に集権化された政策決定過程が展開されることになった。

　細川首相はGATTラウンド締結を政権の重要課題とした。締結のために必要なのはコメ市場開放であった。その当時最大の輸出黒字国である日本がGATT交渉を決裂させれば、国際社会の強い非難を招く。そんな事態は避けたいという点では、自民党政権下でも市場開放容認の政治的コンセンサスが生まれつつあったが、最終決断を下し農民の激怒を招くことを望む政治リーダーがいなかった。偶然、交渉の最終局面に細川は政権に就いた。

　農業交渉で米欧間に合意が生まれると、細川首相は日本政府にコメ市場開放を受け入れる準備があると発表した。農業団体に加え、野党であるのをいいことに自民党議員も、細川政権は日本の農業を破壊すると批判に回った。より大きな問題は、連立与党で最大勢力の社会党がコメ市場開放なら連立離脱もありうると反対に回ったことだった。

　しかし、細川首相はコメ市場容認を支持する世論の支持を背景に、代表者会議でコメ市場開放へ向けての議論を進めさせた。そういった状況の中、社会党は反対の立場を公に示すために12時間にわたる党内会議でコメ問題を討議した。しかし最終的に社会党は、人気が高い首相に反対して非自民政権を崩壊させ、かつ世界貿易システムの崩壊の責任を負うことは、コメ農家の保護といった政治レベルを大きく上回る問題だと結論し、しぶしぶコメ市場の開放を容認した。その結果、与党代表者会議で合意を得た。

　そのころ日米間では貿易不均衡是正を中心とする包括協議が行われてお

り、主として日本のマクロ経済政策が焦点となっていた。日本に要求されていたのは輸入拡大につながる景気刺激策だったが、その財源として大蔵省が3年後の消費税引き上げを要求した。与党代表者会議で小沢一郎新生党幹事長が強引に主導し、消費税を7％に引き上げる「国民福祉税構想」を承認した。それを受けて、1994年2月3日の早朝に細川首相は記者会見を行い、その導入を発表した。この唐突と見られた増税の発表は、メディアや野党だけでなく、与党内の社会党や新党さきがけなどからも強い批判を浴びた。また、官僚に対抗する新しい政治リーダーを目指していたはずの細川が大蔵官僚の軍門に下ったかのように見えた状況は、国民を失望させた。世論の支持を失った細川は翌日には、国民福祉税構想を撤回した。これによって、日米包括協議も決裂した。

　細川政権においては、与党代表者会議に集権化したトップダウン型の政策決定が行われた。史上最高レベルの内閣支持率に支えられ、細川首相は反対勢力を抑えてコメ市場を開放できたが、国民福祉税構想のときには世論の支持を得られず撤回を余儀なくされた。この後、細川政権は求心力を失って、1994年4月の内閣総辞職に至った。その後継となった羽田孜内閣では、集権的な政策決定に反発した社会党が連立与党を離脱し、少数内閣となった羽田政権は2ヵ月しかもたなかった。

## 3．民主党政権での対外政策過程

　次に2009年の民主党への政権交代後の変化を見てみよう。鳩山由紀夫民主党代表は総選挙後の勝利宣言で、民主党政権は国民のための「政治主導」を展開すると宣言した。鳩山が初閣議で決定した「基本方針」では、政治主導を確立するための3つの柱が記されている。第一に、各省庁内での政治主導のために、大臣・副大臣・政務官からなる「政務三役会議」を設置し、そこで省内の政策の立案や調整を行うことである。第二に、与党の事前審査を廃止して、政府に政策決定を一元化することである。自民党政権では族議員が跋扈し、政府から政策の決定権が与党に移り、権力の分散化が進んだが、民主党は政策調査会を廃止し内閣に集権化した。第三に、省庁間にわたる政

策調整は政治家が行う方針である。自民党政権では閣議の前日に事務次官会議が開かれ、閣議案件を確認するという慣行があり、民主党は同会議を官僚支配の象徴として批判し、政権発足後すぐに同会議を廃止した。これらの制度変化は官僚支配から脱却しようとしたものであり、実際に鳩山内閣では官僚を排除した政策決定が行われるようになった。

　鳩山政権が直面した外交問題は、普天間基地問題であった。総選挙前に沖縄を訪れた鳩山民主党代表は自民党政権との違いを見せるために「最低でも県外の方向で積極的に行動したい」と発言した。この発言は沖縄県民には「選挙公約」と受け取られた。

　鳩山内閣の閣僚は、普天間問題についてそれぞれ独自の視点を持っていた。たとえば岡田克也外相は米政府高官に対して、総選挙の小選挙区で当選した4議員はすべて現行案反対を明確にして当選した点、民主党も現行案に反対してきた点を強調し、見直しの必要性を訴えた。しかし、外務省や防衛省の官僚は13年もの日米交渉の過程で考えられる多くのオプションについて可能性を検討してきた。その結果、到達したのが現行案であり、それ以外の現実的な選択はないという立場をとってきた。その官僚の思いをいち早く汲み取った北澤俊美防衛相は、9月17日の防衛省での最初の記者会見で、現行案に対する理解を示した。しかし鳩山首相は、現行案を推す官僚たちを排除し、県外への移転案を模索した。

　鳩山内閣では基地移設先の代替案として、岡田外相が嘉手納統合案、北澤防衛相がキャンプ・シュワブ内陸案などを検討したがいずれも政権内に反対があり断念した。3月末には鳩山首相も「腹案」があると国会答弁で答えたが、それは普天間の一部を徳之島に移設するというものだった。徳之島では住民が強く反対し、この案は流れた。そのため5月4日、鳩山は沖縄を訪問し、現行案を受け入れるよう要請した。しかし基地反対派の稲嶺進新市長は現行案反対を訴え、仲井眞知事も秋に知事改選を控えて反対に回り、普天間基地問題はまたもや暗礁に乗り上げた。

　普天間基地問題の失敗は、制度改革による政治主導の試みの失敗であった。政治主導の旗の下、現行案を支持する官僚を排除した。その結果、代替案や目標を精査しないで、最後は徳之島案という実現不可能な案を推進し、大きな混乱を招いた。

鳩山首相の官僚排除を行き過ぎと見た後継の菅直人首相は、政官関係を是正しようと、新しい「基本方針」で政官の協力を呼びかけた。しかし、尖閣諸島事件が起きたとき、官僚の専門知識を十分活用しなかった。2010年9月7日、違法操業中の中国漁船が海上保安庁の巡視船に故意に体当たりをすると、海保はその場で漁船と乗組員を拘束した。一週間後に控えた民主党代表選に神経を集中する菅首相は、仙谷由人官房長官にその対応をゆだねた。

　仙谷長官は、海保を所管とする国土交通相の前原誠司とドイツ出張中の岡田克也外相に連絡をとった。前原国交相は中国漁船の悪質な行為に毅然とした対応をとるよう主張した。岡田外相も事件は日本領海で発生したものであり、国内法で対応すべきだと意見を述べた。これらの主張を仙谷が受け入れ、日本政府は公務執行妨害の容疑で船長の逮捕に踏み切った。船長が日本の裁判所で裁かれる方向が明らかになると、中国政府は、閣僚級の往来の禁止や、航空路線増便の交渉中止、石炭関連会議の延期、中国人観光団の規模縮小などの報復措置をとり、菅政権を大きく揺さぶった。

　9月24日、那覇地方検察庁は拘束中の中国人船長を処分保留のまま釈放すると発表した。その2日前の22日、那覇地検は衝突事件の処分には外交関係の知識が必要だと判断し、法務省を介して外務省職員の派遣を要請していた。翌23日、外務省職員は那覇地検に尖閣諸島についての歴史的経緯について説明した[2]。地検の判断は外務省職員からの説明を大きく反映してのものだった。「故意に衝突させたことは明白」であり「危険な行為」であったが、「今後の日中関係も考慮すると、これ以上身柄の拘束を継続して捜査を続けることは相当でないと判断した」と釈放の理由を述べている。当初、菅政権は地検の判断であり、政治介入はなかったとしていたが、2013年9月に時事通信の取材に応えて、仙谷官房長官が法務次官に対して「政治的・外交的問題もあるので自主的に検察庁内部で（船長の）身柄を釈放することをやってもらいたい」と要請したことを明かした[3]。

　菅政権が国内法による対処から一転させて釈放したことに対して、外交上の危機に対処する戦略的思考が欠如しているとの批判があった。古川元久官房副長官は国会答弁で、尖閣問題について「官邸として特別な会議体を設置した事実はない」と明かしている[4]。自民党政権で長年、官房副長官を務めた古川貞二郎は、「従来だったら首相や官房長官の了解の下に、事務の副

長官のところに海上保安庁、外務省、警察庁、防衛庁の関係省庁、内閣官房の安全保障副長官補、必要に応じて内閣法制局などを集め、あらゆる事態を想定し、検討し、官房長官や首相に上げる」と本来とるべき処置を語り、民主党政権の官僚軽視を批判した。

　野田佳彦首相は官僚を排除しようとした民主党政権の政治主導は誤っており、政策決定の混乱や停滞を招いたと認識していた。野田は政権発足当初から、政策の実行には官僚の専門知識が必要なことを感じ、官僚の協力を呼びかけた。尖閣問題では官僚を巻き込んだ政策決定を行った。

　2012年の尖閣騒動の発端は、4月17日に石原慎太郎東京都知事がワシントンで、尖閣諸島を都で購入する計画を発表したことだった。中国や香港、台湾、アメリカなどの尖閣問題に関する中国人活動グループが参加する世界華人保釣連盟は、石原発言以降、頻繁に会合を重ね、6月14日の香港会合ではこれまでの上陸はしないという方針を変更して、尖閣上陸計画を決定した。8月15日、抗議船は海上保安庁の巡視船の停止命令を無視し、魚釣島に中国の五星紅旗と台湾の青天白日旗を持った7名が上陸した。

　日本政府は事前に抗議船来島の情報をつかんでおり、官邸で首相、官房長官、外相、防衛相、首相補佐官が集まって協議を重ねていた。さらに防衛省から事務次官、防衛政策局長、運用企画局長、外務省から事務次官、総合政策局長、アジア大洋州局長も出席し、情報や意見を提供した。長島昭久補佐官は、「あれは実質的に日本版NSC（国家安全保障会議）のようだった」と語る[5]。

　ここで対応策が具体的に練られたようだ。上陸を阻止する行動をとるが、強制接舷による拿捕を試みて衝突事故になるような事態を避ける。上陸を許した場合、陸上に沖縄県警の警官を事前に魚釣島に待機させ、上陸者を逮捕する。船上の乗務員は海上保安庁が逮捕する。中国にも事前に連絡し、2010年のように国内法の適用をする前に強制送還する。これらの筋書きはすべて事前に用意され、現実にもそのとおり展開した。

　このほか野田政権では、尖閣の国有化にも踏み切る。これは2012年4月に石原慎太郎東京都知事が発表した東京都による尖閣の購入への対応策だった。石原知事が漁船停泊用の船溜まりの整備や常駐者の配置などさまざまな構想を発表し中国をいらだたせていたことに、野田首相は強い懸念を示して

いた。野田政権は中国政府に対して、東京都よりも日本政府が購入したほうが問題は少ないと説明し、中国の外交筋も理解を示していたという。ところが8月に入ると態度が一変して、中国政府は尖閣国有化反対の立場に硬化したという（外務官僚、筆者インタビュー、2013年11月6日）。専門家の間では、次期政権の人事を決める8月の北戴河会議が影響したのではないかと考えられている（春原 2013: 180-87）。

野田政権は9月11日に尖閣の登記移管をすることを決め、その1週間ほど前、中国側に外交筋を通じて伝えた。国内政治の観点からも日本に強硬な態度を示したい胡主席に、野田首相に直接抗議する場面を設けたい。このような中国の要求に応じてセットされたのが、9月9日のAPEC（アジア太平洋経済協力）ウラジオストック会議における15分間の立ち話での日中首脳会談であった（長島 2013: 16-17）。胡主席は尖閣の国有化に反対だとの立場を訴え、野田首相は尖閣が日本固有の領土である旨を伝えた。

日本の国有化の方針は、中国国民に受け入れられなかった。中国外交部の報道官が「日本の誤ったやり方に対抗する義憤は理解できる」と、暴力的デモを容認するかのような発言をすると、反日デモは各地で相次ぎ暴徒化した。「国恥記念日」の9月18日には110都市以上でデモが展開され、周囲の日系企業や日本食レストランが被害に遭った。しかし翌19日、予想以上のデモの暴徒化に対して、中国政府はデモ禁止の通達を出し、そのおかげでデモは収束していった。

尖閣諸島への抗議船来島のときと同様、野田首相は官僚を活用し国有化を進めた。中国政府へは、外務省総合外交政策局が中心に対応策を展開していた。しかし国内の政治的勢力争いの中、中国政府は日本の尖閣国有化に対して厳しい態度をとるようになり、野田政権の対応について日本国内でも疑問視される見方が強まった。

## 4. 第二次安倍政権における安全保障政策

2012年12月に第二次安倍政権が発足すると、安倍首相は民主党政権よりも積極的に安全保障体制を強化していく姿勢を見せた。その一つは、第一次

政権で果たせなかった国家安全保障会議の創設である。翌2013年1月にアルジェリア人質事件が発生すると、アルジェリア軍の動向や邦人の安否確認などの情報収集がうまくいかなかったことから、国際的危機に対応できるよう国家安全保障会議を創設する機運が高まった。そのため、2月には「国家安全保障会議の創設に関する有識者会議」を立ち上げ、設置の検討を本格化させた。安倍政権では重要な安全保障政策とその枠組みを決定するにあたって、有識者会議を作り、そこに諮りながら政策を策定するというパターンが繰り返される。

　6月7日には国家安全保障会議の設置のため、既存の安全保障会議設置法や内閣法、国家公務員法などの改正が閣議決定された。この法案は臨時国会に最重要法案として審議され、民主党から出た修正案を基に与野党間で修正協議が行われ、11月末には立法化された。その後12月初めに新しく発足した国家安全保障会議が活動を始めた。さらに2014年1月には、これらの閣僚会議を補佐する事務局として「国家安全保障局」が設置された。

　2013年12月4日に初めて開催された国家安全保障会議の四大臣会合で審議されたのが、国家安全保障戦略だった。その決定過程においても、有識者会議を立ち上げて報告書を作成するというパターンをとっている。同年9月12日に安倍首相は「国家安全保障と防衛力に関する懇談会（安防懇）」の第1回会合を招集した。安防懇は細川護熙政権のときに誕生し、その後の政権でも開催され、有識者の議論を踏まえ防衛大綱を作るという作業が行われた。この安防懇では、それに加え国家安全保障戦略を作るという新しい任務が加えられた。

　安防懇での議論に基づいて作られた国家安全保障戦略は同年12月17日に閣議決定されたが、その中心的コンセプトとして打ち出されたのは「国際協調主義に基づく積極的平和主義」である。日本は長年、憲法第9条にある軍隊を持たないことが平和への近道だという「消極的平和主義」をとってきた。日本が防衛予算を増やさずにいても、周辺諸国は軍事力を増強し、とくに中国は10年で4倍も軍事予算を増やしている。同戦略ではPKO（国連平和維持活動）や防衛ガイドライン、テロ対策とイラク復興など、1990年代からの日本の貢献を肯定し、世界の平和に対してさらに積極的な役割を果たすべきだという考えを示している。

また、報告書の作成過程も独特だった。それまでの自民党政権では懇談会が提言し、それを踏まえて防衛省の事務方が大綱の文書を書いていた。そのため、ODA（政府開発援助）を所管とする外務省や武器輸出関連を所管する経産省、海上の安全保障の第一線にいる海上保安庁など、他省庁との関係についてあまり触れられなかった。この安防懇では首相と官房長官、財務相、外相、防衛相の5閣僚が有識者と議論をして、報告書をまとめていく形をとったおかげで、省庁間にまたがる統括的な内容の報告書となっている。
　国家安全保障戦略と並行して、防衛大綱も策定された。大綱の中心コンセプトとなったのが「統合機動防衛力」である。2010年に民主党政権下でも「動的防衛力」という概念が出された。自衛隊の可動性を強め、たとえば南西諸島で危機があった場合などに即時に駆けつけるようにすることである。今回の概念も基本的に同じであるが、民主党政権の概念をそのまま使用するのを嫌い、新しい用語を使っている。
　国家安全保障戦略に示されたように、日本がより積極的に世界平和に貢献するためには、集団的自衛権の行使を禁止している政府の憲法解釈を変更する必要が出てきた。第一次安倍政権で「安全保障の法的基盤の再構築に関する懇談会（安法懇）」を設置し、集団的自衛権の行使の可能性について有識者に議論させたが、第二次政権でも安倍首相は2013年2月8日に安法懇を再開した。
　安法懇の報告書は2014年5月15日に発表された。そこでは、「自国と密接な関係にある外国に対して武力攻撃が行われ、その事態が我が国の安全に重大な影響を及ぼす可能性があるときには」集団的自衛権が行使されるべきだと提言された。その該当する条件として、①日本への直接攻撃に蓋然性が高い、②日米同盟の信頼が著しく傷つく、③国際秩序が大きく揺らぎえる、④国民の生命や権利が著しく害される、⑤その他日本へ深刻な影響が及ぶ、などがあげられた。
　この報告書を受けて、自民党は連立パートナーの公明党と協議に入った。憲法解釈に慎重な公明党を説得するために、6月13日自民党の高村正彦副総裁は安法懇の提言より限定的な要件を公明党に提示した。「他国」への攻撃に対する武力行使について、「我が国の存立が脅かされ、国民の生命、自由及び幸福追求の権利が根底から覆されるおそれがある」という新しい限定

要件を提示した。これに対して、公明党は「おそれ」という表現では拡大解釈されかねないと反対し、「他国」については「我が国と密接な関係にある」と加え、「おそれ」は「明白な危険」と替えて、より限定的にすることで、6月24日自公両党で実質合意された。

この与党合意を受けて7月1日に閣議決定で、集団的自衛権の行使を可能にする政府解釈が行われた。国家安全保障会議と国家安全保障戦略の事例と同様、有識者会議が議論を先導し報告書をまとめ、政府がそれを閣議決定するというパターンが踏襲された。しかし集団的自衛権の事例では、連立与党の合意のために、有識者会議の提言から、さらに限定的な条件をつける形で修正案が出されたという点が特色となっている。

## おわりに

　自民党長期政権では、政策決定において権力の分散化が進んでいた。多くの政策においてボトムアップ型の政策決定が行われ、首相はその最終決定で政治決断をすることが多かった。さらに与党の事前審査制度があったため、政調会の部会に属する族議員が跋扈して、政府から政策の決定権が与党に移ることもあり、権力の分散化がますます進んだ。

　日本でも政権交代が起きた時に政策決定の過程が変わり、対外政策に変更が見られた。1993年の政権交代の結果、8党派からなる細川政権が誕生した。細川政権では与党代表者会議に政策決定が集権化され、コメ市場開放ではトップダウン型の決定が行われた。与党内には不満の声も多かったが、細川内閣に対する世論の支持がそれを抑えた。ところが、国民福祉税導入のときには、世論の反対を無視したトップダウン型の政策決定は受け入れられず、消費増税は頓挫した。

　2009年の政権交代では、民主党政権は「政治主導」の掛け声の下、政策決定から官僚を排除した。鳩山内閣の普天間基地問題では外務省や防衛省の専門家たちの意見を聞かず、官邸主導の措置もとられず各閣僚が迷走したのちに、最後には現行案に戻り沖縄県民をあきれさせた。菅首相は鳩山政権の官僚排除を行き過ぎと見て、官僚との関係を修復しようとした。菅政権は

尖閣問題では仙谷官房長官を中心に官邸主導で動いたが、やはり官僚の知識を活用できず判断を誤った。自民党政権下だと、おそらく事務の官房副長官の主導で招集されていたであろう、局長クラスの専門家集団の会合も開かれなかった。他方、2012年の尖閣問題では菅内閣とは違って、野田首相は官僚の専門知識を活用し、事前にシナリオを練り上げた。事件発生時にも、長島補佐官が「日本版NSC」と呼んだような、官僚を巻き込んだ対応をした。民主党政権の対外政策決定では、鳩山内閣が官僚を排除し、菅内閣は排除しようとしなかったが活用しきれず、野田内閣で官僚を活用したという、三内閣三様の展開になった。

　2012年12月の総選挙の結果、自民党が政権に返り咲き、安倍晋三政権が国家安全保障会議新設や、国家安全保障戦略策定、集団的自衛権をめぐる憲法解釈変更を内閣主導で進めた。そこでは、有識者会議で議論を展開し報告書を作成してもらい、閣議決定につなげるというパターンがあった。これらの事例を見てみると、日本でも政権交代の結果、対外政策決定過程が変化し、その政策結果に反映されたことがわかる。

〔追記〕本研究は、国際大学研究所からの研究助成を受けた。

**注**
（1）細川護熙、筆者インタビュー、1996年11月15日。
（2）行政機関情報公開、平成24年度答申、第139号。
（3）「船長釈放へ当局と調整」時事通信、2013年9月24日。
（4）衆議院法務委員会、2012年10月22日。
（5）長島昭久、筆者インタビュー、2012年10月25日。

**参考文献**
石原信雄（2001）『権限の大移動——官僚から政治家へ、中央から地方へ』かんき出版.
信田智人（2004）『官邸外交——政治リーダーシップの行方』朝日新聞社.
―――（2006）『冷戦後の日本外交——安全保障政策の国内政治過程』ミネルヴァ書房.
春原剛（2013）『暗闘尖閣国有化』新潮社.
長島昭久（2013）『「活米」という流儀』講談社.

毎日新聞政治部（2010）『琉球の星条旗――普天間は終わらない』講談社.
読売新聞「民主イズム」取材班（2011）『背信政権』中央公論新社.
Allison, Graham T. (1971) *Essence of Decision: Explaining the Cuban Missile Crisis*, Boston, MA: Little Brown.
Etheredge, Lloyd S. (1985) *Can Government Learn?: American Foreign Policy and Central American Revolutions*, New York: Pergamon.
Hermann, Charles F. (1990) "Changing Course: When Governments Choose to Redirect Foreign Policy," *International Studies Quarterly*, 34 (1): 3-21.
Goldman, Kjell (1988) *Change and Stability in Foreign Policy: The Problems and Possibilities of Détente*, Princeton, NJ: Princeton University Press.
Holsti, K. J. (1991) "Restructuring Foreign Policy: A Neglected Phenomenon in Foreign Policy Theory," in K.J. Holsti, ed., *Change in International System: Essays on the Theory and Practice of International Relations*, Brookfield, VT: Edward Elgar, Chap. 1.
Shinoda, Tomohito (1998) "Japan's Decision Making Under the Coalition Governments," *Asian Survey* 38 (7) : 703-723.

# Ⅳ. 国際地域学の方法

第12章

# 実証研究論文の書き方
## ――問いから仮説検定まで

藤井誠二

## はじめに

　実証研究論文を書くのは難しくない。努力次第で何とかなるものである[1]。読者のみなさんは、もしかすると、論文を書くためには何か天才的な才能が必要なのではないかと思っているかもしれない。たしかに、理論研究論文を作成する場合は、そのような特別な才能が必要なのかもしれない[2]。筆者は理論研究論文を作成したことがないので、この点についてはよくわからない。しかし、実証研究論文に限っては、これは当てはまらない。本章では、実証研究論文の作成は、どちらかといえば、職人技であることを示したい。

　本章が提供する「コツ」は、作業仮説が統計学の仮説検定における対立仮説に等しいことに着目した点である。作業仮説は主に、社会調査に関する教科書に記載されている。筆者の知る限りでは、統計学と社会調査に関する既存の教科書では、作業仮説と対立仮説はそれぞれ別々の文脈で解説されている。そこで、本章は、作業仮説と対立仮説が同じであるということを明確に示すことで読者の論文作成技術の向上を目指すとともに、統計学に関する教科書と社会調査に関する教科書の新しい視点からの統合をも目指すものである。

## 1. 本章の位置づけ

　本章は、「数量的データを扱う」「仮説検証」型論文の作成方法に焦点を当

てる。もちろん、研究にはさまざまなタイプがあり、本章の内容がすべてのタイプの論文に当てはまるわけではない。筆者があえて「数量的データを扱う」と「仮説検証」というふうにカギカッコではさんだ理由は、これらが調査研究を分類する方法を表しているからである。

**論文の4つの型**

　まず、本章は「仮説検証」型論文に関するものである点について見てみよう。川崎（2010: 15-17）は、論文を4つのタイプに分けている。すなわち、(A)「概念の検討・整理」、(B)「仮説検証」、(C)「仮説創設」、(D)「新事実の提示」である。この分類に従えば、本章が焦点を当てる実証研究論文は、(B)「仮説検証」型論文であるといえる。川崎（2010: 15）は、仮説検証とは、「解釈の信憑性を事実（あるいは文書などの証拠）に照らしあわせて判断する作業」であると述べている。

　4つのタイプの詳細については川崎（2010: 15-17）を参照されたいが、簡単に紹介すると、(A)「概念の検討・整理」タイプの論文には、たとえば、一つの概念が持つさまざま意味やそれらが持つ含意を論じる研究や、これまで展開されてきた主張や当然視されてきた前提を整理することによって混乱や論争を解きほぐしたりする研究などのほか、いわゆる理論研究が含まれる（川崎 2010: 15）。一例として、川崎（2010: 15）は、アーネスト・ハースが1953年に刊行した勢力均衡に関する古典的論文をあげている[3]。(B)「仮説検証」の一例としては、川崎（2010: 16）は、チャルマーズ・ジョンソンが主張した仮説[4]に始まる、1960年代に日本が高度経済成長を成し遂げた理由に関する論争をあげている。(C)「仮説創設」は、「一般的仮説（一般的事象に関する解釈）や概念を特定の事実やデータから考えつく、あるいは抽出するという作業」であり、(D)「新事実の提示」は、「新事実の提示を目的とする論文である」（川崎 2010: 16-17）。(C)「仮説創設」については、川崎（2010: 16-17）はダーウィンの進化論を、(D)「新事実の提示」については、歴史学や考古学に多く見られる論文をあげている。

　川崎（2010: 15）が、4つの型の中から一つだけを選び、それを論文の主要目的とすべきだと強く勧めている点も重要である。

**量的調査と質的調査**

　次に、本章は「数量的データを扱う」論文を作成する方法に関するものである点について見てみよう。盛山 (2004: 22-23) は、「数量的データを扱うもの」を量的調査（量的分析）、「そうでないもの」を質的調査（質的分析）と呼んでいる。これも、調査研究の分類方法の一つである。「数量的データ」とは数量で表されたデータのことである[5]。一方、「質的データ」には数値で表されていないすべてのデータが含まれるため、きわめて多様であるが、質的データには、(a) 統計的研究におけるカテゴリカル（名義・名目尺度）データ、(b) 統計的研究における自由回答・観察記録、(c) 聴き取り調査の記録、(d) 参与観察の記録、(e) さまざまなドキュメント文書（日記、手紙、書物、古文書、公文書など）、そして、(f) さまざまな音声・映像メディアが含まれる（盛山 2004: 58）。

## 2. 研究の進め方（前半）——問いから作業仮説まで

　本節では実証的論文作成手順の前半部分を解説する。
　論文を書くためにはまず問いがなければならない。この点に関して、異論を唱える研究者はいないだろう。「問いが見つかれば、論文は半ば完成したも同然である」という研究者もいる。「仮説検証」型論文において、これは具体的にはどういうことを意味するのだろうか。盛山 (2004: 43-47) を参考にしながら考えてみよう。
　あなたは、「少子高齢化が問題だ」という漠然とした問題意識を持っている学生だとしよう。そして、

　　「なぜ出生率が下落しているのか？」………（問い）

という疑問を抱いたとしよう。しかし、いくら少子高齢化が進んでいるのは問題だ、出生率が下落しているのは問題だ、と机に向かって熱くなっても何も始まらない。まず、すべきことは、「答え」を考えるのである。この「答

え」は、研究・分析を進めていくうちに、間違ったものであることがわかるかもしれないが、とにかく、何でもよいから、「答え」を列挙するのである。いわば、答えの候補である。盛山（2004: 44）は、この答えを、本当に正しい答えと区別するために「ありうべき答え」と呼んでいる。

そこで、あなたは、いくつかの「ありうべき答え」を考えた。

・仕事と育児を両立させる社会の仕組みができていないからである。
・人口が増え過ぎたからである。
・政府が適切な政策を実行していないからである。

次に、問いとあなたの「答え」の候補の中の一つを組み合わせて文章にしてみる。「なぜ出生率は下落しているのか？」と「政府が適切な政策を実施していないからである」とを組み合わせて、一つの文にしてみると、

「出生率が下落している原因の一つは、政府が適切な政策を実施していないからである」………（基本仮説）

となる。これは社会調査の分野では、基本仮説と呼ばれる。「答え」の候補が、実際に正しい答えであることを証明するためには、この基本仮説が真であることを証明すればよいのである。

では、この基本仮説が正しいことは、どうやって証明すればよいのだろうか。統計学の仮説検定を行うことで仮説の正しさを証明するためには、仮説を仮説検定が行えるような形に変形する必要がある。これは、基本仮説を変数で表現できる形に変えることを意味する。

変数とは、母集団から選ばれた要素（ケース）・調査対象者ごとに変動する値をとるものである[6]。ここでは、出生率が変数である。そして、基本仮説を変数で表現したものを作業仮説という（ここでは、話を単純にするために都道府県・市・区・町・村のレベルを区別しないことにする）。

「政府が適切な政策を実施している地方公共団体の出生率は、そうでない地方公共団体の出生率よりも高い」………（作業仮説①）

基本仮説は、まだ卓上の仮説にすぎず、立証するために具体的にすべきことがはっきりしていない。それに対して、作業仮説は、いわば、実際にあなたが手・足・体を使って作業できる形になっている仮説であり、具体的にすべきことが明白である。これは大きな違いである。この例の場合では、さまざまな資料や文献等を調べ、出生率を高めるために適切な政策を実施している地方公共団体を探し出し、同時にその地方公共団体の出生率を調べ、見つかったデータをパソコンに入力するといったような作業である[7]。

　さらに、作業仮説の段階では、これらのデータをどう分析したらいいかの見通しが立っている（盛山 2004: 46）。本章の後半で説明するが、それは「平均値の差の検定」という仮説検定を用いることができるだろうという見通しである。

　もっとも、基本仮説と作業仮説との間には、作業仮説が正しいことが証明できれば、基本仮説が正しいことを証明したことになる、という関係がなければならない。盛山（2004: 47）は、これを、両仮説間の論証の構造と呼んでいる[8]。

　作業仮説が設定できれば、それを仮説検定における対立仮説に設定したうえで、統計学の教科書に従って平均値の差の仮説検定を行い、結果が得られた後は、それらを論文にまとめれば、ほぼ論文は完成する。これが、すなわち、前述の「問いが見つかれば、論文は半ば完成したも同然である」が意味することである。

## 問いで問うべきこと

　本節の冒頭では、問いがすでに見つかっている状態から始めた。論文で問うべきことは、先行研究が抱える不備や限界でなければならない（川崎 2010: 6-9）。「社会科学論文は、問題を指摘し、それを解決するというかたちをとる。……ここでいう問題とは、先行研究が抱える不備や限界でなければならない。……そうでなければ論文の条件を満たさない。……先行研究に不備がないテーマに関して新たに論文を書く必要はない。……先行研究が提供する知識が十分でない場合にのみ、そしてそれを訂正するためにこそ、新たに研究しその結果を論文として報告するのである。そして、将来、別の人が同じ

テーマに関して先行研究を調査し、問題ありと判断すればそれを解決すべく新たに論文を作成していく……。このように学問は進んでいくのであり、そのエンジンともいうべきものが論文といえよう」（川崎 2010: 6-9）。

　そうはいっても、学部生がいきなり先行研究を批判的にレビューして問題を見つけ出すのは困難だろう（川崎 2010: 10）。そこで筆者は、「古い仮説・新しいデータ」型論文を勧める（川崎 2010: 95-97）。「新しいデータ」を探す際に意識するポイントは、(A) 時系列、(B) クロスセクション、(C) 階層の3つである（川崎 2010: 95-97）。(A) 時系列のポイントは、同じ仮説を別の年代のデータを使って検証することである。たとえば、先行研究を調査したところ、1980年代のデータを使って仮説検証をした論文があるとしよう。さらに調査したところ、同じ仮説が、まだ新しい年代のデータを使って検証されていないことがわかったとする。そこで、その論文と同質のデータだが、より新しい、1990年代や2000年代のデータを集めて同じ仮説を検証するのである。その結果を報告する論文が「古い仮説・新しいデータ」型論文である。そして、「もし、新しいデータでもってしても同じ検証結果が出たならば、その仮説の時代を超えた信憑性が証明されたこととなる。そのような時代超越性はそれまでの研究ではわからなかったので、そのような検証結果は一定の学問的貢献となる。他方、もし違う検証結果がでたならば、その仮説は一見すれば時代制約を受けないように見えるものの、実は『時代の産物』であったことが判明する。つまりそれまでわからなかった仮説適用範囲――その時代においてのみ成立していた前提――が明らかになり、学問的貢献となる」（川崎 2010: 95-97）。

　(B) クロスセクションのポイントは、同じ仮説を別の地域のデータを使って検証することである。たとえば、1990年代のある地域、たとえば、東京都において成立した仮説が、同じ1990年代の別の地域、たとえば、新潟県にも当てはまるのか、というような研究になる。同じ都道府県レベルの別の都道府県に同じ年代のデータを当てはめるのである。

　(C) 階層のポイントは、たとえば、異なる行政レベル（国・都道府県・市町村）にも同じ仮説が当てはまるのか、となる。1990年代の日本において成立した仮説は、同じ1990年代の新潟県にも当てはまるのか、というような研究である。

さらに、3つのポイントを組み合わせることも可能である。たとえば、ある時代のある地域の選挙に関する研究があった場合、同じような選挙に関するデータを、現時代の同じ地域に関して集めると同時に、別の地域に関しても集めることができる（川崎 2010: 95-97）。

「古い仮説・新しいデータ」型論文に取り組む場合の注意点は、同じ仮説を別の年代や地域のデータを使って検証する場合、同じ分析手法を用いる必要があることである。さもなければ、結果を比較することができない。

**論文の構成**

「仮説検証」型論文の構成としては、「仮説を検証したところ仮説を支持する結果が得られた」という内容がその骨格となるようにするのがよい。したがって、ある作業仮説を立てて分析を進めたところ、仮説を支持しない結果が得られた場合には、仮説を修正し、文献・資料調査やデータ収集などを再度やり直すことを勧める。論文の構成に関するその他のポイントはここでは割愛する。川崎（2010: 54-65）と木下（1994: 108-116）を参照されたい。

**引　用**

「自分の論文の中で、他人の意見を紹介すること」を引用という。引用する際には、その他人の意見が、どの文献に載っているのかを明確に論文に記載することが必須である。他人の意見をあたかも自分の意見のように論文に記述することを「剽窃」という。つまり、剽窃とは、他人のアイディアを「盗むこと」であり、厳に慎まなければならない。

木下（1994: 242-245）によれば、出典の示し方は2種類ある。(A) 番号方式と、(B) ハーバード方式である。(A) 番号方式は、「川崎[3]によれば、……」、あるいは「川崎〔3〕によれば、……」というように、論文で引用する文献に引用順に番号をつけ、論文の最後に番号順に各文献の書誌情報を記す（木下 1994: 242）。(B) ハーバード方式は、「川崎（2010）によれば、……」というように著者名と出版年を記し、論文の最後に第一著者の姓の ABC 順またはアイウエオ順に、各文献の書誌情報を並べる（木下 1994: 242）。本章は

ハーバード式に従っている。

　参考文献に記載すべき書誌情報は、それが図書の場合は、著者名、図書のタイトル、出版社、出版年である。論文の場合は、著者名、論文のタイトル、掲載雑誌名、巻号、出版年、掲載ページである。

## 3．研究の進め方（後半）——仮説検定

　前節までで読者のみなさんの手元では作業仮説が完成しているはずだ[9]。前節で、作業仮説は統計学の仮説検定における対立仮説に等しいといった。政府が適切な政策を実施している地方公共団体の出生率と、そうでない地方公共団体の出生率とを比較し、前者の出生率のほうが高いという結果になれば、基本仮説が正しいことが証明されたことになるという戦略だが、2グループのデータの大小を比較する際には、代表値として平均に着目し、2グループの平均値を比較する。そこで、前述の作業仮説①に下線部分を追加した次のような作業仮説②を立てる。

　　「政府が適切な政策を実施している地方公共団体の出生率の平均値は、そうでない地方公共団体の出生率の平均値よりも高い」………（作業仮説②）

　この作業仮説②が、統計学の仮説検定における対立仮説となる。
　仮説検定の手続きは、まず、帰無仮説と対立仮説を記述することから始めるのだが、対立仮説は作業仮説②である。帰無仮説は2グループの平均値は等しいという記述になる。次のように帰無仮説と対立仮説を記述した後は、たいていの統計学の教科書に載っている仮説検定の手続きに従って作業を進めればよい。対立仮説は、あなたが証明したいことである。それに対して、帰無仮説は、いわば、あなたの意見に反対している人の意見だといえる。母集団における平均値（母平均）をそれぞれ $\mu_1$、$\mu_2$ とすると、帰無仮説と対立仮説はそれぞれ $\mu_1 = \mu_2$、$\mu_1 > \mu_2$ と書ける。

## 平均値の差の検定

> 帰無仮説：母集団では、政府が適切な政策を実施している地方公共団体の出生率の平均値は、そうでない地方公共団体の出生率の平均値と同じ（$\mu_1 - \mu_2 = 0$）。
> 対立仮説：母集団では、政府が適切な政策を実施している地方公共団体の出生率の平均値は、そうでない地方公共団体の出生率の平均値よりも高い（$\mu_1 - \mu_2 > 0$）。

この仮説検定は、異なる2つのグループの平均値に差があるかどうかを検定する「平均値の差の検定」である。さまざまな資料を調査した結果、次のようなデータを入手しているとする。データはフィクションである。

---
政府が適切な政策を実施している地方公共団体の出生率（グループ1）
1.21 1.35 1.40 1.50 1.54 1.60 1.61 1.67 1.77 1.78 1.82 1.85 1.87 1.90 1.95 1.96 2.06 2.16

---
そうでない地方公共団体の出生率（グループ2）
1.01 1.06 1.13 1.15 1.26 1.27 1.28 1.28 1.29 1.30 1.33 1.34 1.34 1.34 1.35 1.37 1.38 1.43 1.43 1.48 1.51 1.52 1.54 1.55 1.70 1.81 1.82 1.90 1.95

---

これらを標本といい、標本の大きさはそれぞれ18と29である。この検定は、どちらかの標本の大きさが30より小さいか、あるいは、両方の標本の大きさが30より小さい場合の検定である[10]。そして、2つの母集団の分散、$\sigma_1^2$ と $\sigma_2^2$ は未知だと仮定する。さらに、この検定を行うためには次の2つの条件が必要である（これら2つの条件が満たせない場合については後述）。

条件（1）：母集団1と母集団2は正規分布する。
条件（2）：母集団1の分散と母集団2の分散は等しい。

では、実際にExcelを用いて平均値の差の検定を行ってみよう。ここか

ら先は読者のみなさんも実際に Excel を操作しながら読み進めていただければより理解が深まるだろう[11]。この仮説検定は、他の仮説検定とともに Excel の「分析ツール」に収められている。

分析ツールを使うためには、次のような準備が必要である。Excel を起動し、画面左上の「ファイル」タブをクリックし、次のような画面が現れたら、オプションをクリックする。

Excel のオプションのウィンドウで、アドインをクリックし、分析ツールを選択し、設定をクリックすると、「アドイン」というウィンドウが現れるので、分析ツールにチェックをいれ、OK をクリックすれば、準備完了である。

第12章 実証研究論文の書き方　217

　データが入力されたシートで、画面左上の「データ」タブをクリックすると右端に「データ分析」が表示されているはずなので、それをクリックし、次のような画面が現れたら、「t 検定：等分散を仮定した 2 標本による検定」を選択し OK をクリックする。

　そして、次のような画面が現れたら、それぞれの項目を設定していこう。まず、入力範囲にデータの位置を指定する。グループ 1 が列 A、グループ 2 が列 B に入力されている。この場合は、列全体を選んでいるが、最初と最後のセルを指定してもよい。ラベルは先頭のセルが変数名の場合にチェックを入れる。出力先は、データとの結びつきを忘れないために、同じシートがよいだろう（森棟 2012: 25）。仮説平均との差異と $\alpha$ (A) は、次のようにそれぞれ 0 と 0.01 とする。

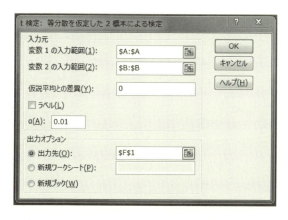

そして、OK をクリックしたら次のような結果が出力されるはずである。

t 検定：等分散を仮定した 2 標本による検定

|  | 変数 1 | 変数 2 |
| --- | --- | --- |
| 平均 | 1.722222222 | 1.417931034 |
| 分散 | 0.065688889 | 0.055874138 |
| 観測数 | 18 | 29 |
| プールされた分散 | 0.059581933 | |
| 仮説平均との差異 | 0 | |
| 自由度 | 45 | |
| t | 4.154496567 | |
| P(T<=t) 片側 | 7.18731E-05 | |
| t 境界値 片側 | 2.412115876 | |
| P(T<=t) 両側 | 0.000143746 | |
| t 境界値 両側 | 2.689585019 | |

まず、この結果を解釈してみよう。仮説検定では次のような意思決定のルールに従う。

---

意思決定のルール：
もし P＜$a$ ならば、帰無仮説を棄却する。
もし P≧$a$ ならば、帰無仮説を棄却できない。

もし｜検定統計値｜＞｜境界値｜ならば、帰無仮説を棄却する。
もし｜検定統計値｜≦｜境界値｜ならば、帰無仮説を棄却できない。

---

この検定は、「〜より大きい（>）」・「〜より小さい（<）」と記述された対立仮説を証明するので片側検定である。対立仮説が「〜異なる（≠）」と記述されていれば両側検定である。ここでは、Pは、P（T<=t）片側の数値であり、上記の結果によれば0.00007187である。$a$は0.01（1%）とする（詳細は後述）。

　最初の意思決定のルールに従えば、P＜$a$となっているので、あなたは帰無仮説を棄却する[12]。後半の意思決定のルールに従っても同じ結果になる。ここでの検定統計値は結果のtの値であり、4.15である。境界値は、2.41なので、｜検定統計値｜＞｜境界値｜より、帰無仮説を棄却する。帰無仮説を棄却するときに、対立仮説が正しいことが証明されたことになるので、あなたの対立仮説が正しいことが証明されたことになる。すなわち、作業仮説と基本仮説が正しいことが証明されたことになる。よって、「なぜ出生率が下落しているのか？」というあなたの問いに対する答えは、「政府が適切な政策を実施していないからである」となる。

　意思決定の状況を図に表してみよう。図1は、自由度を、グループ1の標本の大きさ＋グループ2の標本の大きさ－2（18＋29－2＝45）とするt分布である。t分布の詳細については、たとえば、豊田（2010: 96-98）を参照されたい。

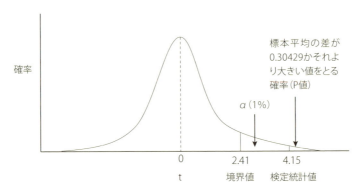

**図1　t分布（帰無仮説が正しいと仮定した場合）**

重要なのは、この t 分布は帰無仮説が正しいと仮定したときの分布であるという点である。P 値は、検定統計値が 4.37 かそれよりも小さい値をとる確率である。この P 値は、帰無仮説が正しいと仮定したときに、標本平均の差が 0.30429（=1.72222 - 1.41793）かそれよりも大きい値をとる確率である。Excel の結果から、この P 値は 0.00007187 で、ほぼゼロである。帰無仮説が正しいと仮定したときには、標本平均の差が、0.30429 という値をとることはほぼ起こりえないといえる。しかし、実際に母集団から無作為にそれぞれ標本の大きさが 18 と 29 の標本を取り出して差を計算したところ、0.30429 になった。帰無仮説が正しいと仮定すると起こりえないことが起こったということは、帰無仮説ではなく対立仮説が正しいと仮定するほうがより妥当ではないか、というように考えるのが仮説検定の基本である。標本から計算される数値（ここでは 0.30429）は、現実に入手したデータに基づく情報なので、こちらは疑いの余地はない。

　では、この P 値がどのくらい小さければ、実際のデータから計算される数値が、帰無仮説が正しいと仮定したときの分布に基づいていると考えるのはおかしいと判断できるかの基準が、先述の $\alpha$ である。これを有意水準という。これは研究者自身が決定し、通常、1% か 5% に設定する。1% のほうが帰無仮説は棄却しにくい。

## 条件が満たされない場合

　以上の仮説検定を行うためには、先述のとおり、次の 2 つの条件が満たされなければならない。条件（1）が満たされない場合には、平均値の差の検定に対応するノンパラメトリック検定である Mann-Whitney test（Wilcoxon's Rank-Sum test）を用いなければならない。詳細は、Howell（2004: 469-475）を参照されたい。

　条件（1）：母集団 1 と母集団 2 は正規分布する。
　条件（2）：母集団 1 の分散と母集団 2 の分散は等しい。

　条件（2）が満たされない場合には、Excel 分析ツールに収められている

「t 検定：分散が等しくないと仮定した 2 標本による検定」を用いなければならない。手続きは等分散を仮定した 2 標本による検定と同じなので省略する。

本節の最後に、Excel を使って分散が等しいかどうかの検定を行ってみよう。同じ分析ツールの中の「F 検定：2 標本を使った分散の検定」である。帰無仮説と対立仮説はそれぞれ次のようになる。

帰無仮説：母集団 1 と母集団 2 の分散が等しい。
対立仮説：母集団 1 と母集団 2 の分散は等しくない。

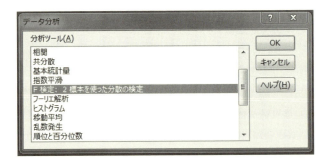

上の画面のように選択し OK をクリックすれば、次の画面が現れるはずだ。

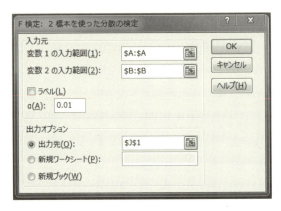

そして、上述の t 検定と同様に項目に入力し OK をクリックすれば、次のような結果が得られる。

F 検定：2 標本を使った分散の検定

|  | 変数 1 | 変数 2 |
|---|---|---|
| 平均 | 1.722222222 | 1.417931034 |
| 分散 | 0.065688889 | 0.055874138 |
| 観測数 | 18 | 29 |
| 自由度 | 17 | 28 |
| 観測された分散比 | 1.175658208 |  |
| P(F<=f) 片側 | 0.342428902 |  |
| F 境界値 片側 | 2.68298703 |  |

　P 値は P（F<=f）片側の数値 0.34 である。上述と同じ意思決定のルールに従うと、P（0.34）＞α（0.01）なので、帰無仮説は棄却できない。つまり、2 つの母集団の分散が等しくないといえるのに十分な根拠は見つからなかった。したがって、本章のように等分散を仮定した t 検定を用いることになる。

## おわりに

　本章では、実証研究論文の書き方に関するコツと注意点を紹介した。実証研究論文を作成するために必要な基本的な事柄はすべて網羅できているのではないかと思うが、字数の関係から表面的な議論にとどまっているため、より詳細な説明については、該当箇所の参考文献を参照いただきたい。また、平均値の差の検定を用いた分析を例にして説明したが、基本的な仮説検定の考え方は、すべての仮説検定で共通なため、基本的な考え方をいったん理解してしまえば、さまざまな仮説検定を理解するのは容易である。これらの仮説検定の方法については、機会があれば別のところで紹介したい。

　最後に、本章を作成する動機にもなった猪口孝・新潟県立大学学長のお言葉を紹介して本稿を締めくくろう。猪口学長いわく、「論文は一日あれば書ける」。この一文が、本章を読み終えた読者のみなさんにとって、少しでも現実味を帯びてくるように感じていただけたら幸いである。

**謝辞**

本章を作成するにあたり、筆者の担当科目である新潟大学経済学部「データ解析」(2010～2014年度)、新潟県立大学国際地域学部国際地域学科・人間生活学部子ども学科「社会調査法」(2011年度から現在)、新潟県立大学国際地域学部「社会調査法演習」(2011年度から現在)・「統計学（統計分析入門）」(2013年度から現在)・「基礎ゼミ」(2009～2014年度)の各授業を履修された学生たちからいただいたさまざまな質問やコメントが非常に役に立った。実名はあげないが、多くの学生に感謝の意を申し上げる。また、上記「基礎ゼミ」を初めて担当した際、授業で使われていた教材「論文を書くとはどういうことか？」をこころよくシェアしてくださった新潟県立大学国際地域学部・高端正幸先生に感謝の意を申し上げたい。氏の教材も本章の作成全般にわたり参考になった。最後に、2007年に研究員として門を叩いて以来、私の実証研究・教育活動に対して常にアドバイスと励ましとインスピレーションをくださっている猪口孝先生に心から御礼申し上げる。

**注**

（1）大学受験に2度失敗し、さらに大学卒業後、アメリカの大学院に留学するまで2年半もかかってしまった筆者が言うのだから間違いない。

（2）筆者の専門である経済学に関していえば、研究を大きく2つに分けると、理論的な（Theoretical）研究と実証的な（Empirical）研究がある。筆者の知る限りでは、理論的な研究とは、経済学の理論モデルを構築し問いに答えるというものである。それに対して、実証的な研究は、理論モデルの信憑性を事実（主に経済データ）に照らし合わせて検証するというものである。

（3）Ernst B. Haas, "The Balance of Power: Prescription, Concept, or Propaganda," *World Politics* 5 (4): 1953, 442-477.

（4）*MITI and the Japanese Miracle: The Growth of Industrial Policy, 1925-1975*, Stanford, CA: Stanford University Press, 1982.

（5）数量的データは次の4つに分類できる（大谷ほか 2013: 130）。この分類は、どの仮説検定を用いるべきかを判断する際に重要な役割を果たす。①名義（名目）尺度のデータ（変数）は、対象をカテゴリーごとに分類（区別）する。例：性別、職業、ブランド、国名、血液型など。②順序尺度は、区別だけでなく、対象が属するカテゴリー間の順序関係がわかる。例：教育水準、良い／普通／悪いなど順序で聞く質問、運動会の徒競走の順位など（順番はわかるけど、どれだけの差がついたのかはわからない）。③間隔尺度は、区別したうえで、順序づけるだけでなく、順序間の差の大き

さもわかる。ただし、0が絶対的基準ではない。例：温度の摂氏と華氏、日付（年月日）。④比例（比率）尺度は、区別したうえで、順序づけ、その関係の大きさを、差だけではなく、比（倍数関係）で表すことができる。絶対的基準0がある。例：身長、体重、所得など多数。

（6）要素（ケース）・調査対象者の総数が母集団（Population）であり、母集団は調査・研究の対象である（豊田ほか 2010: 84; 山本 1995: 315）。仮説検定は推測統計の一つであり、推測統計は、標本（sample）から得られた情報に基づいて母集団に関する数量的特性について推測することが目的である（豊田ほか 2010: 84）。

　　たとえば、日本では教育水準が高ければ所得も高い、という仮説を検定したいとする。このとき、分析の対象は、日本人全員（＝母集団）となる。しかし、日本人全員に教育水準と所得について尋ねるのは非常に時間も費用もかかるので、母集団の中から何人かを選び出して、その選び出した一部の日本人（＝標本）から得られた情報に基づいて、未知の日本人全員（＝母集団）について推測しよう、というのが基本的な考え方である。このように、分析の対象となる母集団から一部を取り出して調査する方法を標本調査といい、国勢調査のように、母集団に属するすべての調査対象者を調査する方法を全数調査という。

　　そして、標本は、各要素が取り出される確率がすべて等しいという無作為抽出の方法を用いて母集団から抽出されなければならない。

（7）文献だけでなく、図書館やインターネットを利用し、百科事典、白書、新聞なども調べる必要があるだろう。

（8）論証構造は次のようなものである（盛山 2004: 47）。①基本仮説が正しいならば、データレベルで作業仮説が観測されるはずだ。②作業仮説がデータで支持されたならば、基本仮説の正しいことが検証されたことになる。

（9）本節の内容は、筆者が 2005 年から 2006 年にかけてカリフォルニア大学アーバイン校社会科学部でティーチング・アシスタントとして担当した授業科目の講師ニコラス・ノビエロ博士に負う部分が非常に大きい。入手が困難かもしれないが、同講師が授業で使用されていた教科書が参考文献の中の Noviello（2004）である。

（10）標本の大きさが両方 30 より大きい場合には、標準正規分布表を用いて検定を行うことができる。

（11）Excel 2013 を用いた。

（12）帰無仮説を棄却できれば、対立が正しいことが証明されたことになる。しかし、帰無仮説が棄却できないとき、帰無仮説が正しいことが証明されたわけではないことに注意しよう。

**参考文献**

大谷信介・木下栄二・後藤範章・小松洋（2013）『新・社会調査へのアプローチ　論理と方法』ミネルヴァ書房.

川崎剛（2010）『社会科学系のための優秀論文作成術』勁草書房.

木下是雄（1994）『レポートの組み立て方』ちくま学芸文庫.

盛山和夫（2004）『社会調査法入門』有斐閣ブックス.

豊田利久・大谷一博・小川一夫・長谷川光・谷崎久志（2010）『基本統計学（第3版）』東洋経済新報社.

増山幹高・山田真裕（2004）『計量政治分析入門』東京大学出版会.

森棟公夫（2012）『教養　統計学』新世社.

山本拓（1995）『計量経済学』新世社.

Howell, David C. (2004) *Fundamental Statistics for the Behavioral Sciences*, 5th edition, Belmont, CA: Thomson Learning.

Noviello, Nicholas (2004) *Secrets of Statistics*, 7th edition, New Jersey: John Wiley & Sons.

第13章

# 政治分析の方法論
## ――事例、比較、計量的アプローチ

窪田悠一

## はじめに

　国際地域学は、国際関係論や比較政治学などの分野における理論と東アジア地域に軸を置いた事例研究を体系的に結びつけた新しい学問領域の開拓の試みである。本書の序章で述べられているように、国際社会、地域国際関係、また各国における政治経済を把握するためには、政治学、経済学、法学、歴史学といった領域にとどまらない、「交差ディシプリン」の土台に拠って立つことが必要であろう。学問領域の境界線は学術分野や学者の分類には役に立つかもしれないが、現実世界を研究するうえではあまり大きな意味をなさないのである。

　同じことは、研究対象にどのような方法を用いてアプローチするのかという点についてもいうことができる。本章では政治現象への計量的アプローチについての概説を行うが、そこで用いられている分析手法の多くは経済学、心理学、社会学などで使われていた方法が土台となっている。その意味では、「政治」現象の分析といいつつも、本章の射程は政治学における知見の紹介にとどまるものではない。むしろ、ここでの関心の中心は、現実の政治現象をいかに適切に分析するかについての議論である。

　しかしながら同じく重要なことは、こうした政治現象の計量分析にかかる問題の所在とその解決の必要性にもっとも自覚的であったのは政治学の研究者であったという点である。近年では、政治学方法論と呼ばれる政治学の下位領域の発展によって、政治現象に関するデータやそのための適切な分析手法が数多く提示されている。ここではそれらすべてを紹介することはできないので、計量的アプローチによる政治分析にとって本質的な問題に的を絞っ

て議論する。

　以下では、まず国際地域学を学ぶ意義について、社会科学あるいは政治学の視点から論じる。そのうえで、計量的研究方法の特徴を質的な方法と比較しつつ明確にする。ここでは、われわれが研究を進める際になぜ他の方法ではなく計量的アプローチの作法に従って行うのかという点について考える材料を提供することを目的としている。当然のことながら、計量的アプローチについて知る必要があるのは近年の政治学を含めた社会科学で統計データの分析を行うことが当たり前になってきているからというだけではない。政治現象の分析に対して計量的アプローチがとられるのは、質的アプローチにはないメリットがあるからである。実際に研究を設計するうえでは、こうしたアプローチごとの長所と短所を踏まえておくことが重要であろう。

　またこれに続いて、政治現象に関する定量的データとその分析に特有の問題についての論点を紹介する。とくに政治学方法論の研究者による、このような問題やその分析手法上の解決策に関する研究の進展・蓄積は著しい。ここでは、カテゴリー変数、生態学的推定、パネルデータなどに焦点を絞って議論する。

## 1. 国際地域学の方法を考える意味

　国際地域学を学ぶことの意義は何であろうか。あるいは、もっと的を絞った言い方をすれば、国際社会、地域国際関係、各国家における政治現象を研究する目的はどのようなところにあるのであろうか。考えうる一つの目的は、東アジアという地域や日本、ロシア、中国、韓国といった国々の政治的背景を深く知るということである。北東アジアや東南アジアの国際関係上の重要性が近年ますます高まってきていることや、こうした国々が現代政治的な側面だけでなく歴史・文化的にも非常に多様であることを考えると、各事例の詳細について理解するというだけでも知的好奇心が刺激されよう。

　ただし一方で、われわれはなぜ他の地域や国家ではなく、東アジアや日・露・中・韓といった国々を研究の対象とするのかについて自覚的でなければならない。そのためには、社会科学における事例と理論の関係を考えてみる

とよい。一般的に事例の研究と理論の構築や検証は裏表一体の関係にある。つまり、事例は理論という「建物」を構築する際の「ブロック」のような役割を果たすとともに、その理論が現実的に妥当性を持つか否かを判断するための材料を提供する。同時に理論は特定の事例がどの程度の特異性を持ったものなのかについての基準を与えてくれる。もし既存の理論では十分に説明できない事例やトピックに気がついたならば、それは新たなロジックを組み立てることによって学問的に新しい貢献をするチャンスかもしれない。いずれにしても事例は理論の構築や検証に役立てなければならない。

事例が理論と相互補完の関係にあるとはいっても、単一の事例にのみ依拠する知見はその文脈的な制限のために帰納的推論における役割は限定的なものにとどまる可能性がある。なぜならば、一般化を志向する理論では変数間の関係性の特定が主な関心事項であり（Ragin 1987）、ここでは特定の文脈にできるだけ縛られない因果メカニズムの提示が望まれるからである。そこで、社会科学研究では複数の異なる背景を持つ複数の事例間の比較を通して、特定の文脈を超えた理論の構築を目指す試みが行われる。

## 2. 質的アプローチと計量的アプローチの対比

### 質的アプローチにおける比較と事例

ある原因と結果との間に因果関係が存在すると認めるためには、独立変数が従属変数に対して時間的に先行し、かつ共変関係を持っているという条件に加えて、独立変数以外の重要な要因が変化しない、という条件が必要である（高根 1979: 83）。自然科学における実験とは異なり、社会科学において独立変数以外のあらゆる要因をそろえた異なる事例を見つけ出すのは実際のところ困難である。しかしながら、比較研究において、事例間で独立変数の相違を最大化し、制御変数の相違を最小化するような組み合わせが望ましい事例の選択であることは間違いない（Lijphart 1975）。政治現象の分析に関していえば、可能な限り反実仮想的な事例の組み合わせによる比較を通じて政治過程や変化に関する説明を試みることが重要である。

まずは少数事例の比較の場合を考えてみよう。このアプローチの利点は、事例の特異性や複雑性に基づいた因果推論が可能なことである。各事例の詳細を把握することで、分析者は自身が用いる概念やデータの信頼性及び妥当性に対して、より文脈に沿った評価を下すことができる。詳細な事例研究を行うことの重要性は、「抽象的な概念の意味は具体的な事例と照らし合わせて初めて理解できる」(Kohli et al. 1995: 36) ことによる部分があるといえよう。

しかしながら、少数事例に依拠するアプローチの問題点の一つは事例を選択する際に生じることがある。これは事例が非無作為的に選ばれるために起きる問題であり (Collier 1995)、ある理論を支持するような事例のみを含んだ研究デザインを行った場合や、従属変数に沿って事例の選択を行う場合 (Geddes 1990; King, Keohane, and Verba 1994) などがこれに当たる。こうした選択バイアスは偏った事例群を分析することで間違った結論を導き出してしまうという問題を孕んでおり、理論枠組みに基づきつつもある程度「恣意的に」事例の選択を行わなければならないような研究では留意しなければならない。

確かにこうした問題が起ころうとも、歴史上で稀にしか起こらなかった事象に関して偏りのない比較事例群を探すのは困難であるかもしれない。さらにいえば、こうした事例を分析すること自体に意味がないとはいえないだろう (Ragin 1997)。ただし、もう少し広い適用可能性を持つ理論の探求を目指す際には、少数事例の比較から得られる結論が部分的な一般化の域を脱しえないことは明らかな問題である。

## 計量的アプローチにおける比較と事例

少数事例の比較と比べて、多事例の比較研究は広範な事例群に基づいた推論ができることだけでなく、選択バイアス問題の緩和が可能であるという点で有利である。事例の選択においてもっとも効果的な方法は無作為抽出である。たとえば、世論調査ではインタビュー対象者である個人が事例の観察単位となるが、それらを母集団から抽出する際に各人が標本として選定される確率が同じであるという前提が必要である。無作為抽出法では、関心のあ

る変数とは無関係に観察対象を選ぶことができるため、変数間の関係性を分析するにあたって選択バイアスを小さくしてくれるのである（King, Keohane, and Verba 1994: 124）。

　さて、このように無作為に抽出された標本を分析する際の主な関心は母集団の特性値を見極めることにある。つまり、手元にある標本を用いて、その母集団の特徴やそこにおける変数間の関係性を探ることになる。無作為抽出された標本はバイアスのない母集団の縮図である（浅野・矢内 2013: 93）ため、統計学の理論に基づいて全体に対する偏りのない推定を行うことができる。

　一方で、政治現象の計量分析で用いられるデータには、母集団におけるすべてのケースを含んでいる場合がある。たとえば、経済発展と民主化との関係を調べたいときに、すべての国家の経済および政治指標に関するデータを用いることがあるかもしれない。このようなデータは、行政体ごとの投票率や国ごとの政治経済的な指標などと同様にアグリゲートデータと呼ばれる。アグリゲートデータは、上記のような無作為な標本抽出のプロセスに基づいているわけではないが、しばしば計量分析の対象となる。ただし、その際にわれわれは因果関係における偶然性を容認する確率論的世界観に依拠して考察を行っていることを自覚する必要がある（飯田 2013: 24）。重要な点は、この世界観に立つことで統計学的知見に基づく計量分析が可能になることだけではなく、分析結果がある特定の事例と相容れないという一点のみによって否定できるものではないという考えを受け入れるということである（Mack 2002: 517）。むしろ、ここでの関心は、特定の事例に関する説明の具体性を犠牲にしても、そうした事例を超えた変数間の一般的な関係性を追求することにあるといえよう（Ragin 1997）。

　このような計量的アプローチに対する批判の一つに、この方法が原因の結果に対する効果が文脈の差異にかかわらずすべての事例に対して一定であるという前提を有しているという考えがある。とくに比較政治研究者にとっては、このような前提は受け入れがたく、結果としてこのような分析上の前提をしぶしぶ受け入れるか、あるいは最初から単一あるいは少数事例の比較研究を採用するかの選択が迫られることがあった（Beck 2000: 652）。ただし、後述するような政治学方法論における研究の進展によって、こうした事例固有の効果を適切に考慮する分析モデルが開発され、その有効性が確認されて

きている (Western 1998)。そこで次節では、このような政治現象の計量的アプローチにかかる分析上の問題や手法に関して、いくつか例をあげながら紹介することにしよう。

## 3. 政治現象と分析上の諸問題

### 「行動主義革命」と科学性

　政治現象の計量分析は、19世紀の終わりに端を発しているといわれている (Gow 1985)。ただし、政治学における計量分析手法は1960年代後半の「行動主義革命」期に大きな発展を見たというのが共通理解であろう (Dahl 1961; King 1991)。行動主義革命は、それまで国家の統治形態や法規範などに関する研究が中心であった政治学の中にあって、政治アクターの行動に注目すべきであると主張した新しい学術潮流であった。ここではとくに、個々の事例の記述にとどまらない首尾一貫した理論の構築と、自然科学で用いられていた「科学的」方法を踏襲した政治分析が志向された。ここでいう科学性とは、主に経験に基づいた客観的知見の導出を意味するが、そうした知見の一般化に向けた検証の方法とその定式化が強く意識された (Chilcote 1994)。データや分析の再現可能性は、当該分野の科学化にとってとくに重要な要素であり、政治学では現象の数量尺度化を進めることでこれが推進された。そうした中で、行動主義者は政治行動の実証研究のため、それまで用いられていた手法よりもより洗練された統計分析の方法を駆使し始めたのである (Beck 2000: 651)。

　ただし、行動主義革命期の方法論的発展にかかわらず、そもそも政治学は特定の分析方法によってではなく、研究対象によって定義される学術分野であった。このため、政治制度や行動に関する問題を研究するうえでは、近接領域ですでに用いられていたさまざまな分析手法が応用されることとなった。たとえば、1960年代にはパス解析などが社会学から導入され、政治分析にも頻繁に応用された。1970年代に入ると、計量経済学の影響を受け、回帰分析の手法が用いられるようになった (Achen 1983b; Bartels and Brady

1993)。

## 政治現象の計量分析

われわれが計量的なアプローチを用いて分析を行いたいと思うとき、そのトピックは多岐にわたるであろう。ただ、いかなるトピックを選んだとしても、分析を行うにあたっては対象となる現象や概念を数値に置き換える必要がある。政治分析の場合には、比率尺度や間隔尺度に基づいた量的変数の他にも、順序尺度や名義尺度を用いたカテゴリー変数を頻繁に用いる点が特徴的である[1]。とくに、戦争が起きる／起きない、立候補者が当選した／落選した、のようにある／なしの2値で現象をとらえる必要のあることが往々にしてある。カテゴリー変数のデータは政治分析とも相性がよいために、これを従属変数として扱う回帰分析を行う場合には、ロジットもしくはプロビットと呼ばれる推定モデルがよく用いられる。最小二乗法に基づく回帰分析とは異なり、これらの推定モデルは現象が生起する確率を予測するものとして考えることができるのである。

政治学における計量的アプローチは、近接領域における分析手法を取り入れながら発展してきたが[2]、その一方で、政治現象に応じた手法を開発する「政治学方法論」のような分野も確立されてきたことも事実である。その背景には、政治学における計量的アプローチの中で、分析者が直面する特徴的な問題があるからである。たとえば、国際関係論や比較政治学といった分野では上で述べたような2値の従属変数が頻繁に用いられることもあり、そこにおける政治現象を分析するための独自の分析手法が考案されてきた (Beck and Katz 1995; Beck, Katz, and Tucker 1998)。

また Achen (1983a) は、生態学的推定の問題を例にあげ、政治学における独自の分析手法を開発する必要性を主張した。生態学的推定の問題とは、個人レベルの政治行動を分析したいにもかかわらず、アグリゲートデータを用いて誤った推論を導き出してしまう問題である。政治分析においては、アグリゲートデータが用いられる機会が多く、このような問題を解決する方策が長らく議論の的となっていた。Robinson (1950) の論文以降はアグリゲートデータの使用に否定的な見解が優勢であったものの、投票に関する人種差

別の禁止が謳われた1965年投票権法の制定後のアメリカでは人種ごとの投票率・行動の分析への需要が高まることとなった (Beck 2000)。実際にこの問題に対しては、政治学方法論の研究者自身が効果的な解決策を提示している。たとえば、個人レベルのパラメータの適切な推定だけでなく、その方法の妥当性に関する診断を可能にするようなモデルを示したKing (1998) がその好例であろう。

アグリゲートデータの特徴に加えて、政治学ではクロスセクションデータと時系列データを組み合わせたパネルデータもしばしば用いられる。政治分析で用いられるパネルデータは、時間枠の長さに比べてセクションの数が少ないという特徴を持っていることがある。しかも、各ケースは無作為抽出されたものではないために、空間的自己相関性 (spatial autocorrelation) を内在させている (Beck 2000: 652)。このような問題を考慮して、政治現象に関する時系列データの分析手法 (たとえば、Beck 1983; Freeman 1983, 1989) に加えて、パネルデータ分析に必要なモデルも政治学方法論の研究者によって開発されている (たとえば、Stimson 1985)。

このように近年では、政治現象の分析に固有の問題に対して、近接領域からの借り物でなく、政治学コミュニティの内側から独自の解決策が提案される傾向が顕著となってきている。ここまで述べてきたような統計解析手法の開発は、政治現象の研究に対する計量分析の可能性を大きく高めた。また分析手法の開発にもまして重要だったのは、定量的なデータの収集と蓄積であったことを指摘しておきたい。たとえば、国際関係論の中心テーマである、パワーや抑止はそれらがそのまま現実世界に存在するようなものではなく、われわれが複雑な国際関係を理解するために必要としている概念である。こうした概念をいかに操作化し、数値を用いて測定するかに関する議論と実践がなければ、国家間の武力衝突や相互依存に関する分析を行うことはままならない。現実の国際関係を反映したデータ構築と、それに応じた分析モデルの当てはめを通じて、戦争の原因や軍事拡張と抑止の関係といった研究関心に対する実証分析が可能となったのである (King 1991: 5-6)。

## おわりに

　本章では、政治現象の計量的アプローチの基本的な考え方やその意義を論じてきた。ここでは、必ずしも当該テーマに関するすべての論点を網羅できているわけではないが、国際地域学における方法について考える材料を提供するよう努めた。

　計量分析が現実社会の問題に関する研究の一つのアプローチ方法である限りは、これが理論と事例の橋渡し的な役割を担っていることは明らかである。本章での議論は、質的な研究方法を否定するものではもちろんない。実際のところ、計量分析と質的研究方法の相互補完性はしばしば指摘されるところであり（たとえば、加藤・境家・山本 2014）、両者を併用もしくは融合させようとする研究もある。すでに述べたように、質的方法に基づく少数事例の比較研究では、特定の文脈に関する詳細で正確な過程追跡が可能となる。こうした事例志向の研究が理論の構築や検証に役立たないことはないという点も既述のとおりである。ただ、こうした限定的な文脈を超えた推論を行いたい場合には、計量的アプローチに基づく多事例研究が特に有用なことも明らかであろう。

　より一般的な文脈における推論を行うとはいっても、少数事例の比較と同じ作法によって、多数の事例から何らかの知見を導き出すというようなことは、われわれの能力をはるかに超えている。計量的アプローチでは、このような作業を統計解析の手法を用いることで可能にしてきた。他の社会現象に関する分析と同じように、政治現象の研究においても、関連する分析手法を応用しながら、多事例比較の分析を行ってきたのである。

　こうした努力は、分析の対象となる政治概念の数値的測定やそのデータ化の進展と相俟って進められたが、同時に政治現象に関する変数尺度やデータの特性に固有の問題があることが認識されるようにもなった。政治学方法論がこのような分析上の問題に取り組み、多くの解決策を提示してきたことは、政治現象の実証研究に大きな進展をもたらした。ただし、計量的な分析モデルの中には、いまだにどのような手法を用いるべきかについて議論が進行中のものも多くある[3]。政治現象の計量分析を行うにあたっては、現象

そのものに対する深い洞察力を持つと同時に、このアプローチや分析手法に対して常に関心を払っておくことも重要であろう。

**注**
（1）尺度水準については Stevens（1951）を参照。
（2）たとえば、回帰モデルの内生性（Jackson 1975）、自己相関（Hibbs 1974）、選定バイアス（Achen 1986）の問題を考慮した手法が政治分析に応用されている。
（3）たとえば、パネルデータ分析では、頻繁に用いられる手法はあるものの、必ずしもそれが定式化されているとはいえない（飯田 2013: 70）。

**参考文献**
浅野正彦・矢内勇生（2013）『Stata による計量政治学』オーム社.
飯田健（2013）『計量政治分析』共立出版.
加藤淳子・境家史郎・山本健太郎編（2014）『政治学の方法』有斐閣.
高根正昭（1979）『創造の方法学』講談社現代新書.
Achen, Christopher H. (1983a) "If Party ID Influences the Vote, Goodman's Ecological Regression is Biased (But Factor Analysis is Consistent)," Working paper, Survey Research Center (University of California, Berkeley).
――― (1983b) "Towards Theories of Data," in Ada W. Finifter, ed., *Political Science: The State of the Discipline*, Washington, D.C.: American Political Science Association.
――― (1986) *The Statistical Analysis of Quasi-Experiments*, Berkeley, CA: University of California Press.
Bartels, Lary M., and Henry E. Brady (1993) "The State of Quantitative Political Methodology," in Ada W. Finifter, ed., *Political Science: The State of the Discipline II*, Washington, D.C.: American Political Science Association.
Beck, Nathaniel L. (1983) "Time-varying Parameter Regression Models," *American Journal of Political Science* 27 (3): 557-600.
――― (2000) "Political Methodology: A Welcoming Discipline," *Journal of the American Statistical Association* 95 (450): 651-654.
Beck, Nathaniel L. and Jonathan N. Katz (1995) "What to do (and not to do) with Times Series Cross-Section Data," *American Political Science Review* 89 (3): 634- 647.
Beck, Nathaniel L., Jonathan N. Katz, and Richard Tucker (1998) "Taking Time Seriously: Time Series-Cross-Section Analysis with a Binary Dependent Variable," *American Journal of*

*Political Science* 42 (4): 1260-1288.

Chilcote, Ronald (1994) *Theories of Comparative Politics: The Search for a Paradigm Reconsidered*, Boulder, CO: Westview.

Collier, David (1995) "Translating Quantitative Methods for Qualitative Researchers: The Case of Selection Bias," *American Political Science Review* 89 (2): 461-466.

Dahl, Robert (1961) "The Behavioral Approach in Political Science: Epitaph for a Monument to a Successful Protest," *American Political Science Review* 55 (4): 763-772.

Freeman, John (1983) "Granger Causality and Time Series Analysis of Political Relationships," *American Journal of Political Science* 27 (2): 327-358.

―――― (1989) "Systematic Sampling, Temporal Aggregation, and the Study of Political Relationships," *Political Analysis* 1: 61-98.

Geddes, Barbara (1990) "How the Cases You Choose Affect the Answers You Get: Selection Bias in Comparative Politics," *Political Analysis* 2 (1): 131-150.

Gow, David J. (1985) "Quantification and Statistics in the Early Years of American Political Science, 1880-1922," *Political Methodology* 11 (1/2): 1-18.

Hibbs, Douglas (1974) "Problems of Statistical Estimation and Causal Inference in Time-Series Regression Models," in Herbert L. Costner, ed., *Sociological Methodology 1973-1974*, San Francisco, CA: Jossey-Bass.

Jackson, John E. (1975) "Issues, Party Choices, and Presidential Voting," *American Journal of Political Science* 19 (2): 161-186.

King, Gary (1998) *A Solution to the Ecological Inference Problem*, Princeton, NJ: Princeton University Press.

―――― (1991) "On Political Methodology," *Political Analysis* 2 (1): 1-30.

King, Gary, Robert Keohane, and Sidney Verba (1994) *Designing Social Inquiry: Scientific Inference in Qualitative Research*, Princeton, NJ: Princeton University Press.

Kohli, Atul, Peter Evans, Peter J. Katzenstein, Adam Przeworski, Susanne Hoeber Rudolph, James C. Scott, and Theda Skocpol (1995) "The Role of Theory in Comparative Politics: A Symposium," *World Politics* 48 (1): 1-49.

Lijphart, Arend (1975) "The Comparable-Cases Strategy in Comparative Research," *Comparative Political Studies* 8 (2): 158-177.

Mack, Andrew (2002) "Civil War: Academic Research and the Policy Community," *Journal of Peace Research* 39 (5): 515-525.

Ragin, Charles C. (1987) *The Comparative Method: Moving beyond Qualitative and Quantitative Strategies*, Berkeley, CA: University of California Press.

―――― (1997) "Turning the Tables: How Case-Oriented Research Challenges Variable-

Oriented Research," *Comparative Social Research* 16 (1): 27-42.

Robinson, William S. (1950) "Ecological Correlation and the Behavior of Individuals," *American Sociological Review* 15 (3): 351-357.

Stevens, Stanley S. (1951) "Mathematics, Measurement and Psychophysics," in Stanley S. Stevens (ed.), *Handbook of Experimental Psychology*, New York: Wiley.

Stimson, James A. (1985) "Regression in Time and Space," *American Journal of Political Science* 29 (4): 914-947.

Western, Bruce (1998) "Causal Heterogeneity in Comparative Research: A Bayesian Hierarchical Modelling Approach," *American Journal of Political Science* 42 (4): 1233-1259.

第14章

# コンストラクティビズム（構成主義）
## ——ディスコース研究を中心に

上村　威

## はじめに

　本章では、構成主義の特徴について触れたうえで、その主な研究方法である、ディスコース研究を紹介する。現在の構成主義は、実証構成主義、ポスト実証構成主義[1]などさまざまに分けられるが、そのほとんどがディスコースを分析対象としている。これまで構成主義の分野において、ディスコースがどのように研究されてきたのかについて見ていきたい。なお、本章は構成主義における具体的な方法論が中心であるため、構成主義の理論紹介は最小限にとどめたい。

## 1. 構成主義の特徴

　構成主義は1990年代以降、社会学から大きく影響を受けながら発展してきた。その登場した背景には、従来のアプローチへの不満と新たな理論への期待があった。ここでは、従来のアプローチと比較しながら、構成主義の特徴を明らかにしたい。なお、代表的な従来の理論として、リアリズムをはじめとする物質主義を簡単に見ていきたい。
　冷戦時代、国際関係理論の主流を占めたのは、リアリズムをはじめとする物質主義（materialism）であった。物質主義では、何よりも客観性や物質性が重要視されていた。たとえば、リアリズムでは「国家間における物質的な力関係は、世界政治を理解するうえで重要な要素である」とされている（Mearsheimer 1995: 91）。こうした認識の中、国家利益を考えるうえで、国の

(他国よりも優れている)物質的な力(主に軍事力)がもっとも重要視されていた(Krasner 1999)。つまり、物質主義にとって、国家利益とは軍事力や経済力の維持と向上、という自明のものであり、「国家利益とは何か」という問いが発せられることはほとんどなかった。

物質主義(たとえばリアリズム)の立場から考えると、国際社会における国家の振る舞いは運命決定論となってしまう。アナーキー(国家よりも上位に位置する権威的な組織がなく、国際社会における無政府状態)という大きな国際構造の中で、国家は他国よりも力を伸ばすために、必ず利己的な行動をとらなければならない。そして、すべての国がそのような利己的な行動をとった場合、国家間の対立は避けられない。

一方、構成主義は社会的関係性の側面に注目し、関係論のアプローチとして考えられている[2]。構成主義の主な目的は、(国家などの)アクターがどのようにして、利益やアイデンティティを認識するかについて分析することである(Finnemore 2003)。国家にとって、国家利益やアイデンティティとは何だろうか。構成主義によると、これらは自明ではなく、国家同士のインターラクションの中で、徐々に作り上げられる(構成される)ものである。

リアリズムにおける大前提であるアナーキーでさえ、構成主義では社会的に構築された状況として、とらえられている。アナーキーの状況下に置かれたからといって、必ずしも国家が対立を繰り返す必要はない。無政府状態の中でも、国家同士がさまざまなインターラクションを重ねる結果、コミュニティ(Adler and Barnett 1998)やヒエラルキー(Simpson 2004)など、さまざまな関係のあり方がありうる。そして、関係のあり方が異なれば、国家利益やアイデンティティといった概念の意味も異なってくる。物質主義では、これまでほとんど注目されてこなかった国際関係の側面を、構成主義が問い直している。

リアリズムと構成主義は、よく比較、対比されてきたが、両者は必ずしも相反するものではない。2つの理論はかなり違う問題意識を持ちながら、異なった分析対象を見据えている(Hurd 2010: 311)。物質主義の役割は主に、すでにアイデンティティが確立されたアクターが、どのように利益を追求するかについて研究することである。これに対して、構成主義は国家が長い期間にわたって自らが、あるいは相手国が何者であるか(アイデンティティ)を

構成する過程を研究対象としている（Sterling-Folker 2000: 97）。構成主義における研究方法として、ディスコース研究がよく用いられているが、次のセクションで詳しく見ていきたい。


## 2. ディスコースとは、ディスコース研究とは

　構成主義において、盛んに行われているディスコース研究ではあるが、そのアプローチに関する共通の了解はまだ存在しない（Milliken 1999: 227）。また、ディスコース研究は質的分析（qualitative analysis）だけではなく、量的分析（quantitative analysis）も行う。これらの中で、本章では構成主義における質的アプローチを中心に見ていきたい。
　現在の国際関係理論におけるディスコースは、主に「文脈の中における発話や文章（talk and text in context）」として理解されている（Van Dijk 1997: 3）。文脈とは主に社会的な背景を指す。一方、発話や文章はテキスト（text）と呼ばれ、具体的な研究対象となる。たとえば、中国の対外政策を分析するディスコース研究がある。Wang（2008）はテキストとして、中国で使用される歴史教科書を取り上げ、教科書が使用される中国の社会と歴史を文脈（context）として据えている。そして、日本という相手国のアイデンティティが、中国の歴史教科書をはじめとするテキストの中で、どのように構築されたかを描いた。
　Wang（2008）の一例で示したように、ディスコースを研究することは、社会の中で（自国や相手国とは何者であるかといった）意味が、言語コミュニケーションによって構築される過程をたどることである。中国にとって日本という国家が意味することは、中国の歴史教科書をはじめとするテキストの中で、構築された。
　このようなディスコース研究は、しばしば「どのようにして（how）」の疑問に答えるための手法であると指摘される。先述の例を繰り返すと、「日本という国のアイデンティティが、中国の歴史教科書をはじめとするテキストの中で、どのように構築されたか」というような問題意識の持ち方である。しかし、howの疑問に答えるということは、同時に「なぜ（why）」という

疑問に答えることでもある。たとえば、中国がどのようにして日本に対する認識を構築したかを理解することで、なぜ反日の政治現象が起こっているかを理解することにもつながる。

　また、ディスコースは、アクターの認識を表象するだけでなく、行動を制限する役割も持っている（Milliken 1999: 229）。アクターがある種の行動をとるということは、逆に他の行動をとる可能性や選択を排除してしまうことでもある（Weldes and Saco 1996）。中国における反日ディスコースの中で、日本が憎悪すべきアイデンティティを持つようになっただけでなく、具体的にさまざまな反日デモの行動をとることが正当化され、逆に親日と見られる行動が制限されてしまった（Gries 2005）。

　ここで注意すべきは、ディスコースとは社会的な現実を作り出す・意・味・体・系・（discourse as systems of signification）にほかならない、ということである（Milliken 1999: 229）。この意味体系は、「個々の発話や文章そのものではなく、それらの前提にあって、特定のものの言い方や考え方を可能にするような、一定のまとまりを持った意味の枠組み」である（大矢根 2013: 63）。したがって、ディスコース研究を行う際、テキストをその文脈から切り離してはならない。中国の歴史教科書に記される一つ一つのテキストは、中国政治と社会という文脈から、切り離して語ることはできない。では次に、ディスコースが国際関係論の中で、どのように研究されているかについて見てみよう。

## 3．国際関係論におけるディスコース研究——2つの分析レベル

　国際関係論におけるディスコース研究は、エ・ー・ジ・ェ・ン・ト・（ここでは、文章やスピーチを発信する話者のことを指す）と構・造・（ここでは話者達の発話によって、作り上げられた意味の構造、あるいは文脈を指す）という2つのレベルそれぞれに重点を置くアプローチに分けることができる。構造に重点を置くアプローチはマ・ク・ロ・・・ア・プ・ロ・ー・チ・、そしてエージェントに重点を置くアプローチは、ミ・ク・ロ・・（インターラクション）ア・プ・ロ・ー・チ・ともいわれる（Holtzscheiter 2014）。

　マクロ・アプローチの視座からは、ディスコースはエージェントの行動や、考え方を作り上げる観念的な構造としてとらえられている。したがって

マクロ・アプローチの視点から行うディスコース研究は、長い期間と広い範囲にわたるテキストから論拠を集める傾向がある[3]。
　一方、ミクロ・アプローチに基づく分析は、エージェントが意図的に、積極的に、社会現実に対する解釈や認識を作り上げたり、変えたりするやりとりの過程をとらえようとする。そのため、ミクロ・アプローチの視点から行うディスコース研究は、比較的小規模なコミュニケーション行動に分析対象を限定することが多い（Ulbert and Risse 2005）[4]。
　同じ分析対象や事例でも、マクロ、ミクロというアプローチの違いによって、分析の焦点も異なってくる。集団虐殺を例に見てみよう。マクロ・アプローチはまず、集団虐殺の起源や歴史に注目し、「集団虐殺」という言葉の意味体系を明らかにしようとする。次に、こうした意味体系の中で、エージェントが虐殺に対してどのような行動をとるかを分析する。これに対してミクロ・アプローチでは、エージェントが自らの行為を正当化させるため、どのように虐殺やその背景に対する認識を作り上げているかに焦点を当てる（Hansen 2006）。いずれのレベルに分析の重心を置くにせよ、ディスコースの分析において、文章そのものの内容ではなく、文章や発話がより広い文脈の中で（text in context）、どのように位置づけられているかを理解することが大切である。次に、この2つの視点それぞれを詳しく紹介したい。マクロのアプローチとして過程追跡、参与観察およびエスノグラフィーを取り上げ、ミクロのアプローチとしてはナラティブを紹介する。

## マクロのアプローチ

### 過程追跡（Process Tracing）

　過程追跡は通常、一つの事例を取り上げ、その歴史的背景と変化を追いかけるものである。過程追跡において、出来事を引き起こす原因（causality）は、単一の要素ではなく、さまざまなアクターが複雑に作用し合う複雑なプロセスとしてとらえられている（Bennett 2008: 704）。
　また、過程追跡による事例分析は、必ずしも普遍性のある理論に発展するとは限らない。たとえば、ある投票者が自らの政党や信条に反する投票活動を行った理由は、単に候補者が投票者の親戚であったからかもしれない。そ

の場合、この候補者の投票動機を明らかにしたからといって、その地域全般の投票活動に対して理解を深めることにはならない。同じように、戦争の原因に対する問題意識も、「なぜ戦争が起こるか」という普遍的なものではなく、「この戦争を引き起こす原因は何であったか」という個別的なものになりがちである（Suganami 1996）。

## 過程追跡の一つとしての系図アプローチ（Genealogical Method）

　系図アプローチはフーコー派の流れを引き、ディスコースを言語だけではなく、行動までも含む広義的な概念としてとらえている。身につける服は、その人の階級、信仰やジェンダーなど、さまざまな社会的な側面を表現している。さらにジェスチャー、建築や音楽などにもすべて社会的な意味が込められているため、系図アプローチの研究対象となりうる。

　一般的な歴史研究と違って、系図アプローチは、必然的で、客観的な歴史は存在しないという前提に立ち、歴史をさまざまな角度から解釈しようとする。同じ歴史であるにもかかわらず、なぜ複数の解釈が生まれるだろうか。エージェントが自らの行動を正当化しようと、さまざまなディスコースを組み立てるからである。そして、さまざまなディスコースにはさまざまなエージェントの解釈が反映されている。ディスコースの変化は、社会における力関係の変化を示し、それに伴って人間集団の行動様式も変わる。複数のディスコースが、互いに分断しながら、それぞれの歴史を作り上げていく。したがって、系図アプローチにとって、歴史は直線的に過去から現在に向かっている単純なものではなく、むしろ断続的なものであると考えられている（Klotz and Lynch 2007: 31-35）。

## 参与観察（Participant-Observation）

　Cohn（1987）と Barnett（2002）は参加観察の手法を用いて、個人が組織に同化され、その歯車の一つにされていく経験を如実に記している。Cohn（1987）は核開発科学者たちのチームに加わり、Barnette（2002）は国連で実際の業務に参加した。彼らの経験から、組織構造が組織に属する個人に影響を与える様子が浮き彫りにされた。彼らによると、まず個人の行動は、組織から「制限的影響」を受ける。個人は特定の組織構造に身を置くことで、そ

の組織で使用される言葉を身につけ、ルールを覚え、そのとおりに行動しようとする。たとえば、核開発科学者たちのチームに加わった観察者は、科学者たちの話し方や用語を真似て使わないと、会話に入ることが難しいと自覚し、おのずと似た話し方をするようになったという (Cohn 1987)。

　また、個人のアイデンティティそのものも組織から影響を受け、変化していくという (Klotz and Lynch 2007)。組織構造の中でさらに長く身を置くことで、個人の考え方までもが変わってしまう。これを「構築的影響」という。組織のディスコースに晒されることで、参加観察者の心理までもが変化することがある。特殊な用語を使用しながら、行動を重ねるうちに、核の廃絶を是とした観察者が、いつの間にか元の考え方を忘れ、新しい核兵器配備の正当性を信じるようになったという。

### エスノグラフィー

　エスノグラフィー（民族誌学）は、参与観察とインタビューを組み合わせ、研究者が研究対象の地域社会に密着した研究を行う方法である (Geertz 1973)。現地社会における人々の行動の意味を理解し、そこでのルールや規範を把握するために、研究者はある程度まとまった期間現地コミュニティで生活することが一般的である。さらに、現地で使用される言語の高いコミュニケーション・レベルが要求される。

　当然のことながら研究者とて、それぞれの文化背景を持った人間である。それゆえエスノグラフィーでは、地域の人々に耳を傾ける姿勢がもっとも大切であるとされる。知らず知らずのうちに、研究者自らの見解を現地社会に押しつけないよう、注意する必要がある。たとえば、ある地域のジェンダー問題について、エスノグラフィー研究を行う研究者がいたとする。国連が掲げる「女性差別撤廃条約」はあらゆる社会で受け入れられているわけではない。それぞれの社会の実情に合わせながら、現地の女性たち自らにとって、女性差別について考え、発見した問題を改善させる必要がある。外から一方的に、普遍的な価値基準を押しつけるのではなく、地域の実情に合わせた、倫理的な価値判断が求められる (Klotz and Lynch 2007: 61-62)。

　このように、地域の実情に配慮することは、構成主義の大前提であることを強調したい。先述のように、構成主義では客観的な事実よりも、それぞ

れの地域コミュニティで認識される、社会的な現実が重視されている。このような認識は、地域と時代によって変化するため、エスノグラフィーは研究対象の時代背景や地域環境といった文脈（context）に配慮する（Klotz and Lynch 2007: 9）。ギアーツ以降、エスノグラフィーはその研究領域を、官僚組織や国際機関にまで広げるようになり、国際関係理論研究でも広く応用されるようになった。

## ミクロのアプローチ

### ナラティブ（narrative）

　ナラティブとは、主要な登場役として、個人や集団などのエージェントに焦点を当て、ストーリーを展開させる手法である（Patterson and Monroe 1998）。国際関係論におけるナラティブの手法は、主に外交史研究に用いられ、アレキサンダー大王、ナポレオン、ビスマルク、ウィルソン、ヒットラーなど、国家リーダーに関するナラティブが作られた。国家リーダー以外にも、環境問題、安全保障や人権など、国際レジームに影響を及ぼそうとする社会運動がナラティブの研究対象となる例もある（Davis 2002）。

　断続性を強調しがちな系図アプローチと異なり、ナラティブでは一貫性が大切であるとされ、物語の始まり、経過と終わりが示される。ナラティブ研究者は、物語の筋書きに従って、議論を構築していく。しかし、こうした筋書きによって、ナラティブが因果関係を示すことができるかどうかについて、研究者たちの間で意見が分かれるところである（Barnett 1998）。

　いずれにしても、ナラティブには主役（主要なエージェント）が登場することが一般的である。NGOや一般大衆など、グローバルな市民社会を主役とするナラティブでは、平和問題、環境問題や人権問題におけるエージェントの役割が研究されている。それぞれのエージェントの意図や作為が強調され、エージェント同士の協力や対立が浮き彫りにされるケースもある（Schmitz 2006）。

　ナラティブを作り上げるうえで、情報収集がキーとなることが多い。いわゆる良いナラティブは、一貫性を保ちながら、さまざまな証拠資料を使用しているものを指す。そのため、政府筋の見解のみならず、社会から幅広く意

見を吸い上げることが重視される。証拠収集の情報源は、個人、NGO団体、国際的な組織など多岐にわたる。しかし、政府からの資金的支援が乏しいため、非政府筋の見解が記録保存されることは難しい。そこで、こうした情報の欠如を補うために、ナラティブ研究者は関係者へのインタビュー、新聞などのメディア調査、および会議メモなど、あらゆる情報源に目を光らせなければならない（Klotz and Lynch 2007: 48, 49）。

## おわりに

　1990年代以降、構成主義が国際関係理論における主要理論としての地位を確立するようになっている。確かに、構成主義自身まだ一枚岩ではなく、現状においてもさまざまなアプローチがそれぞれの研究を積み重ねている。しかし、多岐にわたる構成主義のアプローチの中で、ディスコース研究は、よくとられる手法として知られるようになっており、次第に中心的な位置を占めるようになってきている。

　ただし、ディスコース研究に関する共通のアプローチもまだない（Milliken 1999: 227）。量的アプローチ等と比較した場合、実証性に欠けるため、ディスコース研究は「悪い科学」として批判されることもしばしばである（Keohane 1988）。ディスコース研究者自身でさえ、ディスコースを反体制派の学問（dissident scholarly）と呼び、国際関係論主流にとって、異質なものであると認めている（Ashley and Walker 1990: 399）。このように、ディスコース研究は、現状ではまだまだ発展の余地を残しているアプローチであるといえよう。そして今後、構成主義がさらなる理論的発展を遂げるか否かは、その中心に位置するディスコース研究がどのように発展するかに大きく依存するだろう。

注
（1）実証構成主義（Positivist constructivism）は、人間社会とそれを観察する研究者とを完全に切り分けることができる、という前提に立っている。そして、社会科学の

手法を用いながら、国際社会における出来事の因果関係を説明しようとする。実証構成主義によると、解釈に重心を置く構成主義は、伝統的なデカルト主義に基づく科学と相反するものではない（Wendt 1999; Finnemore 2003）。一方、ポスト実証構成主義（Postpositivist social constructivism）は、人間社会とそれを観察する研究者とを完全に切り分けることができない、という前提に立っている。その主な研究関心は、客観的に存在する因果関係よりも、「社会的に構築された意味、言語により織りなされる現実」を解釈することである（Devetak 2005: 169）。

（2）構成主義は解釈主義と考えられがちであるが、ハワードによると、構成主義は関係論のアプローチとして考えられ、解釈主義のアプローチをとるのはポスト・モダニズムであるという（Howard 2010: 403）。

（3）観念的構造の役割を重視するマクロの視点では、いわゆる濃い描写（thick description）がよく用いられる。濃い描写では、言語が社会の現実を描写するだけではなく、構築する要素としてとらえられている。あらゆる社会的な関係性が、言語を媒介とするディスコースによって構築される。Adler（2002: 101）の言葉を借りれば、まさに世界は「語られることで存在する」のである。逆に、ディスコースもまた、社会的な関係性によって構築される。このように、ディスコースと社会的関係性は、相互に構築されている（Hansen 2006）。エージェントの自由度は、濃い描写の中では比較的低いとされている。エージェントがとりうる行動は、ディスコースの意味体系から基本的にはみ出ることはない。

（4）エージェントの役割を重視するミクロの視点では、いわゆる薄い描写（thin description）の手法がよく用いられる。薄い描写において、人間の言語は社会現象から切り離すことのできる別物として扱われる（Wendt 1999: 75）。また傾向として、薄い描写は因果関係を重視し、合理的選択論寄りのスタンスを持つことが多い。社会構造におけるエージェントの自由度が高いと考えられ、ディスコースを操作する戦略的な一面が認められている（Krebs and Jackson 2007）。ただし、ミクロの視点では必ず薄い描写、マクロの視点では必ず濃い描写をするというわけではなく、あくまでも傾向として理解されたい。

**参考文献**

大矢根聡（2013）『コンストラクティヴィズムの国際関係論』有斐閣.

Adler, Emanuel (2002) "Constructivism and International Relations," in Walter Carlsnaes, Thomas Risse, and Beth Simmons eds., *Handbook of International Relations*, New York: Oxford University Press.

Adler, Emanuel and Michael Barnett eds. (1998) *Security Communities*, New York: Cambridge University Press.

Ashley, Richard and R. B. J. Walker (1990) "Reading Dissident/Writing the Discipline," *International Studies Quarterly* 34 (3): 367-416.

Barnett, Michael (1998) *Dialogues in Arab Politics*, New York: Columbia University Press.

─────── (2002) *Eyewitness to a Genocide*, Ithaca, NY: Cornell University Press.

Bennett, Andrew (2008) "Process Tracing," in Janet M. Box-Steffensmeier, Henry E. Brady and David Collier eds., *The Oxford Handbook of Political Methodology*, New York: Oxford University Press.

Cohn, Carol (1987) "Sex and Death in the Rational World of Defense Intellectuals," *Signs* 12 (4): 687-718.

Davis, E. Joseph (2002) *Story of Change: Narrative and Social Movements*, Albany, NY: State University of New York Press.

Devetak, Richard (2005) "Postmodernism," in Scott Burchill et al. eds., *Theories of International Relations*, 3rd edition, New York, Palgrave: pp. 161-87.

Finnemore, Martha (2003) *The Purpose of Intervention*, Ithaca, NY: Cornell University Press.

Geertz, Cliford (1973) *The Interpretation of Cultures*, New York: Basic Books.

Gries, Peter H. (2005) "China's 'New Thinking' on Japan," *China Quarterly* 184: 831-850.

Hansen, Lene (2006) *Security as Practice*, London: Routledge.

Holtzscheiter, Anna (2014) "Between Communicative Interaction and Structures of Signification," *International Studies Perspectives* 15: 142-162.

Howard, Peter (2010) "Triangulating Debates Within the Field," *International Studies Perspectives* 11: 393-408.

Hurd, Ian (2010) "Constructivism," in Christian Reus-Smit and Duncan Snidal eds., *The Oxford Handbook of International Relations*, New York: Oxford University Press, pp. 298-316.

Keohane, Robert (1988) "International Institutions," *International Studies Quarterly* 44 (1): 83-105.

Klotz, Audie and Cecelia Lynch (2007) *Strategies for Research in Constructivist International Relations*, Armonk, New York: M.E. Sharpe.

Krasner, Stephen (1999) *Sovereignty: Organized Hypocrisy*, Princeton, NJ: Princeton University Press.

Krebs, Ronald and Patrick Thaddaeus Jackson (2007) "Twisting Tongues and Twisting Arms," *European Journal of International Relations* 13: 35-66.

Mearsheimer, John (1995) "A Realist Reply," *International Security* 20 (1): 82-93.

Milliken, Jennifer (1999) "The Study of Discourse in International Relations," *European Journal of International Relations* 5 (2): 225-254.

Patterson, Molly and Kristen Renwick Monroe (1998) "Narrative in Political Science," *Annual*

*Review of Political Science* 1: 315-31.

Schmitz, Hans Peter (2006) *Transnational Mobilization and Domestic Regime Change*, New York: Palgrave Macmillan.

Simpson, Gerry (2004) *Great Powers and Outlaw States*, New York: Cambridge University Press.

Sterling-Folker, Jennifer (2000) "Competing Paradigms or Birds of a Feather?," *International Studies Quarterly* 44: 97-119.

Suganami, Hidemi (1996) *On the Causes of War*, Oxford: Clarendon Press.

Ulbert, Cornelia and Thomas Risse (2005) "Deliberately Changing the Discourse," *Acta Politica* 40: 351-67.

Van Dijk, Teun ed. (1997) *Discourse as Structure and Process*, London: Sage.

Wang, Zheng (2008) "National Humiliation, History Education, and the Politics of Historical Memory," *International Studies Quarterly* 52 (4): 783-806.

Weldes, Jutta and Diana Saco (1996) "Making State Action Possible," *Millennium* 25 (2): 361-98.

Wendt, Alexander (1999) *Social Theory of International Politics*, New York: Cambridge University Press.

# あとがき

　本書『国際地域学の展開——国際社会・地域・国家を総合的にとらえる』は、はしがきにもあるように、本年4月の新潟県立大学大学院（国際地域学研究科国際地域学専攻）開設に合わせて刊行されるものである。同研究科は、国際政治・国際関係をベースとして国際社会全体を研究する「国際社会研究」、東アジアの国家関係の研究を中心とする「地域国際関係研究」、そしてロシア・中国・韓国・日本の各国の政治・経済を分析する「各国研究」の3分野によって構成される。この3本柱によって国際地域学を研究することの意義については、序章「国際地域学の構造——国際社会、地域国際関係、各国研究」に詳しい。

　新潟県立大学は、前身の県立新潟女子短期大学を改組する形で2009年4月に国際地域学部と人間生活学部の2学部によってスタートした公立大学であり、上記大学院は、国際地域学部を基盤として、その延長線上に構想されたものである。そこで以下では、学部の概要を記述し、学部―大学院の接続の観点から、新潟県立大学における国際地域学の今後の発展に関して若干の展望を行い、むすびとしたい。

　国際地域学部は、グローバルな視野をもってローカルな課題に取り組む人材の育成を目的としている。1年次の専門的な英語教育（ACE: Academic Communicative English）を基盤に、2年次からは国際社会、比較文化、東アジア、地域環境の4コースに分かれて国際地域学を学び、4年次の卒業研究で学生一人一人がそれまでの専門的かつ学際的な学びを総括して、自らの国際地域学の成果を問う、というカリキュラム構造を持っている。国際社会コースは、国際社会の公正かつ持続可能な発展に寄与するため、グローバル化の進展に伴って生じる国際的諸課題の本質を、国際社会研究にとって不可欠な応用社会科学に基づいて研究し、比較文化コースは、ともすれば地域の言語や文化を破壊しかねないグローバル化の中で多言語・多文化の尊重と共存に資する人文学の刷新を企図している。東アジアコースは、ロシア・中

国・韓国をはじめとする日本海対岸諸国の言語・歴史・文化・社会を研究し、地域環境コースは、個人（生活環境）―都市（地域環境）―世界（地球環境）の同心円構造の中で、地域社会の現状と課題についてフィールドワークを重ねている。

　以上4つの学部コースとの関連で述べれば、大学院における国際地域学の発展の方向は、国際社会コースとの緊密な連携の下、政治・経済を基盤とした国際地域学の充実を図りつつ、他の3コースと接続することによって国際地域学の地平をよりいっそう拡大していくことであろう。21世紀の越境的世界の渦中にあって、近代ヨーロッパ出自の主権国家システムの根源的な変容が生み出す暴力を眼前にして、今後、私たちが新たな世界秩序を構想するとき、文明論的対話が不可欠となるであろう。その際、比較文化コースが追求する批判的文化研究は国際地域学にとって貴重な学問的資産となるであろうし、東アジアの今後を展望する際、東アジアコースが取り組む地域諸言語の習得は他者の視点で文化と社会の変遷を認識することを通して私たちの歴史観をよりいっそう深めてくれるだろう。またこの分野では真摯かつ正確な北朝鮮研究の確立が急務であることを改めてここで確認しておく必要があるだろう。そしてまた地域環境コースが取り組む地域社会の諸課題（少子高齢化の中での地域社会の存続可能な形での再構築）をグローバルな視点で論じ取り組むことが重要であることは論を俟たない。

　最後に学部の英語教育について一言付言する。国際地域学部では、「EMSモジュール（English Medium Studies Modules）」という枠組みで英語による専門的学習を行うカリキュラムを実施している。EMSモジュールとは、英語で行われるコース科目を無理なく履修するために推奨される履修プランであり、「英語を学ぶ」から「英語で学ぶ」へと進むための道しるべとして考案されたものである。現在、EMSモジュールとしては、英語を用いた国際政治・経済問題に関する専門的学習をスムーズに行うために設計されたiSEP（International Studies in Economics and Politics）が国際社会コースに、応用言語学の専門的理解を深めたい学生のために英語で実施される科目を無理なく履修するために設けられたSAL（Studies in Applied Linguistics）が比較文化コースに、設置されている。講義の大半を英語で行う大学院との接続を考えれば、ここではとりわけ前者iSEPが重要となるだろう。

なお国際地域学部では、1～2年生を対象に今秋『国際地域学への招待』と題した教科書を刊行予定である。本書と併読していただけると、国際地域学における本書の企図がよりいっそう明確になるであろう。

2015年2月

黒田俊郎

# 索　引

## ア行

RCEP　⇒東アジア包括的経済連携協定
アイデンティティ　141, 240-242, 245
outside in（アウトサイド・イン）　15, 173
アグリゲートデータ　231, 233, 234
アジアインフラ投資銀行（AIIB）　119, 155, 120
アジア太平洋経済協力会議（APEC）　18, 39, 110, 112, 118, 188, 200
ASEAN　⇒東アジア諸国連合
ASEAN 地域フォーラム（ARF）　⇒東アジア諸国連合
ASEAN＋3　⇒東アジア諸国連合
ASEAN＋8ヵ国国防相会合　⇒東アジア諸国連合
アフガン・イラク戦争　107
アブハジア　185
安倍晋三　189, 192, 200-202, 204
アロン，レイモン　49, 50
安全保障化　141, 150, 156
慰安婦問題　170
李明博（イ・ミョンバク）　165
EAS　⇒東アジア首脳会議
因果推論　230
inside out（インサイド・アウト）　15, 173
インターラクション　240, 242
ウェーバー・ルネッサンス　179, 181
ARF　⇒東アジア諸国連合：ASEAN 地域フォーラム
AIIB　⇒アジアインフラ投資銀行
ADMM プラス　⇒東アジア諸国連合：ASEAN＋8ヵ国国防相会合

APEC　⇒アジア太平洋経済協力会議
エスノグラフィー　243, 245, 246
FDI　⇒海外直接投資
FTA　⇒自由貿易協定
MDGs　⇒ミレニアム開発目標
エリツィン大統領　177-179, 181, 182
オーケストレーション　27, 37, 38
ODA　⇒政府開発援助
オフショアリング　72, 73

## カ行

海外直接投資（FDI）　87, 88, 127, 130, 131, 134, 135
回帰分析　232, 233
開発主義　135
カイロ会談／宣言　95
科学的発展観　149
核心的利益　107, 151
確率論的世界観　231
GATT　⇒関税及び貿易に関する一般協定
仮説検定　24, 208, 211, 212, 215-217, 219, 221, 223
過程追跡　235, 243, 244
カテゴリー変数　228, 233
ガバナンス（レジーム）複合体　27, 39
カミュ，アルベール　49
カラー革命　184
雁行形態型発展モデル　137
関税及び貿易に関する一般協定（GATT）　31, 39, 81, 100, 109, 110, 117, 118, 119, 195

関税同盟　185
菅直人　198, 203, 204
規範　27, 28, 32-39
規範企業家　34
規模経済性　59, 64
基本仮説　211, 212, 215, 220
帰無仮説　215, 216, 219-223
キューバ危機　83, 102
境界値　219, 220
協働（collaboration）　14, 18, 29, 35, 36, 77
局議　193
グアム・ドクトリン／ニクソン・ドクトリン　103, 104
クリミア併合　185, 187
グルジア戦争　185
グローバル・イシュー　36, 37, 40
グローバル・ガバナンス　14, 22, 23, 26-31, 33-40
系図アプローチ　244, 246
計量的アプローチ　⇒量的アプローチ
検定統計値　219-221
憲法裁判所　165-167, 170, 172, 174, 175
公共財　28, 31, 36
公－私のパートナーシップ　27
構成主義　⇒コンストラクティビズム
構造調整・安定化策　80
構造変容的なリベラルな戦略（transformist liberal strategy）　54
江沢民　147, 148, 149, 156
行動主義（論）革命　19, 20, 232
功利的なガバナンス　33
胡錦濤　106, 107, 149-152, 156, 200
国際関係論　11, 13, 17, 227, 233, 234, 242, 246, 247
国際地域学　11-13, 16-18, 20-22, 24, 40, 77, 78, 88, 173, 227, 228, 235
　　──の構造　11, 12, 16, 17, 21, 23
国民福祉税構想　196
国連開発の10年　78

国家安全保障会議　192, 199, 201, 203, 204
国家安全保障戦略　192, 201-204
国家干渉型の工業化　135
固定費用　65, 70-73
コメ市場開放　171, 195, 203
コモンズ（共有地）　28
コンストラクティビズム（構成主義）　19, 20, 24, 239-241, 245, 247

# サ行

作業仮説　208, 210-212, 214, 215, 220
サブサハラ・アフリカ　82, 83, 85
差別化財　63-67
三角（形の）空間　35, 37
産業集積　59
産業内貿易　64, 74
サンフランシスコ講和会議　100
三歩走戦略　145
参与観察　210, 243-245
CIS集団安全保障条約　177, 178
質的アプローチ／調査　12, 18, 20, 210, 228, 229, 241
司法の政治化　166
習近平　107, 140, 141, 152-156
集団的自衛権　169, 192, 202-204
自由貿易協定（FTA）　22, 81, 109, 110, 112, 116, 117, 132, 134, 162, 170-172, 174
重力方程式　67-69
主権民主主義　184
小康社会　145, 156
上流－下流問題　32
シロビキ　183
新型大国（論）　119, 169
新興財閥（オリガルヒヤ）　178, 181, 183, 186
人民解放軍　142, 145, 146, 148, 150, 154
慎慮の道徳（morale de la sagesse）　50, 51

索　引　255

新ロシア人　181
砂社会　180
政策調査会　193, 196
生産技術　58, 59, 60, 62, 63, 70, 131, 134
生産性　59, 70-74, 87, 88, 124-126, 130
　　全要素——　125
政治の司法化　166
生態学的推定　228, 233
成長会計　125
政府開発援助（ODA）　80, 82, 83, 85, 86, 202
政務三役会議　196
世界貿易機関（WTO）　31, 60, 106, 149, 162
尖閣（諸島）　169, 198-200
　　——国有化　199, 200
　　——事件　192, 198, 199
　　——問題　189, 198, 199, 204
選挙管理（委員会）　165-167, 174
選挙サイクル　164, 165, 174, 175
戦争学（Polémologie）　44
選択バイアス　230, 231
争点化　33, 34
組織企業家　38

## タ行

太平洋経済連携協定（TPP）　109, 110, 116-120, 171
対立仮説　208, 212, 215, 216, 220-222
竹島領有権　169
WTO　⇒世界貿易機関
ダンバートン・オークス会議　96
地域研究　11, 13, 88
チェンマイ・イニシアティブ　111
中国共産党　98, 140-142, 146, 147, 149-156
中国の夢　24, 140, 141, 145, 146, 151-153, 156
中所得国の罠　78, 87

調整（coordination）　29, 31, 36, 54
直接投資　59, 63, 72, 73, 87, 127, 130, 132
TPP　⇒太平洋経済連携協定
低信頼社会　180
ディスコース　24, 239, 241-245, 247
テヘラン会談　95
問い　210-212, 220
鄧小平　140, 141, 144-147, 156
特殊権益圏　178, 184
独占的競争　63, 64, 67
独立国家共同体　177, 178
ド・ゴール，シャルル　46
ドネツク州　187
トルーマン・ドクトリン　97

## ナ行

NATO・ロシア理事会　183
ナラティブ　20, 140, 243, 246, 247
ニクソン・ドクトリン　⇒グアム・ドクトリン
ネットワーク　27, 35, 37-40, 70, 109, 112, 113, 118, 122, 131-136, 150
野田佳彦　199, 200, 204

## ハ行

バーリン，アイザィア　52
ハイブリッド戦　187
朴槿恵（パク・クネ）　162, 165
バザール経済　180
パス解析　232
鳩山由紀夫　194, 196-198, 203, 204
パトロン・クライアント関係　87
パネルデータ　228, 234
ハブ・スポーク型の軍事同盟網　100, 108
パワー・トランジション　112, 118
P（値）　219, 220, 223
BHN　⇒ベーシック・ヒューマン・ニー

ズ
比較優位　58, 61, 74, 130, 132, 134
東アジア首脳会議（EAS）　110, 111, 116
東アジア諸国連合（ASEAN）　78, 87, 104, 109, 110, 112, 116-118, 122, 134, 135
　ASEAN 地域フォーラム（ARF）　110, 111, 115
　ASEAN ＋ 3　110, 111, 112, 116
　ASEAN ＋ 8 ヵ国国防相会合（ADMMプラス）　110, 111
東アジア生産ネットワーク　132
東アジアの奇跡　86, 123-125
東アジア包括的経済連携協定（RCEP）　109, 110, 117, 118, 120
標本　216, 218, 220-222, 230, 231
貧困削減　77, 82, 83, 85, 86
プーチン大統領　177, 178, 182-186, 188, 189
ブートゥール，ガストン　44, 45
物質主義（materialism）　239, 240
普天間基地問題　192, 197, 203
フルシチョフ第一書記　102, 143
ブレトンウッズ体制　96, 104
文化大革命　103, 144, 145, 152, 153
平均値の差の検定　212, 216, 221, 223
米中接近　102, 103, 104, 105
平和台頭論　106, 151
ベーシック・ヒューマン・ニーズ（BHN）　79, 83
北京コンセンサス　113
ベロベージ合意　178
変数　19, 83, 211, 218, 228-231, 233, 235
ポイント・フォー提案　77
貿易費用　63, 68, 71
法の支配　82, 113, 153, 162, 173, 176
方法論　19, 24, 232, 239
　政治学——　227, 228, 231, 233-235
母集団　211, 215, 216, 221-223, 230, 231
ポストモダニズム　177

細川護熙　192, 195, 196, 201, 203
ホフマン，スタンレー　46-49, 51-55

　　マ行
マーシャル・プラン　78, 97
マクロ・アプローチ　242, 243
マルチレベル・ゲーム　172
ミクロ・（インターラクション）アプローチ　242, 243
3つの代表　147, 149
南オセチア　85, 185
ミレニアム開発目標（MDGs）　77, 82, 85
メドベジェフ　185
メロス島民との対話　53
毛沢東　140, 142-146, 148, 153, 156
問題の構造　27-29, 32, 36
　対称的な——　27-30, 31, 33, 36
　非対称的な——　27-29
モンテスキュー　56

　　ヤ行
ヤヌコビッチ大統領　186
ヤルタ会談／協定　96
有意水準／α　218-221, 223
ユーラシア
——外交　178
——同盟　185
輸出企業　71
輸出志向工業化　130
良い統治／良き統治／望ましい統治（グッド・ガバナンス）　82, 116, 131
要素価格　61-63, 74
4つの近代化　140, 141, 145, 146

　　ラ行
リアリズム　45, 46, 49, 51, 55, 113, 239, 240

量的アプローチ／調査　12, 18, 20, 24, 227-233, 235, 247
ルガンスク州　187
レジーム　27, 34-39, 54, 55, 78, 80, 82, 83, 162, 170, 172, 246
　——複合体　⇒ガバナンス（レジーム）複合体
レベル・オブ・アナリシス　16
レント　172
ロシアの東方シフト　185, 188
ロシア連邦　176-178, 180

## ワ行

和諧社会　149
ワシントン・コンセンサス　80, 113, 135
和平演変　146

## 監修者・編著者紹介

※所属・肩書は 2015 年 4 月現在のもの。

### ■監修者紹介

**猪口　孝**（いのぐち・たかし）
新潟県立大学学長、東京大学名誉教授。東京大学卒業後、マサチューセッツ工科大学にて政治学博士号取得。東京大学東洋文化研究所教授、国連大学上級副学長、日本国際政治学会理事長、日米教育委員会委員などを経て現職。アジア全域の「生活の質」世論調査指導者。専攻は政治学、国際関係論。著書 100 冊以上。最近では『ガバナンス』（東京大学出版会、2012 年）、『データから読む アジアの幸福度』（岩波書店、2014 年）、『日本と韓国』、『日本とロシア』（ともに原書房、2015 年）、『政治理論』（ミネルヴァ書房、2015 年 4 月刊行予定）など。

### ■編著者紹介

**山本吉宣**（やまもと・よしのぶ）
新潟県立大学教授（政策研究センター、大学院国際地域学研究科）。1943 年、神奈川県生まれ。1966 年、東京大学教養学部卒業。1974 年、ミシガン大学で Ph.D.（政治学）取得。埼玉大学、東京大学、青山学院大学勤務を経て現職。専門は、国際政治学、国際制度論、国際安全保障論。現在、国際安全保障環境の変化とアジア太平洋の秩序を研究。著書に、『国際的相互依存』（東京大学出版会、1989 年）、『「帝国」の国際政治学』（東信堂、2006 年、第 7 回読売・吉野作造賞受賞）、『国際レジームとガバナンス』（有斐閣、2008 年）など。

**黒田俊郎**（くろだ・としろう）
新潟県立大学教授（国際地域学部、大学院国際地域学研究科）。1958 年、東京生まれ。1989〜91 年、フランスのエクス・マルセイユ第 3 大学法政治学部留学。1991 年、中央大学大学院博士後期課程法学研究科政治学専攻単位取得満期退学。専門は国際政治、平和研究。共著に『ヨーロッパ統合と日欧関係』（中央大学出版部、1998 年）、『世界システムとヨーロッパ』（中央大学出版部、2005 年）、『平和を考えるための 100 冊 + α』（法律文化社、2014 年）、共訳に趙全勝『中国外交政策の研究』（法政大学出版局、2007 年）など。

■**著者紹介**（執筆順）

**若杉隆平**（わかすぎ・りゅうへい）
新潟県立大学教授（政策研究センター、大学院国際地域学研究科）、京都大学名誉教授。東京大学経済学部卒業、東京大学経済学博士。横浜国立大学経済学部教授、同副学長、慶應義塾大学経済学部教授、京都大学経済研究所教授などを歴任後、2015年より現職。中国・対外経済貿易大学客座教授を兼任。専門は国際経済学、イノベーションの経済分析。編著書に『現代の国際貿易』（岩波書店、2007年）、『国際経済学（第3版）』（岩波書店、2009年）、『グローバル・イノベーション』（慶應義塾大学出版会、2011年）、『現代日本企業の国際化』（岩波書店、2011年）、Internationalization of Japanese Firms: Evidence from Firm-level Data（Springer、2014）など。

**渡邉松男**（わたなべ・まつお）
愛知県出身。2001年、英マンチェスター大学国際開発政策行政研究所博士課程修了。Ph.D.（Social Sciences and Law）。日本国際問題研究所研究員、ボスニア・ヘルツェゴビナ国首相アドバイザー、国際協力機構客員専門員を経て、新潟県立大学教授（国際地域学部、大学院国際地域学研究科）。共著に『紛争と復興支援』（有斐閣、2004年）、『エジプトの政治経済改革』（ジェトロ・アジア経済研究所、2008年）、Africa and Asia in Comparative Economic Perspective（Palgrave Macmillan, 2001）、Good Growth and Governance in Africa: Rethinking Development Strategies（Oxford University Press, 2012）、『現代の開発経済学』（ミネルヴァ書房、2014年）など。

**滝田賢治**（たきた・けんじ）
中央大学法学部教授。1946年、横浜生まれ。東京外国語大学英米語科卒業。一橋大学大学院法学研究科博士課程単位取得満期退学。1979年、中央大学法学部専任講師、80年、助教授、87年、教授、現在に至る。1991年3月〜93年3月、ジョージ・ワシントン大学中ソ研究所客員研究員。著書に『太平洋国家アメリカへの道』（有信堂高文社、1996年）、編著に『21世紀東ユーラシアの地政学』（中央大学出版部、2012年）、『アメリカがつくる国際秩序』（ミネルヴァ書房、2014年）、共著に『日本の外交　第6巻　日本外交の再構築』（岩波書店、2013年）などがある。

**菊池　努**（きくち・つとむ）
青山学院大学国際政治経済学部国際政治学科教授。公益財団法人日本国際問題研究所客員研究員を兼務。一橋大学より博士号取得。専攻はアジア太平洋の国際関係。本書第6章に関連する最近の論稿に、「ASEAN政治安全保障共同体に向けて──現況と課題」（山影進編『新しいASEAN』ジェトロ・アジア経済研究所、2011年）、「東アジア秩序の行方：リベラルな見方」（『国際問題』623号、2013年7・8月合併号）、「パワー・シフトと東南アジア──地域制度を通じて大国政治を制御する」（渡邉昭夫・秋山昌廣編『日本をめぐる安全保障　これから10年のパワー・シフト』亜紀書房、2014年）など。

**李　佳**（Li Jia）
1979 年、中国に生まれ、中国人民銀行行員を経て、2001 年に来日。2008 年、名古屋大学大学院国際開発研究科博士後期課程修了（博士〈学術〉取得）。専門は開発経済学。愛知大学国際中国学研究所研究員、新潟県立大学国際地域学部助教を経て、新潟県立大学講師（国際地域学部、大学院国際地域学研究科）（現職）。共著に『現代の開発経済学』（ミネルヴァ書房、2014 年）、論文に "On the Empirics of China's Inter-regional Risk Sharing"（*Forum of International Development Studies* 42: 23-42, 2012）、"Energy Consumption and Income in Chinese Provinces: Heterogeneous Panel Causality Analysis"（*Applied Energy* 99: 445-454, 2012）など。

**カポ・ゴ**（Ka Po Ng）
香港生まれ。オーストラリア国籍。2000 年に、オーストラリアのクィーンズランド大学から政治学・国際関係論で Ph.D. 取得。専門は、中国政治、中国の防衛政策、アジアの地域安全保障、そして国際関係理論。2014 年、新潟県立大学教授（国際地域学部、大学院国際地域学研究科）。出版物として、*Interpreting China's Military Power: Doctrine Makes Readiness*, "Australia's Imaginary Choice between the US and China" (in *the Journal of Australian Studies*)、その他がある。

**浅羽祐樹**（あさば・ゆうき）
新潟県立大学教授（国際地域学部、大学院国際地域学研究科）、北韓大学院大学校（韓国）招聘教授、早稲田大学韓国学研究所招聘研究員。専門は比較政治学、国際関係論。1976 年、大阪府生まれ。立命館大学国際関係学部卒業。ソウル大学校社会科学大学政治学科博士課程修了。Ph. D（政治学）。九州大学韓国研究センター講師（研究機関研究員）、山口県立大学国際文化学部准教授、新潟県立大学政策研究センター准教授などを経て現職。著書に『韓国化する日本、日本化する韓国』（講談社、2015 年）、編著に『環日本海国際政治経済論』（ミネルヴァ書房、2013 年）、共著に *Japanese and Korean Politics: Alone and Apart from Each Other*（Palgrave Macmillan, 2015）などがある。https://twitter.com/yukiasaba

**袴田茂樹**（はかまだ・しげき）
新潟県立大学教授（政策研究センター、大学院国際地域学研究科）、青山学院大学名誉教授。東京大学文学部卒業、モスクワ大学大学院修了、東京大学大学院国際関係論博士課程満期退学。青山学院大学国際政治経済学部教授・学部長、プリンストン大学客員研究員、東京大学大学院客員教授、モスクワ大学客員教授、ロシア東欧学会代表理事等を歴任。専攻は現代ロシア論、国際政治。著書に『現代ロシアを読み解く』（ちくま新書、2002 年）など。

**信田智人**（しのだ・ともひと）
国際大学副学長・研究所所長。1960年、京都生まれ。1983年、大阪外国語大学英語学科卒業。1994年、ジョンズ・ホプキンス大学国際関係学博士号取得。日本政治、日本外交、日米関係、アメリカ外交などが専門。主な著書に『官邸外交』（朝日選書、2004年）、『冷戦後の日本外交』（ミネルヴァ書房、2006年、国際安全保障学会佐伯賞受賞）、『日米同盟というリアリズム』（千倉書房、2007年）、*Koizumi Diplomacy: Japan's Kantei Approach to Foreign and Defense Affairs*（University of Washington Press, 2007）、*Contemporary Japanese Politics: Institutional Changes and Power Shift*（Columbia University Press, 2013）、『政治主導 vs. 官僚支配』（朝日選書、2013年）、共著に『アメリカの外交政策』（ミネルヴァ書房、2010年）など。

**藤井誠二**（ふじい・せいじ）
1973年生まれ。2006年、カリフォルニア大学アーバイン校大学院経済学研究科公共選択専攻博士課程修了（Ph.D. in Economics）。中央大学科研費研究員、新潟県立大学国際地域学部講師などを経て、2014年より新潟県立大学准教授（国際地域学部、大学院国際地域学研究科）。猪口孝先生との共著書 *The Quality of Life in Asia: A Comparison of Quality of Life in Asia*（Quality of Life in Asia Volume 1, Dordrecht: Springer, 2012）が、第4回（2014年度）日本行動計量学会"杉山明子賞（出版賞）"受賞。

**窪田悠一**（くぼた・ゆういち）
新潟県立大学講師（国際地域学部、大学院国際地域学研究科）。2012年、ニューヨーク州立大学オルバニー校博士課程修了。専門は比較政治学、国際関係論。著書・論文に *Armed Groups in Cambodian Civil War: Territorial Control, Rivalry, and Recruitment*（Palgrave Macmillan, 2013）、『平和構築へのアプローチ——ユーラシア紛争研究の最前線』（分担執筆、吉田書店、2013年）、"Changes in the Socioeconomic Structure and the Attitude of Citizens toward Democracy in the Nepali Civil War"（共著、*International Relations of the Asia-Pacific* 14 (3), 2014）など。

**上村　威**（うえむら・たけし）
新潟県立大学助教（国際地域学部、大学院国際地域学研究科）、早稲田大学現代中国研究所招聘研究員。カリフォルニア大学サンディエゴ校国際関係・太平洋地域研究科修了。修士（MPIA）。早稲田大学アジア太平洋研究科博士課程修了。博士（学術）。2014年4月より現職。主要業績として、「中国文化と外交政策」（『アジア研究』56 (4), 2010）、"Chinese Culture and Foreign Relations"（*Alternatives* 11 (4), 2012）、"Understanding Sino-Japanese Relations"（*Journal of Contemporary China Studies* 2 (1), 2013）、"Understanding Chinese Foreign Relations"（International Studies Perspectives DOI: 10.1111/insp.12038, 2013）、『文化と国家アイデンティティの構築』（勁草書房、2015年）など。

## 国際地域学の展開
—— 国際社会・地域・国家を総合的にとらえる

2015年3月20日　初版第1刷発行

| | |
|---|---|
| 監修者 | 猪口　　孝 |
| 編著者 | 山本　吉宣 |
| | 黒田　俊郎 |
| 発行者 | 石井　昭男 |
| 発行所 | 株式会社　明石書店 |

〒101-0021　東京都千代田区外神田6-9-5
電話　03(5818)1171
FAX　03(5818)1174
振替　00100-7-24505
http://www.akashi.co.jp

装丁　　　明石書店デザイン室
印刷・製本　モリモト印刷株式会社

(定価はカバーに表示してあります)
ISBN978-4-7503-4172-9

JCOPY 〈(社)出版者著作権管理機構 委託出版物〉
本書の無断複写は著作権法上での例外を除き禁じられています。複写される場合は、そのつど事前に、(社)出版者著作権管理機構(電話 03-3513-6969、FAX 03-3513-6979、e-mail: info@jcopy.or.jp)の許諾を得てください。

## 香港バリケード
若者はなぜ立ち上がったのか
遠藤誉著 深尾葉子、安冨歩共著
●1600円

## 改革解放後の中国僑郷
在日老華僑・新華僑の出身地の変容
山下清海編著
●5000円

## 現代中央アジアの国際政治
ロシア・米欧・中国の介入と新独立国の自立
湯浅剛著
●5400円

## アジア・バロメーター 南アジアと中央アジアの価値観
アジア世論調査(2005)の分析と資料
猪口孝編著 アジアを社会科学するシリーズ3
●8000円

## 現代中東の国家・権力・政治
ロジャー・オーウェン著 山尾大、溝渕正季訳
●3000円

## 国際開発における協働
NGOの役割とジェンダーの役割
みんぱく実践人類学シリーズ8 滝村卓司、鈴木紀編著
●5000円

## 国際開発援助の変貌と新興国の台頭
被援助国から援助国への転換
エマ・モーズリー著 佐藤眞理子、加藤佳代訳
●4800円

## 国連開発計画(UNDP)の歴史
国連は世界の不平等にどう立ち向かってきたか
クレイグ・N・マーフィー著 峯陽一、小山田英治監訳
世界歴史叢書
●8800円

---

## グローバル・ガバナンスにおける開発と政治
国際開発を超えるガバナンス
笹岡雄一著
●3000円

## グローバル社会と人権問題
人権保障と共生社会の構築に向けて
李修京編
●2400円

## 図表でみる世界の主要統計
経済、環境、社会に関する統計資料
経済協力開発機構(OECD)編著 トリフォリオ訳
OECDファクトブック(2013年版) オールカラー版
●8200円

## 地図でみる世界の地域格差
都市集中と地域発展の国際比較
経済協力開発機構(OECD)編著 中澤高志、神谷浩夫監訳
OECD地域指標
●5500円

## 格差拡大の真実
二極化の要因を解き明かす
経済協力開発機構(OECD)編 小島克久、金子能宏訳
●7200円

## 格差と不安定のグローバル経済学
ガルブレイスの現代資本主義論
ジェームズ・K・ガルブレイス著 塚原康博、鈴木賢志、馬場正弘、鑓田亨訳
●3800円

## 現代ロシアを知るための60章【第2版】
エリア・スタディーズ21 下斗米伸夫、島田博編著
●2000円

## 現代モンゴルを知るための50章
エリア・スタディーズ133 小長谷有紀、前川愛編著
●2000円

〈価格は本体価格です〉